Ulrich Weinzierl

ARTHUR SCHNITZLER

Lieben
Träumen
Sterben

S. Fischer

Zur Erinnerung an
Ralph G. Wurzer
(1958–1994)

3. Aufl.
© 1994 S. Fischer Verlag GmbH,
Frankfurt am Main
Umschlaggestaltung: Raphie Etgar
Satz: Fotosatz Reinhard Amann, Aichstetten
Druck & Bindung: Franz Spiegel Buch GmbH, Ulm
Printed in Germany 1994
ISBN 3-10-089502-9

Gedruckt auf chlor- und säurefreiem Papier

INHALT

DREIKLANG

Bei allem Respekt vor Thomas und trotz unzweifelhaft herzlicher Zuneigung zu Heinrich Mann – den ältesten Sohn und Neffen des ruhmreichen Brüderpaars mochte Arthur Schnitzler dezidiert nicht. Zumindest reagierte er allergisch auf das Romandebüt des frühreifen Erben großen Namens. Nach der Lektüre von Klaus Manns *Der fromme Tanz* meinte er knapp: »Fast nur widerwärtig, Talent kaum zu spüren.«[1] Der insgeheim Gescholtene hingegen erwies sich als dankbarer und durchaus verständiger Schnitzler-Leser. Nachdem er im Dezember 1936 *Frau Berta Garlan* beendet hatte, war er überrascht, beinah bestürzt: »In der Welt dieses Dichter-Arzts gibt es nichts nichts nichts – ausser Tod und Geschlecht.«[2] Nur eine emphatische Übertreibung? Nicht unbedingt, obwohl niemand abstreiten wird: Klaus Mann ist zeit seines allzu kurzen Lebens vom Sexuellen wie vom Sterben magisch, ja verhängnisvoll angezogen gewesen.

Ein zweites Beispiel: Der ausführlichste und meistzitierte Brief, den Sigmund Freud an Schnitzler sandte, war der Glückwunsch zum 60. Geburtstag, worin neben vielen anderen achtungsvollen Freundlichkeiten auch die folgende steht: »Ihr Determinismus wie Ihre Skepsis – was die Leute Pessimismus heißen –, Ihr Ergriffensein von den Wahrheiten des Unbewußten, von der Triebnatur des Menschen, Ihre Zersetzung der kulturell-konventionellen Sicherheiten, das Haften Ihrer Gedanken an der Polarität von Lieben und Sterben, das alles berührte mich mit einer unheimlichen Vertrautheit.«[3] Nun könnte man leicht einwenden, daß Freud eben bei der

Charakterisierung seines angeblichen »Doppelgängers« nichts als sein eigenes Spiegelbild gesehen und beschrieben habe. Allein, das wäre wohl zu simpel.

Vernehmen wir einen weiteren, völlig unverdächtigen Zeugen. Georg Brandes, der bedeutende dänische Kulturkritiker und getreue Freund in der Ferne, bedankte sich beim Verfasser für die Übermittlung des Dramas *Der Ruf des Lebens*, indem er einen thematischen Bogen zu Schnitzlers epischem Frühwerk schlug: »Sie sind ein Grübler über den Tod, wie schon Ihr ›Sterben‹ zeigte. Die Hälfte Ihrer Produktion ist Thanatos, die Hälfte Eros gewidmet. Aber dadurch haben Ihre Arbeiten eine so große Spannweite (wenn das Wort deutsch ist).«[4] Schnitzlers Antwort ließ nicht auf sich warten: »Sie sagen«, erwiderte er schon zwei Tage darauf, am 13. März 1906, »daß meine Arbeiten eine so große Spannweite haben, weil ein Theil dem Tod, der andere der Liebe gewidmet sei. Kein Wunder. In dieser Spannweite hat nicht mehr und nicht weniger Platz als das Leben.«[5] Fürwahr, ein selbstbewußtes, ein stolzes Diktum — gerade in seiner Ausschließlichkeit. Und Jean Améry sollte später in bezug auf des Dichters Œuvre sogar pauschal von den »Schnitzler'schen ›Weisen von Liebe und Tod‹« sprechen, »denn das sind sie, wie abgebraucht dieser Rilke-Titel auch klinge«.[6]

Warum nun eine solche Parade prominenter Stimmen, die beliebig fortzusetzen wäre? Wer den Versuch wagt, Arthur Schnitzler — den Mann zuvorderst und das Werk — bloß unter drei Gesichtspunkten zu betrachten, der läuft Gefahr, mutwilliger Perspektivenbeschränkung angeprangert zu werden. Gewiß nämlich bleibt dabei eine Menge unberücksichtigt: etwa die politische Position des liberalen Bürgers im Umbruch der Epochen oder die exemplarische Haltung zu Judentum und Antisemitismus; ferner sein Durchschauerblick, der ihm rechtens den Ehrentitel eines »›poetische[n] Soziologe[n]‹ der Wiener und europäischen Welt des fin de siècle«[7] eintrug. Auch daß Schnitzler, wie ihm Heinz Politzer so trefflich nachsagte,

»ein Moralist in Moll«[8] war, dessen Kritik noch in ihrer Uner-
bittlichkeit Eleganz, somit die Würde der Form wahrte,
kommt zu kurz.

Andererseits öffnen die Stichworte »Lieben — Träumen —
Sterben« den Zugang zu jenem weiten Land der Seele, das in
Arthur Schnitzler einen der kundigsten Führer im Literaturbezirk fand. Einer berufsbedingt neugierigen Doktorandin
hat er höflich abweisend erklärt: »Das Publikum soll ja von
mir nichts weiter wissen, als was es eben aus meinen Werken
erfährt, die ich für die Öffentlichkeit geschrieben habe.«[9] Der
geliebtesten Weggefährtin seiner späten Jahre, der Übersetzerin Suzanne Clauser, bekannte er dafür freimütig: »[...] wie
wenig kennt man einen Menschen, den man nur aus seinen
Werken kennt — und ein wie geheimnisvolles Ding ist Persönlichkeit.«[10]

Kein anderer Autor in diesem Jahrhundert hat so penibel
über sich Protokoll geführt wie Schnitzler, Dokumente seiner
privaten und künstlerischen Existenz gesammelt und archi-
viert. Die Scheu vor dem Einbruch der Zeitgenossen in seine
Privatsphäre war untrennbar verbunden mit Offenbarungs-
bereitschaft gegenüber der Nachwelt: Arthur Schnitzler, der
gnadenlose Skeptiker seiner selbst, wollte postum erkannt
sein. Als er im Sommer 1918 in alten Diarien blätterte, bemerkte er: »Es ist mein brennender Wunsch, daß sie nicht verloren gehen. Ist das Eitelkeit? — Auch, gewiß. Aber irgendwie
auch ein Gefühl der Verpflichtung. Und als könnt es mich
von der quälenden inneren Einsamkeit befreien, wenn ich —
jenseits meines Grabes Freunde wüßte. —«[11] Insbesondere
Schnitzlers unerschrockenes Wahrheitsstreben, das weder
seine Umgebung noch die Schwächen seines Charakters
aussparte, bringt ihn uns nahe: als Menschen in all seiner
Größe und Kleinlichkeit, mit zahlreichen Brüchen und Wi-
dersprüchen, die moralisierend zu bewerten oder gar zu ver-
urteilen sich keiner anmaßen sollte. »Selbst infiziert, gezeichnet von den Symptomen der kollektiven Neurose, war er kein

Rezepteschreiber [...], sondern ihr unbestechlicher Diagno-
stiker.«[12]

Der poetische Gestalter von Liebe, Traumwelt und Tod
wußte, wovon er erzählte: Er hat in seinen Erdentagen unter
Problemen, Konflikten und Krisen überdurchschnittlich gelitten, er war begnadet und geschlagen zugleich, ein »Poeta dolo-
rosus. Seine Leidensfähigkeit wurde über alles Erträgliche
hinaus ausgeschöpft.«[13] Legendär sind die »Frauengeschich-
ten«, die Amouren und Passionen in Schnitzlers Texten wie
auch in seiner Biographie, mehr noch: Sie waren und sind bu-
chenswert im eigentlichen Verständnis.[14] Er schuf – vom »süßen Mädel« bis zur »Mondänen« – Typen, die bei Publikum
und Kritik alsbald zum Klischee verkamen, deren ›Modelle‹ er
freilich sorgfältig und aus nächster Nähe studiert hatte. An
einigen Beispielen läßt sich der Sublimationsprozeß verfolgen, der Realität zu Fiktion verdichtete, kruden Erlebnissen
den schönen Schein der Kunst lieh. »Lieben« aber darf hier sicher nicht im engen Sinn sexueller Aktivitäten verstanden
werden, sondern umfassender als emotionale Bindung und
Abhängigkeit; auch Schnitzlers Familie – in erster Linie Vater,
Mutter, Bruder, Tochter – und Freunde gehörten zum intimen
Beziehungsgeflecht.

Sein Lebtag lang hat sich Arthur Schnitzler für seine
Träume interessiert, sie bei Tag zu fixieren und oft zu deuten
versucht. Nicht zuletzt diese Neigung beeinflußte seine Einstellung zur Psychoanalyse, zu Sigmund Freud und dessen
Jüngern, die wiederum Schnitzlers literarischer Produktion
ungewöhnliche Aufmerksamkeit widmeten, und das mit gutem Grund: Traumelemente und die Gewalt des Unbewußten
spielen in seinen Dramen und erzählenden Schriften eine
tragende Rolle. Es war ein – nicht immer einträchtiges – Gespräch unter Pionieren der höheren und tieferen Menschen-
kunde, in dem sich Nähe und Distanz, wahlverwandte Geistig-
keit und Abgrenzungstendenzen seltsam mischten.

1919, mitten in der Agonie seiner Ehe, gedachte Schnitzler

des peinigenden Schmerzes von ehedem, da Marie Reinhard
gestorben war. Und in sein Journal trug er damals die kost-
bare, im ersten Moment rätselhafte Formulierung ein: »Auf
den Tod ist man nicht eifersüchtig. Er ist ein zu großer
Herr.«[15] Schnitzler galt und gilt als Spezialist für das Ineinander von erotischer Leidenschaft und Trauer; jede der von ihm
geschilderten Liaisons trägt sichtbar den Keim der Zerstö-
rung in sich, schon die erotischen Präludien sind verkappte
Endspiele, der sexuelle Reigen wird schließlich zum Totentanz. »Trübe gespenstert im Licht – Liebe, die starb vor der
Zeit«[16], lautet die – vermeintliche – Formel von Schnitzlers
Verhältnis zum »Abenteuer seines Lebens«[17]: Olga Waissnix.
Doch im Grunde steckt in dem Vers ein Axiom seines Empfin-
dens: Für ihn starb Liebe stets »vor der Zeit«, sie hat die Aura
des Todgeweihten, fast Totgeborenen. Wie stark ihn solches
Wissen um Vergänglichkeit geprägt hat, beweisen zahllose
Äußerungen, entstammten sie nun gleichsam klinischen Fall-
studien oder literaturfernen, direkten Reflexionen. »Der Tod
aber bedeutet«, schrieb Bernhard Blume bezogen auf Arthur
Schnitzler, »die endgültige, restlose Vernichtung; ohne Trost,
ohne Verklärung, ohne Verwandlung, ohne Versprechen, ohne
Ausblick in ein Jenseits: das absolute Nichts.«[18]

Keinesfalls sind die Schwerpunkte »Lieben – Träumen –
Sterben« als streng getrennte Bereiche zu verstehen, die
Grenzlinien verschwimmen unter den Augen des Betrach-
ters. Auch die gern geübte strikte Scheidung zwischen ästhe-
tischem Produkt und Lebenshintergrund wird vernachläs-
sigt; was dadurch an philologischer Disziplin verlorengehen
mag, ist möglicherweise mit dem Nachweis von Spiegelungs-
effekten und aufschlußreichen Korrespondenzen auszuglei-
chen, mit einem Blick hinter die Kulissen des Schreibvor-
gangs. Darum folgt die Darstellung dem Prinzip von Thema
und Variation, wobei es zuweilen zu einer Engführung der Motive kommt. So präsentiert sich Schnitzlers Lebensroman in
diesem Versuch weniger in der Chronologie gehorchenden Ka-

piteln als in miteinander verschränkten Einzelbeobachtungen und Zitatsplittern, deren Zusammenschau eine Art Psychogramm ergeben soll.

Fruchtbar und begabt, keine Frage, sind viele Schriftsteller der Wiener Jahrhundertwende gewesen — die große Zahl von unvergänglichen, meisterlichen Werken hebt Arthur Schnitzler jedoch weit über das beträchtliche zeittypische Niveau. Den Rang von Schnitzlers Wortkunst dürfen wir wohl auch auf die Intensität seiner Erfahrungen zurückführen, sie erst gibt seiner Literatur Überzeugungskraft und beglückende Evidenz des Stimmigen. Im *Almanach der Psychoanalyse 1934* schloß Theodor Reik, einer der klügsten, wiewohl häufig geringgeschätzten Interpreten Schnitzlers, seinen Gedenkessay mit dem Satz: Dieser Autor »wußte wie wenige andere in unserer Zeit, daß alles Denken und Tun der Menschen von jenen zwei mächtigen Urregungen bestimmt ist: von der Sehnsucht, geliebt zu werden, und von der Angst, zu sterben.«[19] Von beidem, von der Liebe und vom Tod, hat Arthur Schnitzler geträumt und uns seine Kunstträume als Vermächtnis hinterlassen. Auch Heinrich Mann wurde nicht müde, ihn dafür zu preisen, unter anderem in seiner Gedächtnisrede im Staatstheater zu Berlin: »Er hat zwei grossen Mächten des Lebens seine Erkenntnis und seine Kunst dargebracht. Die grossen Mächte sind die Liebe und der Tod, und sie sind verbündet. Davon war ihr Dichter durchdrungen. Die Liebe ist nur, weil der Tod ist, und er wäre nicht ohne sie.«[20]

IM NAMEN DES VATERS

Zum 40. Geburtstag seines Vaters, anno 1875, stellte sich der 13jährige Arthur Schnitzler mit artigen Zeilen ein: »Theurer Papa!«, versicherte er, »Gefühle des Dankes und der Liebe erwachen stärker denn je in meiner Brust, und als Worte überschreiten sie meine Lippen, – freilich haben sie auf dem Wege viel von ihrer Wärme und Innigkeit verloren.«[21] Drei Jahre darauf gratulierte er dem diesmal »Theuerste[n] Papa« mit ähnlichen Formulierungen. Die Glückwünsche »fassen in Worte, was besser ungesagt bliebe; da diese Worte ja doch weit hinter dem zurückblieben, was das Herz empfindet.«[22]

Ein mustergültig höflicher Filius. Seltsam wirkt indes die wiederholte Beteuerung, er könne seine wahren Gefühle nicht so recht ausdrücken. Keineswegs haben wir es mit einem Analphabeten zu tun, im Gegenteil: Dieser Knabe war wortmächtig, beinah wortbesessen. Im Gymnasium wurde er als »Poeta laureatus« nicht nur verspottet, und zu Hause ließ er lange schon keine Gelegenheit aus, sich »vor den Eltern und anderweitigem Publikum oder auch vor« sich »selbst als Dichter zu produzieren.« Die Großmutter hatte ein Poem des Enkels mit dem gewaltigen Titel *Rom in Brand* – der Verfasser zählt gerade zwölf Jahre – mit dem Bewunderungsruf quittiert: »Ein zweiter Schiller!«[23] Und im Mai 1880 sollte der Student der Alma Mater Rudolphina Bilanz ziehen, deutlich nüchterner allerdings als die alte Dame: »In meinem Pult liegen vierzehn bis zu Ende geschriebene Dramen, von denen höchstens 4 sich über das Niveau ausgemachten Schundes erheben.«[24] Warum mag ein derart begabter, passionierter Wortedrechsler Sprachhemmungen verspürt haben?

»Dieser Johann Schnitzler«, meint die Biographin Renate
Wagner, »ist für seinen ältesten Sohn Arthur Leitfigur und
Trauma zugleich.«[25] Wie stark die – sicherlich schwierige –
Beziehung zum Vater gewesen sein muß, läßt eine Passage aus
Schnitzlers postum veröffentlichten Jugenderinnerungen
erahnen: »Es war eine Nacht, in der ich, entweder plötzlich erwacht oder noch nicht eingeschlafen, in einem aus der Tiefe
meiner Seele aufsteigenden Grauen vor dem Sterbenmüssen,
das mir zum erstenmal in seiner ganzen Unentrinnbarkeit
zum Bewußtsein kam, laut zu weinen begann; in der Absicht,
die Eltern aufzuwecken, die im Nebenzimmer schliefen. Es
dauerte auch nicht lange, bis der Papa an mein Diwanbett
trat, mich besorgt fragte, was mir fehle, sich zu mir setzte und
mir zärtlich über Stirn und Haare strich. Ich schluchzte noch
eine Weile still weiter, verriet mit keiner Silbe, was mich so heftig erschüttert hatte, und als der Papa sich nach einigen guten
Worten entfernt hatte, schlief ich beruhigt wieder ein. – Ein
Anfall von gleicher Heftigkeit hat sich niemals wiederholt.«[26]
Ein schönes, ein bewegendes Bild – obendrein mit einem Zug
ins Idyllische. Dennoch würde man eher die »liebste Mama«
(so das Pendant brieflicher Anrede) als den »theuersten Papa«
in der Trösterrolle erwarten. Die Kurzfassung jenes Notturnos
lautet im Tagebuch übrigens anders: »Ich erinnere mich, dass
ich als Bub von 7? 8? Jahren, oder noch später Nachts erwachte und vor Todesgrauen laut schrie und weinte (wohl um
Papa aufzuwecken).«[27] Es scheint, als hätte Arthur Schnitzler
die Anekdote für die gleichsam offizielle Version seines Lebensberichts der üblicheren Form angepaßt und den Hilferuf
nach dem Vater zu einem nach den Eltern erweitert. Wie auch
immer, dieses Zeugnis inniger Verbundenheit ist ein Ausnahmefall, denn in der Regel scheint der Vater dem Sohn nicht so
liebevoll und einfühlsam begegnet zu sein.

Johann Schnitzler tritt uns als Musterbeispiel eines Aufstei-

gers im Zeitalter des Liberalismus entgegen, das nicht zuletzt
jenes der jüdischen Emanzipation und Assimilierung war. Der
Sprößling eines zum Alkoholismus neigenden Tischlers aus
Groß-Kanizsa in Südwestungarn absolvierte eine glänzende
Medizinerkarriere, obgleich ein Lehrer dem literaturbegeister-
ten »›kleinen Judenbuben‹ prophezeit hatte, er würde einmal
der ungarische Shakespeare werden.«[28] Nach Beendigung des
Studiums in Wien heiratete er die Tochter eines angesehenen
Arztes, Louise Markbreiter. In seinem Fachgebiet, der Laryn-
gologie, galt er bald als Kapazität, er wurde Dozent, außerordentlicher Universitätsprofessor, »k.k. Regierungsrath«
und Direktor der von ihm mitbegründeten Allgemeinen Wiener Poliklinik. Dem international renommierten Kehlkopfspe-
zialisten vertraute die große Welt des Adels und der Bühne.

Solch sozialer Triumphmarsch, aus der Provinz ins feinbür-
gerliche Milieu der kakanischen Metropole, mußte zelebriert
und dokumentiert werden. Anfang Jänner 1886 fand Johann
Schnitzlers 25jähriges Promotionsjubiläum statt, in »der etwas solennen Weise«, wie Arthur Schnitzler kommentiert, »die
seinem Geschmack entsprach. Um die Mittagsstunde, im
Frack und mit sämtlichen Orden angetan, stand er im Salon,
umgeben von Familienmitgliedern, Assistenten und Freunden, ließ sich Adressen überreichen und nahm Ansprachen
entgegen, auf die er in freien, doch wohl vorbereiteten und
formklaren Reden erwiderte«.[29] Die ostentative Würde der
Veranstaltung, die in ihrer überbetonten Etikette den Empor-
kömmling offenbart, dürfte dem Sohn kaum sonderlich behagt haben: Allzu, fast boshaft detailfreudig malte er rück-
blickend das Jubeltableau aus. Trotzdem hat Arthur Schnitzler
eigens für den Ehrentag ein »Festspiel« verfaßt, das am selben
Abend vor eleganten Gästen — neben dem künftigen König
von Bulgarien war auch Fürstin Pauline Metternich zugegen —
in Szene ging. Arthur Schnitzler, seit einem halben Jahr »Doktor der gesamten Heilkunde«, spielte darin, versteht sich, den
Jubilar, also seinen Vater.

Das Porträt von Schnitzler senior aus der Feder des Juniors ist, unbeschadet aller Anerkennung, ziemlich kritisch. Seiner Tätigkeit, lesen wir da, haftete »zuweilen etwas Oberflächliches, seinem Wesen gelegentlich etwas Frivoles an.« Überdies rügt der Porträtist einen Mangel an »ärztlicher Diskretion«.[30] Dieser gravierende Vorwurf könnte seine Ursache auch darin haben, daß sich Arthur Schnitzler selbst als Opfer väterlicher Indiskretion sah. Die erste überlieferte Eintragung ins Journal vom 19. März 1879 hält fest: »Ein Tagebuch wird gefunden [...] Große Scenen mit meinem Vater. –«[31] *Jugend in Wien* gibt genaueren Bescheid: Arthur wurde ins elterliche Schlafgemach beordert, wo er eine »furchtbare Strafpredigt« über sich ergehen lassen mußte – Johann Schnitzler hatte »mit einem – ihm jedenfalls nicht von mir zur Verfügung gestellten – Schlüssel meine Schreibtischlade geöffnet, mein Tagebuch gelesen«. Anschließend führte der Ergrimmte den Sünder ins Ordinationszimmer und trug ihm auf, »die drei großen gelben Kaposischen Atlanten der Syphilis und der Hautkrankheiten zu durchblättern, um hier die möglichen Folgen eines lasterhaften Wandels in abschreckenden Bildern kennenzulernen.« Ein durchaus zeitgemäßer Vorgang, darf man annehmen: Aufklärung durch Furcht und Schrecken, zumal da die entdeckten Notizen dem Erziehungsberechtigten wahrscheinlich Anlaß zur Vermutung boten, der Heranwachsende habe heftiges Interesse an erotischen Dingen.

Arthur Schnitzler konnte das Eindringen in seinen privatesten Bereich nie verzeihen: »[...] und wenn sich eigentlich kaum je ein völlig rückhaltloses Verhältnis zwischen ihm und mir herzustellen vermocht hat, so war die unauslöschliche Erinnerung an jenen Vertrauensbruch sicher mit schuld daran.«[32] Noch 1923 sollte Schnitzler träumen, er müsse seine Tagebücher »verbergen (irgendwie vor Vater)«.[33] Wie empfindlich der junge Schnitzler auf derlei Übergriffe reagierte, beweist ein vergleichbarer Vorfall. Bei einer Kontrolle während der schriftlichen Matura fielen dem Direktor, somit dem idealen Repräsentanten patriarchalischer Autorität, Aufzeichnungen in die Hände, die der Schüler vorsichtshalber nicht mehr in der Wohnung versteckt hatte. Vor lauter Scham darüber erklärte er einem Klassenkameraden »gleich nach der Entdeckung in einem Haustor der Ringstraße verzweifelt«, ihm bleibe nun nichts anderes übrig, als sich zu erschießen.[34] Später, in Ehezeiten, wird Schnitzler das Diarium – den Geheimschatz – im Banksafe verwahren.

Verübelt hat der Sohn dem Vater aber auch etwas anderes. Die anfangs geförderten, kindlich amateurhaften schriftstellerischen Bestrebungen wurden dem erfolgreichen Akademiker immer verdächtiger, je weniger Arthur Schnitzler Ehrgeiz an den Tag legte, sich ernsthaft der Wissenschaft und der ärztlichen Laufbahn zu widmen. »Insbesondere meine Beziehungen zum weiblichen Geschlecht, über die er natürlich nur vage unterrichtet war, erfüllten ihn mit wachsender Sorge.« Im Verlauf eines abendlichen Gesprächs bat Arthur den Vater um Rat, wie man denn – als Unverheirateter – seine sexuellen Bedürfnisse befriedigen könne, ohne »entweder mit den Forderungen der Sitte, der Gesellschaft oder der Hygiene in Widerspruch zu geraten.« Aber der Befragte »ließ sich auf Erörterungen nicht ein, sondern mit einer erledigenden Handbewegung bemerkte er einfach und dunkel zugleich: ›Man tut es ab.‹ Damit war mir freilich wenig geholfen, und er mochte wohl selbst fühlen, daß ich zum ›Abtuer‹ in diesem und jedem Sinn nicht geboren sei.«[35]

Nein, das war er in der Tat nicht, er ist sich selbst, soweit er dazu imstande war, nicht ausgewichen, hat den Weg des geringsten Widerstandes meist gemieden, sich mit seinem Ich und – im Notfall – mit anderen auseinandergesetzt. Unter dem Stichwort »Skandal« referiert Schnitzler einen veritablen Krach, den er – spät, aber doch – im Alter von 29 Jahren provozierte: »Ich war sehr heftig. Immer hält man mir vor, daß ich nichts verdiene, behandelt mich als Verschwender, macht versteckte Anspielungen, als trieb ich weiß Gott was, schneidet jede Discussion mit Ausrufen wie ›Narr‹ etc. ab. Ich: Man hat mich anders zu behandeln, vernünftig mit mir zu discutieren. – Dann saß mein Vater plötzlich da wie der Schwergekränkte, mit sentimentalem verzweifelndem Ausdruck. – Ich hätte ein Recht auf mehr Verständnis. – «[36], mildert der Rebellierende zum Schluß die Anklage zur Klage ab: Er gesteht sich damit das Scheitern seiner Miniaturrevolte ein.

Um so mehr verwundert deshalb, daß der entschiedene Einzelgänger und Selbstdenker im wesentlichen Punkt der Berufswahl getreulich den von Johann Schnitzler ausgetretenen Spuren gefolgt war. Einholen oder gar überholen konnte er ihn dabei nicht, er nahm es – ein machtloser Rivale – lange auf sich, im Schatten des übermächtigen Mannes zu wandeln. An der Abteilung für Hautkrankheiten und Syphilis agierte Arthur Schnitzler gleichsam als sein wissenschaftlicher Erfüllungsgehilfe, wobei die Forschungen einer pädagogischen Nebenwirkung nicht entbehrten: »Auf Vorschlag meines Vaters lenkte ich mein Hauptaugenmerk auf die luetischen Erkrankungen des Rachens und des Kehlkopfes, indem ich eine gewisse Zeit hindurch alle unsere Kranken mit dem Kehlkopfspiegel untersuchte.«[37] Vom Herbst 1888 an diente er sogar als Assistent Johann Schnitzlers an der Poliklinik, er stellte sich für die nicht überaus ehrenvolle Funktion eines Redakteurs, in Wirklichkeit aber »Strohmanns« des Vaters bei der *Internationalen Klinischen Rundschau* zur Verfügung und vertrat den Herrn Papa, wenn dieser verhindert war, in der Privatpraxis und bei Visiten. Innerhalb des medizinischen Mikrokosmos von Ordinarien, Sekundarärzten und Patienten wurde er zwangsläufig stets nur als kümmerliches Abbild eines Größeren wahrgenommen. In der Rückschau lamentiert er, er habe sich »auch auf medizinisch-journalistischem Gebiet so wenig« ausgezeichnet »wie auf allen anderen, die ich bisher betreten, und schien so immer noch, und mehr denn je, verdammt, als der ›Sohn meines Vaters‹ meine Erdenbahn durchlaufen zu müssen.«[38]

Seine erste – halb dilettantische – Uraufführung hat Arthur Schnitzler, der Verdammte, einem Mißverständnis zu verdanken: Der Leiter einer Schauspielschule mutmaßte, beim Autor des 1886 entstandenen Anatol-Einakters *Das Abenteuer seines Lebens* handle es sich um den stadtbekannten Professor Schnitzler, den er daher auch zu den Proben einlud.[39] Im Frühjahr 1891 ärgert sich Arthur Schnitzler über eine bissige Zeitungsnotiz: »Der berühmte Spezialist und Verfasser eines Lustspieldichters«[40]. Und nachdem er dem Vater *Das Märchen* zu lesen gegeben hat, muß er sich sagen lassen, er möge nun endlich für den laryngologischen Atlas das »Cap. über Lues« schreiben, was ihm ja leicht fallen dürfte, da sein »Stück ein ähnl. Thema habe!! – «[41]

Nie klingt die Sensibilisierung Arthur Schnitzlers völlig ab – selbst der Schriftsteller von anhebender Weltgeltung trug es ins Tagebuch ein, wenn er als Anhängsel seines Vater bezeichnet wurde, etwa im Dezember 1906 aus Anlaß einer Lesung: »Die alten Jüdinnen; die eine blinde, die einen fragt: ›Ist das der Sohn vom Professor S., der an der Poliklinik war.‹«[42] Und daß die greise Fürstin Metternich 1916 bei einer Zufallsbegegnung »von ihrer Verehrung«[43] für den Verstorbenen spricht oder ihm 1918 »wieder« von seinem »Vater vorschwärmt«,[44] verbucht er gleichfalls als bemerkenswert.

Schon aus diesen Beispielen wird das Gewicht vorstellbar, mit dem Johann Schnitzler auf der Jugend seines Erstgeborenen lastete. Wer ihn allerdings im Werk des Sohnes aufzuspüren versucht, der stößt auf nicht allzu viele eindeutige Belege. Natürlich gibt es darin, wie bereits Theodor Reik konstatierte,[45] Vater-Imagines zuhauf. Der Analytiker kommt sogar zu dem Schluß: »Inmitten der tiefen Unsicherheit menschlicher Verhältnisse aber, welche darzustellen Schnitzler nicht müde wird, erscheint eine Beziehung trotz – oder wegen – aller Hemmungen und Gegensätze als die einzig feststehende, ja als eigentlich unzerstörbare: die zwischen Vater und Sohn.«[46] An direkten ›Porträts‹ mangelt es jedoch. Den phrasenhaft

liberalen Professor Losatti aus dem frühen Dreiakter *Das Vermächtnis* wird man ansatzweise dazurechnen können und
ebenso die Titelgestalt des *Professor Bernhardi*, laut Reik die
»Glorifizierung des [!] Vater-Imago«.[47]

Relativ unverblümt wird Johann Schnitzler bloß im 1896
begonnenen, autobiographisch gefärbten ›Theater-Roman‹-
Fragment präsentiert – als Medizinalrat und Theaterarzt Forlan: »[...] zu beruhigen, war seine Kunst, fast sein Genie und
gerade der Ängstlichkeit, ja der Verzweiflung gegenüber
wußte er sein freundliches Wesen zur heitersten Laune, seine
Überredungsgabe zu einer wahren Meisterschaft der Lüge, ja
bis zum Glauben an die eigene Wunderkraft zu steigern.«[48] In
den stichwortartigen Notizen zur »Chronologie des Romans«
stolpert der Leser vor allem über zwei nahtlos ineinander
übergehende Zeilen: »Im Mai 91 erfolgte der Tod seines Vaters.
Ein vollkommen befreiter Sommer.«[49] Doch das ist nichts als
eine literarische Wunschtraumphantasie: Des realen Vaters
Sterben brachte zwar Befreiung in dem Sinn, daß Arthur
Schnitzler aus der Poliklinik ausschied und sich energischer
als je seiner Kunst verschrieb, während der ungeliebte Arzt-
beruf trotz Eröffnung einer Praxis immer mehr in den Hintergrund trat. Aber von seelischer Erlösung aus dem Bannkreis
der Vatergestalt kann keine Rede sein.

Am 1. Mai 1893 verzeichnet das Tagebuch: »Papa schwer
krank.« Auch der Sohn ist – augenscheinlich psychosomatisch
– marod, denn sein Leiden liegt auf Johann Schnitzlers ur-
eigenstem Gebiet: »Ich heiser«. Zudem drückt diese harmlose
Behinderung noch einmal symbolisch Arthur Schnitzlers
Schwierigkeiten aus, mit dem Vater zu reden, der kurz nach
Mittag des nächsten Tages stirbt – »Ich hielt seinen Puls die
letzte Stunde.« Schmerzgefühl stellt sich erst mit Verspätung,
am 3. Mai, ein: »Plötzlich Abds. kam es entsetzlich über mich –
wie wir alle um den Tisch saßen, beim Nachtmahl – und – er
nicht! –«[50]

Zum ersten Todestag wird der »Sohn des Berühmten« resi-

gniert bemerken: »Kann mich vom Tod meines Vaters nicht erholen«[51], und Ende 1916 heißt es: »Vater kehrt immer wieder.«[52] Bei der Lektüre des Diariums entsteht der Eindruck,
Johann Schnitzler habe im psychischen Haushalt des Sohnes
die undankbare Aufgabe des Revenants erfüllt, der – unbegra-
ben – durch Gedanken und Phantasmagorien gespensterte.
Die Intensität der imaginären Gegenwart reicht bis zu Sinnes-
täuschungen. Mit einem ärztlichen Kollegen unterhält sich
Schnitzler im Herbst 1894 über »unsere Gehörshallucinationen. – Unbekannte, nicht zu definierende Stimmen sprechen
sinnlose Sätze – nur ab und zu wird *eine* Stimme deutlich –
die unsrer verstorbnen Väter.«[53] Immerhin hat er schon am
30. Januar einen Otologen konsultiert.[54]

In den Träumen nimmt der Vater häufig eine Position von
Verweigerung, nörgelnder Unzufriedenheit und Aufsehermen-
talität ein. Erstmals meldet sich der ungebetene nächtliche
Gast knapp zwei Wochen nach seinem Tod, er tritt jedoch in
freundlicher Maske auf: »Bei Sonnenthal; der hat den Schlafrock meines Vaters an.«[55] Dem k.u.k. Hofschauspieler Adolf
Ritter von Sonnenthal kam in Schnitzlers Dasein eine wichtige
Rolle zu – der Patient des Vaters und Vertraute der Familie
hatte einst ein recht entmutigendes Gutachten über Arthurs
dramatische Zukunftsaussichten abgegeben, was ihn jedoch
nicht hindern sollte, später als alter Weiring in der *Liebelei*
und in weiteren Schnitzler-Partien zu brillieren. Als Sonnenthal im April 1909 starb, war Arthur Schnitzler »sehr erschüttert. Weinte.« Auch fielen ihm unbeschwerte Kindertage ein,
»wie er mir einmal bei Tisch sozusagen das Leben rettet, als
ich an einer Maccaroni fast ersticke.«[56] Kurzum – wir haben
es mit einer positiv besetzten Vaterfigur zu tun. Indem Sonnenthal in Johann Schnitzlers Schlafrock schlüpft, wird der
Träumende beruhigt beziehungsweise beunruhigt, jener sei
nicht tot, er schlafe nur.

Doch auch der tote Vater schläft nicht lange. Schon Ende
Juni 1893 verfolgen Arthur Schnitzler »Böse Träume«: Er und

eine Schauspielerin halten sich leicht bekleidet im Volkstheater auf; da der Kaiser samt Gefolge zur allerhöchsten Inspektion erscheint, bleibt bloß Flucht. »Dämmerige Straße; mein Vater, aufgedunsen, im Winterrock hinter mir, mich rufend. Ich jammere: Ja, warum kommen solche Träume über mich — im Traum selbst. — «[57]

Milde versöhnlich wirken dagegen die folgenden Episoden. In einem großen Saal liest Schnitzler dem Vater fremde Texte vor. »Gefällt ihm. Ich: Wie würdest du schimpfen, wenn es von einem Deutschen und gar von einem verwandten wäre! — Er lächelt.«[58] Und in der Neujahrsnacht 1908, da eben sein Roman *Der Weg ins Freie* in Fortsetzungen zu erscheinen beginnt, ruft ihn der Vater »ins andre Zimmer (so deutlich wie ich ihn seit seinem Tod nicht gesehn!) — sagt herzlich doch nicht in ganz unbesorgtem Ton (ganz so wie der Vater Georgs im Roman!) ich hätte in diesem Jahr doch sehr wenig geschrieben! Ich wehre mich, sage, dass Thomas Mann seit 99 nichts schrieb — es käme aufs wie an (ungefähr) ›recht behalten werde doch ich!‹ — Vater gibts zu, spielt mit dem Zwicker (wie Georgs Vater im Roman).«[59] Besonders offensichtlich wird die Identifikation des Autors mit seinem Roman-›Helden‹ Georg von Wergenthin in einer Eintragung vom 6. Januar 1906, als er seiner Gattin Olga Passagen des ›work in progress‹ (ES I, 683f.) vorgetragen hat: »wo Felician und Georg am Fenster ihres todten Vaters denken, konnte ich vor Ergriffenheit nicht weiter.«[60]

Zumeist aber dominieren im Traumkosmos Distanz, Ablehnung, Prüfungs- und Überwachungsverhalten dem Nachkommen gegenüber. Arthur Schnitzler zählt dem Vater »ganz correct« und »pflichtgemäss« seine »wesentlichsten literar. Stoffe« auf[61]; er ärgert sich darüber, daß sein Zimmer in einer neuen Wohnung nur einen einzigen Ausgang hat, und ihm wird ungerührt beschieden: »Besuche könnten mich ja auch durch das anschließende Wartezimmer meines Vaters verlassen. — «[62]; er empört sich über einen Brief des Vaters, in dem dieser seine »Verzweiflung« ob der Heirat mit Olga zum Ausdruck bringt[63]; er weiß, daß sein Vater »sehr böse« mit ihm ist – warum »und ob die Gründe berechtigt« sind, ist ihm entfallen[64]. Ausnehmend plastisch fassen zwei Träume das komplizierte Verhältnis in eine Art poetische Parabel, einer aus dem Jahre 1912: »[...] ich in einem Gebäude, das halb das akademische Gymnasium schien, an Stelle der Technik stand; ich hinter einem Fenster im Parterre, mein Vater geht draußen, etwas jünger als in seiner letzten Zeit auf und ab, mit seinem charakteristischen Hut, ich rufe ihn, er thut als wolle er nicht hören, entfernt sich auf Zickzackwegen im Schnee. – «[65] Der andere stammt von Mitte Dezember 1914: »Mein Vater, größer als er je gewesen, tritt in mein Zimmer, ganz grau, schwarzer Gehrock, ironisch lächelnd, überlegen – er im ganzen erhöht gleichsam; und ich kleiner als sonst, jünger, mehr in Unterwerfung als in Liebe ihm ergeben. Er setzt sich in meinen Schreibtischsessel.«[66]

Wiederholt phantasiert Schnitzler Situationen, die er mit der Formel »suche meinen Vater« darstellt[67], und immer wieder sucht er ihn, die sterblichen Überreste, auch auf – so an einem »herrliche[n] Frühlingstag«, dem 2. Mai 1923. Johann Schnitzler ist dreißig Jahre zuvor gestorben: »Wie unheimlich fern, wie unheimlich nah jener Tag!«[68], ruft er in seinem Journal aus, um dann abzuschwächen: »Es war doch auch irgendwie ein Bedürfnis von mir, heute da draußen zu sein.«

Auf die heilende Kunst des Verblichenen, von der er zu dessen Lebzeiten herzlich wenig profitiert hat, greift der Träumer ein einziges Mal – 1922 – zurück. Professor Schnitzler untersucht ihn wegen seiner »gelegentlichen Schmerzchen im linken Arm; – sagte, ich habe Oedem an den Beinen, er habe es schon bei Tisch bemerkt (er war dabei sehr gleichgiltig, und sah sehr jung aus); – ich erschrak und wachte absichtlich auf.«[69]

Als ein »schmerzlicher, peinlicher, irgendwie erniedrigender Traum« wird festgehalten: »Gestern träumte ich, als wär

ich mit meinem Vater uneins, es war aber gar nicht mein Vater,
sondern er sah einer inferioren Figur aus einem Wiener Volks-
stück ähnlich (gestern Abend Nestroy gelesen!). – wir stritten
(worum?) lagen zusammen im Bett (angekleidet), ich war erschüttert und weinte, als hätte ich ein Unrecht begangen,
küsse ihn auf den Schenkel [...].«[70] Kein Wunder, daß solch
homosexuell-inzestuöse Intimität den Erwachten nachhaltig
verstörte und er sich allein für eine unverfängliche Lektüre-
anregung als Tagesrest interessierte.

Einer der letzten Vater-Träume, 1927, spendete dagegen
Trost, signalisiert er doch, was Arthur Schnitzler fast durchwegs vermissen mußte: Verständnis und emotionale Unterstützung, deren er um so mehr bedurfte, als er sich nach seiner
Scheidung trotz vielfacher erotischer Bande immer isolierter
fühlte. Erwachsen war er freilich selbst in dieser Konstellation
nicht – denn im Unbewußten konnte auch Arthur Schnitzler
seine Kindschaft nie ablegen. Er fährt mit dem Vater durch
das Wiener Cottage, einen Besuch zu machen; man ist zu früh,
die beiden gehen die Straße zurück – »er missbilligt meinen
zerknitterten Anzug; ich halb scherzend sage, wenn es in mir
ungeordnet aussehe, sei ich auch äußerlich schlampert, bre-
che in Thränen aus, wegen meiner Einsamkeit; der Vater beruhigt mich: weist auf V.[ilma] L.[ichtenstern] hin«.[71]

Natürlich hat es Arthur Schnitzler schließlich geschafft –
aus dem »Sohn des Berühmten« war der berühmte Sohn, ein
berühmter Vater geworden, und wenn er es – erfreulicher-
weise – auch nicht zum »zweiten Schiller« brachte, den vermeintlichen »ungarischen Shakespeare« Johann Schnitzler
ließ er weltenweit hinter sich. Den Vaterkomplex vermochte er
aber anscheinend nur in seinem Œuvre zu bewältigen, und
auch dort schlägt hin und wieder die unheimliche Gewalt des
Patriarchen durch. So heißt es in einer Anmerkung zum 1930
ausgeführten Szenarium *Landsknecht* von der Hauptfigur
Erasmus, diesem sei klarzumachen, »daß er an dem Fluch des
Vaters verderben muß. Nicht weil es der Pfarrer ist, sondern

weil es sein Vater ist.«[72] Unbewußt, in der Tiefe der Nächte, blieb Arthur Schnitzler zur Kleinheit verurteilt, er litt unter dem, worunter schon der 30jährige gelitten hatte:»Mein Vater sagt, ich hätte kein Talent«, träumte er am 16. Oktober 1892, und wenn er fortfährt:»ich berufe mich auf Loris«[73], so war das nicht nur ein Rechtfertigungsversuch auf dem Umweg über ein allgemein anerkanntes Wunderkind, sondern auch der implizite Vorwurf an einen Vater, der nicht wie derjenige Hofmannsthals das Genie seines Sohnes rückhaltlos zu fördern bereit gewesen ist.

Daß Arthur Schnitzler unterdrückte aggressive Regungen, bis hin zu Todeswünschen, gegen Johann Schnitzler verspürt haben dürfte, läßt sich am Maß, am Übermaß der in depressive Verstimmung ausartenden Trauerreaktion ablesen. Sie resultiert aus schlechtem Gewissen. Und sicher hat sich der Vater durch seine – zumindest aus der Pubertätszeit des Sohnes verbürgten – sexualrepressiven Maßnahmen jenen, verdrängten, Haß auch verdient. Dennoch, Arthur Schnitzler hat ihn unzweifelhaft geliebt und erfolglos auf Empathie gehofft – der Prozeß mit dem Vater, in dem ihm der Part des Angeklagten zufiel, glich einem schwebenden Verfahren; des väterlichen Klägers »düstre Erscheinung«, wie es 1923 im Tagebuch heißt[74], wurde wenn nicht zum ständigen, so zum häufigen Begleiter des träumenden Sohnes. Solange der Vater lebte, war Arthur Schnitzler außerstande, die entscheidenden Schritte zur Emanzipation wenigstens im Beruflichen zu setzen. »Als die höchste Wunscherfüllung und de[n] erhebendste[n] Triumph« hat Theodor Reik »die Anerkennung und das Lob des Vaters«[75] definiert. Beides blieb Arthur Schnitzler verwehrt.

Die Selbstlose

Über seine Mutter werden wir von ihm, der »nicht ganz mit Unrecht für eine Art von Muttersöhnchen«[76] galt, in erheblich geringerem Umfang aufgeklärt als über das Familienoberhaupt. Sie hatte sich − laut Schnitzlers Memoiren − ihrem Mann, »seiner Art und seinen Interessen so völlig und bis zur Selbstentäußerung angepaßt«[77], »hatte niemals eine andere Meinung als die ihres Gatten«[78], war »gleichermaßen voll Liebe für mich und ohne wirkliche Seelenkenntnis, ebenso beweglichen, doch viel zerstreuteren Geistes wie mein Vater, in Urteilen und Stimmungen völlig sein Geschöpf«[79]. Reinhard Urbach dazu: »Das Verhältnis zur Mutter ist weniger problematisch, auch weniger ergiebig gewesen.«[80] Und bei Hartmut Scheible kann man nachlesen: »Die ›Ausfallserscheinung‹ in der Autobiographie markiert exakt den Verlust der Identität der Frau in der patriarchalisch geordneten Welt; sie ist umso bestürzender, als Schnitzlers Verhältnis zu seiner Mutter, dem Tagebuch nach zu urteilen, im wesentlichen ungetrübt war.«[81] Ungetrübt ist Ansichtssache. Arthur Schnitzler hat 1892 einen Traum seiner Geliebten Marie »Mizi« Glümer aufgezeichnet, einen dunkel grundierten humoristischen Sketch: »Mama läuft ihr auf der Straße nach. Geben Sie mir meinen Sohn wieder. − Sie: Ich halt ihn ja nicht. − Sie haben noch keine Probe abgelegt, ob Sie ihn verdienen − Sie müssen kochen! − Ich kann ja. − Nein, ich will morgen die Köchin hinauswerfen, Sie werden kochen. − Am nächsten Tag kommt Mz.; Papa und Mama legen ihr die Proben vor. Unbekannte Speisen. − Ich in der Küche, rühre in einem Reindl, als wollte ich ihr die Sache erleichtern. Sie ist verzweifelt. Ich: Ich habe eine Novelle geschrieben, die wird dazu passen. − Ich hole sie, sie wird ins

kochende Wasser geworfen, brodelt; eine goldene Sauce mit
Hendl erscheint. − Wir bringen sie hinein zum gedeckten
Tisch, bleiben erwartend stehn. Mama: Sie haben die Probe
bestanden. − Papa: Das gilt nichts. − Ich: Siehst du, das ist
mein Papa!«[82]

Zwar ist Louise Schnitzler auch im Außerkulinarischen
nicht so streng wie ihr Gemahl, hinter dem sie verschwindet,
sie kämpft nicht um ihren Ältesten. Aber gerade dadurch
scheint sie für ihn auf kränkende Weise abwesend zu sein,
ohne ihn je wirklich loslassen zu können. Der ›Theater-Roman‹ charakterisiert sie als »verträumt, etwas verängstigt,
einsam ohne es zu wissen, früh alternd, im Haus herumrumo-
rend, fern.«[83] Von ihr hat er die Liebe zur Musik, sie brachte
ihm Klavierspielen bei, und das gemeinsame Spiel, das im
Lauf der Jahre zum unverzichtbaren − vom Tagebuchschrei-
ber sorgsam festgehaltenen − Ritual wird, ist der einzige Ort
wirklicher Kommunikation: ein Gespräch ohne Worte, Harmonie jenseits der Sprache. Einen unheimlichen, einen traurigen Schattenriß von Louise Schnitzler hat uns Robert Hirsch-
feld überliefert: »Es war an ihrer blassen Herbheit etwas
Tragisches, wenn man das Wesen ihres Sohnes in ihr suchte.
[...] Arthurs Künstlertemperament kam von ihr − sie war mu-
sikalisch sehr begabt [...] In ihrem Sohn lebte die Mutter sich
aus. Man vergaß alles Äußere, wenn man sie mit ihm betrach-
tete. Das mochte die Erfüllung ihres Sehnens gewesen sein,
nach schweren Ehejahren mit einem vitalen, echten Wiener
Mann.«[84]

Selten qualifiziert Arthur Schnitzler seine Träume − einer
erhält das Attribut »entsetzlich«: »[...] ich komme zu spät zu
meinem Begräbnis, werde schon erwartet. Stehe vor dem
Hausthor und sehe die Kränze, suche zu errathen, von wem sie
sind. Bin tief betrübt. Habe Angst, mich in den Sarg zu legen;
dann redet mir die Mutter zu. Ich denke, die Betäubung wird
schon kommen ...«[85] Daß die, die ihn gebar, ihn auch ins Grab
schickt, mag grausam und unerklärlich wirken. Gerade am

Tag davor hat Schnitzler seine Existenz Revue passieren lassen, sich die Ergebnisse seiner literarischen Ambition vor Augen geführt – eben erst sind ein paar Gedichte unter dem Pseudonym »Anatol« publiziert worden. Aber noch ehe er die
Schriftstellerkarriere richtig begonnen hat, sieht er sich und
sie schon gestorben. Die Mutter rettet ihn nicht, sie ergibt sich,
ohne aufzubegehren, in ihr und sein Geschick. Er hätte es ihr,
wie der nächtliche Appell an den Vater suggeriert, gar nicht
anders zugetraut.

Die sonstigen Eintragungen über Louise Schnitzler gemah-
nen an die Krankengeschichte einer Frau, aber auch an eine
Krankengeschichte seiner Beziehung zu ihr, die er eine »unver-
änderlich nervös-sentimentale«[86] nennt. Er bedauert Mutters
»seltsam erregte, verängstete Stimmung«[87] und seine eigne
»nervös-gerührte Antipathie gegen Mama, bei der [er] nicht
bleiben will, ohne Energie ein Ende zu machen – Dabei tödt-
liche Angstzustände immer und immer.«[88] Im Frühling 1901
berichtet er seiner damaligen Geliebten Olga Gussmann von
einem Zusammentreffen mit der Mutter in Italien: »Es ist sonderbar zu beobachten [...] wie meine Unruhe in ihr ins maß-
lose gesteigert und ins zwecklose gerichtet ist. Es ist vollkommen krankhaft und macht mich nicht nur nervös sondern thut
mir weh, schmerzlich weh.«[89] Und 1911 bedrücken ihn »Empfindlichkeit und Mißtrauen der Mama, das nah an Verfolgungswahn grenzt.«[90]

Als sie am 9. September desselben Jahres in einem Sanatorium »ohne sichtlichen Kampf entschlummert«, fühlt er, »wie
unsagbar« er »sie geliebt hatte«. Der Leichnam wird in die
Wohnung geschafft: »Unvergeßlich, ewig unvergeßlich der
ungeheure Ernst ihres Antlitzes«. Am Begräbnistag trifft sich
die engste Familie zum Abendessen bei Schwester Gisa: »Wir
sechs. Keine Mama. Unfaßbar.«[91] Später wird er sich »Selbst-
vorwürfe« machen, ihr in den letzten Wochen vor dem Ableben nicht ausreichend Zärtlichkeit entgegengebracht, »ja
ihren Zustand absichtlich nicht ernst genug genommen« zu

haben.[92] Eines Nachts erscheint sie ihm als stumme Wiedergängerin, »sie stand mit Hut in irgend einem Zimmer, nicht zu Hause, und war über etwas traurig-verletzt. — «[93]

Mit leicht ungläubigem Staunen beschreibt er im Dezember 1922 Verwirrendes: »Ganz unklarer, aber irgendwie erotisch gefärbter Traum von — meiner Mutter; meiner Erinnerung der erste meines Lebens; — ein Hinuntergleiten (wie Rutschbahn in Bergwerk) spielte eine Rolle — auch das Burgtheater; ganz im verborgnen war die Mutter auch Schwester auch Olga. Das ganze viel mehr seelisch als körperlich betont, mehr ›froh‹, als lustvoll.«[94] So ganz unklar aber ist die Aussage des Traums mit Verlaub nicht, sie ist vielmehr überdeutlich. Die Sexualsymbolik des Eindringens in einen Schacht spricht für sich, und daß sich inzestuöses Begehren auch auf die Schwester erstreckt, hat bloß minimalen Überraschungseffekt. Zudem ruhen unter der Erde — wie das kreative Potential in einem selbst — Schätze, die zutage gefördert werden sollen. Und dem Burgtheater, wo Schnitzler sein Talent ausstellte, fühlte er sich ungeachtet aller Spannungen in der Zusammenarbeit stets verbunden, er sah es als seine Heimat an, in die man zurückkehren könne wie in den mütterlichen Schoß.

Im Werk Arthur Schnitzlers nehmen die Mütter — auf den ersten Blick — keinen bedeutenden Rang ein. Aber wenn ihnen Hauptrollen infolge ihrer Mutterschaft zufallen, dann in eindeutig zweideutiger Weise. Die Novelle *Frau Beate und ihr Sohn*, deren Arbeitstitel noch programmatisch »Mutter und Sohn« hieß[95], erregte einst beim Verband katholischer Schriftstellerinnen und Schriftsteller helle Empörung: »Das Thema ist das denkbar abstoßendste: Schmutz in, um und zwischen Mutter und (eher knaben- als jünglingshaftem) Sohn.«[96] Der Sprecher der katholischen Schriftstellerinnen und Schriftsteller war so aufgebracht, daß er die Begriffe »Inzest« und Liebestod, in den das Mutter-Sohn-Verhältnis mündet, gar nicht auszusprechen wagte. Im übrigen ist auch der junge Schnitzler-Bewunderer Stefan Zweig über die Kühnheit von *Frau*

Beate und ihr Sohn konsterniert gewesen: »Ich muss für Sie
befürchten, dass Sie auf manche Gegnerschaft gerade diesmal
stossen werden, weil Sie in so grosser Wahrhaftigkeit dem pri-
mitiv Sexuellen entgegengetreten sind, indess die meisten
Menschen aus einer merkwürdigen innern Verlogenheit jede
ihrer rein sexuellen Empfindungen mit dem Begriff Liebe ver-
brämen und selbst im Kunstwerk das reine nakte Blutgefühl
nicht dulden wollen [...].«[97]

Zweimal hat der Epiker Schnitzler die Geschichte eines
Muttermörders dargestellt. Die im Sommer 1889 zu Papier ge-
brachte Erzählung *Der Sohn. Aus den Papieren eines Arztes*
diente gleichsam als Vorstudie zum großen, 1928 veröffentlichten Roman *Therese. Chronik eines Frauenlebens.*

Nach dem Geständnis der sterbenden, von ihrem mißrate-
nen Sohn erschlagenen Frau Eberlein, sie habe – als uneheliche Mutter – das Neugeborene ersticken wollen und bitte
deshalb um Gnade für den Täter, sinniert der zum Entla-
stungszeugen auserkorene Arzt: »Bleiben uns selbst von den
ersten Stunden unseres Daseins verwischte Erinnerungen zurück, die wir nicht mehr deuten können und die doch nicht
spurlos verschwinden? – Ist vielleicht ein Sonnenstrahl, der
durchs Fenster fällt, die allererste Ursache eines friedlichen
Gemütes? – Und wenn der erste Blick der Mutter uns mit
unendlicher Liebe umfängt, schimmert er nicht in den blauen
Kinderaugen süß und unvergeßlich wider? – Wenn aber dieser
erste Blick ein Blick der Verzweiflung und des Hasses ist, glüht
er nicht mit zerstörender Macht in jene Kinderseele hinein, die
ja tausenderlei Eindrücke aufnimmt, lange bevor sie diesel-
ben zu enträtseln vermag?« Der Arzt faßt sich ein Herz: »Ich
werde zu Gericht gehen; nun habe ich mich dazu entschlossen, denn mich dünkt, es ist noch lange nicht klar, wie wenig
wir wollen dürfen und wieviel wir müssen.« (ES I, 97) Eine er-
staunliche Einsicht des 27jährigen Dichters. Daß ihn jedoch
das extravagant kriminelle Motiv nicht losgelassen hat, er den
Fall am Beispiel der Therese Fabiani in identischer Konfigura-

tion, wenngleich ausführlicher, nochmals abhandeln sollte, ist vermutlich kein Zufall.

Auch im titelgebenden Stück des Einakter-Zyklus *Lebendige Stunden* (1901) stirbt die Mutter eines gewaltsamen Todes – von eigner Hand zwar, und dennoch als Opfer ihres Sohnes, des Schriftstellers Heinrich. Präziser ausgedrückt: Sie opfert sich ihm. Unheilbar krank, möchte sie ihm nicht weiter zur Last fallen, ihn in seinem Schaffen behindern und trinkt heimlich ein Fläschchen Morphium. Als der ältere Freund der Mutter dem Sohn die Wahrheit enthüllt, bricht dieser scheinbar zusammen: »Für mich! Um meinetwillen! Da bin ich ja ihr ... O Gott! O Gott! – Mutter!« Indes überwältigt ihn alsbald die geschmeichelte Eitelkeit des Künstlers – er werde durch gesteigerte Produktivität den Beweis erbringen, daß sie nicht »vergeblich gestorben ist« (DR I, 701), worauf ihn der erboste Gefährte der Toten attackiert: »Was ist denn deine ganze Schreiberei, und wenn du das größte Genie bist, was ist sie denn gegen so eine Stunde, so eine lebendige Stunde, in der deine Mutter hier auf dem Lehnstuhl gesessen ist und zu uns geredet hat, oder auch geschwiegen – aber da ist sie gewesen – da! und sie hat gelebt, gelebt!« Unbeeindruckt antwortet Heinrich: »Lebendige Stunden? Sie leben doch nicht länger als der letzte, der sich ihrer erinnert. Es ist nicht der schlechteste Beruf, solchen Stunden Dauer zu verleihen, über ihre Zeit hinaus.« (DR I, 702)

Wahrlich, ein hochgemutes Selbstbild, aber auch ein rücksichtslos-brutales. Mögen sich Spekulationen über die intimsten Gefühle von Arthur und Louise Schnitzler mangels ausreichender Quellen verbieten, so deutet schon das Muster seiner literarischen Phantasien – schwebend zwischen Inzest, Mord und Opfertod – auf einige Vertracktheit hin. Ebenso wie beim Vater erkannte er erst im Augenblick ihres Todes in Denken und Fühlen, wie sehr, wie »unsagbar« er seine »selbstlose« Mutter geliebt hat. Doch unvergeßlich, »ewig unvergeßlich« ist hier nicht der mütterliche Blick »unendlicher Liebe«,

sondern nur der »ungeheure Ernst« eines Antlitzes – eine To-
tenlarve. Und von den Leiden nachgetragener Sohnesliebe
wird man kaum je erlöst.

Heide Tarnowski-Seidel zitiert eine Tagebuchstelle Arthur
Schnitzlers, worin dieser sein »ungeheures Bedürfnis nach
Zärtlichkeit, Geliebt-, Angebetet-, Bewundertwerden« be-
kennt: »Nur das befreit mich zuweilen von meinen Angstgefühlen«, und sie folgert daraus: »In einem solchen übergroßen
Anspruch steckt ein früher offengebliebener Wunsch an ein
Gegenüber, das eine solche ausschließliche Spiegelfunktion
haben könnte, wie es im Grunde nur eine Mutter für ein Kind
haben kann, und dessen Aussicht auf Erfüllung im Leben
eines Erwachsenen gering, wenn nicht vergeblich ist, so daß
dieser Wunsch in unendlicher Wiederholung immer wieder
auftauchen muß.«[98] Über die Vaterbeziehungen in Schnitzlers
Œuvre aber sagte schon Hanns Sachs in seiner Rezension der
Reikschen Monographie Gültiges: »Schnitzler hat es ver-
schmäht, das Verhältnis zwischen Vater und Sohn unmittelbar
darzustellen, er läßt es nur unterirdisch fortwirken. [...] Statt
dessen hat der Dichter es verstanden, die unbewußten Gefühle wie Rufe aus einem fernen Geisterreich über sein Werk
hinwehen zu lassen, eine Stimmung von einzigartiger, herber
Süße daraus zu keltern, die trivialste Episode in ihrem abend-
stillen Abglanz zu vergolden, so daß sie uns teuer wird, wie ein
schönstes eigenes Erleben.«[99]

DIE BRÜDER

Arthur Schnitzler – es war der 18. April 1916 – besuchte den von ihm hochverehrten Sozialphilosophen und -reformer Josef Popper-Lynkeus. Dieser äußerte sich »begeistert über Geronimo – besonders weil alles erotische fehle, was immer im Kunstwerk als ›etwas unreines‹ auf ihn wirke. Irgendwie vermochte ichs ihm nachzufühlen. –«[100] Auch der Autor hatte nun einmal eine unleugbare Schwäche für den Text: Etwas widerstrebend beantwortete er in seinem Todesjahr die Frage, welche seiner Arbeiten seinem »Herzen am nächsten« stehe –: von den erzählenden Schriften *Der blinde Geronimo und sein Bruder* sowie *Casanovas Heimfahrt*.[101] Die Begeisterung über die im Herbst 1900 binnen acht Tagen vollendete Erzählung hat sich vor allem auf Pädagogen übertragen – möglicherweise aufgrund der sittlichen Untadeligkeit –, wovon zahlreiche Schulausgaben zeugen. Andererseits wird die Novellette in der Sekundärliteratur auch unter der verwirrenden Rubrik »Behinderte, Verbrecher« abgehandelt.[102]

Es ist eine schöne, eine »im edelsten Sinne rührende«[103] Geschichte, die von den unzertrennlichen Brüdern, von Carlo und dem um fünf Jahre jüngeren Geronimo Lagardi. Durch einen Unfall wurden die beiden aneinandergekettet. Carlo hatte beim Spielen Geronimo ein Auge ausgeschossen, und alsbald war auch das zweite auf ewig erloschen. Beinah hätte der schuldlose, von Schuldgefühlen gequälte Missetäter Selbstmord begangen, ein Priester freilich belehrte ihn, er habe die »Pflicht zu leben und sein Leben dem Bruder zu widmen. [...] Ein ungeheures Mitleid ergriff ihn. Nur wenn er bei dem blinden Jungen war, wenn er ihm die Haare streicheln, seine Stirn küssen durfte [...], milderte sich seine Pein.« (ES I, 369) Gemeinschaftlich führten die Geschwister fortan ein Wander- und Bettlerdasein; der Blinde sang zur Gitarre, der Ältere geleitete ihn und verwaltete die Almosen. Eines Tages aber senkt ein Unbekannter in diabolischer Laune den Keim der Zwietracht in die Zweisamkeit, indem er fälschlich behauptet, Carlo ein Goldstück zugesteckt zu haben. Nun zerbricht das Idyll, die Saat des Mißtrauens und des Hasses ist aufgegangen: »Und alles, was Carlo für ihn getan, war vergeblich gewesen; vergeblich die Reue, vergeblich das Opfer seines ganzen Lebens.« (ES I, 379) Erst als Carlo für Geronimo zum Dieb wird und ein Gendarm sie zum Wachtposten eskortiert, ist alles wieder gut. Verwundert bemerkt der Ordnungshüter, »daß der Blinde die Gitarre auf den Boden fallen ließ, seine Arme erhob und mit beiden Händen nach den Wangen des Bruders tastete. Dann näherte er seine Lippen dem Munde Carlos, der zuerst nicht wußte, wie ihm geschah, und küßte ihn.« Die Versöhnung scheint besiegelt: Carlo »war, als könnte ihm jetzt nichts Schlimmes mehr geschehen, – weder vor Gericht, noch sonst irgendwo auf der Welt. – Er hatte seinen Bruder wieder ... Nein, er hatte ihn zum erstenmal ...« (ES I, 389)

Hugo von Hofmannsthal, ein erfahrener Leser, zeigte sich von diesem vollkommenen ›Happy Ending‹ wenig befriedigt, teilte er dem Autor doch ohne Zaudern mit, »der Schluß des ›blinden Geronimo‹« bleibe »in der gegenwärtigen Form mangelhaft, enttäuschend. Es muß aber sehr leicht zu ändern sein. Aber ich irre mich nicht, denn ich habs wieder gelesen.«[104] Möglicherweise war dem Einzelkind Hofmannsthal das Pathos dieses Finales wesensfremd. Ein mit den Finessen und Abgründen von Familienromanen vertrauter Betrachter wie Theodor Reik feierte das Prosastück »geradezu als die künstlerische Darstellung der durch die Psychoanalyse aufgedeckten Gefühlsambivalenz im Bruderverhältnis«[105], wobei der »dämonisch und schattenhaft gezeichnete Reisende nichts als

das unbewußte Seelenleben Carlos selbst in seiner Unheim-
lichkeit und dynamischen Gewalt«[106] bedeute.

Arthur Schnitzlers Bruder Julius war gut drei Jahre jünger,
und dennoch – sagt der Autobiograph – lief er ihm »in der Musik, wie in sämtlichen Schulgegenständen und später in der
Medizin durch Beharrlichkeit und Gewissenhaftigkeit, vielfach auch durch Auffassung und Begabung, den Rang ab. Er
war, nach dem wenig besagenden Ausdruck, im Gegensatz
zu mir, ein schlimmes Kind gewesen. Aber schon in frühen
Knabenjahren änderte sich auch hier das Verhältnis zu meinen Ungunsten.« Den Charakter ihrer Beziehungen nennt
Schnitzler »damals und noch viele Jahre hindurch eher […]
herzlich« als »innig«.[107] Im Sommer 1888 zeichnet er ein kaum
verheißungsvolles familiäres Parallelogramm: »So steh ich
zwischen einem berühmten Vater, einem tüchtigen, unendlich
fleißigen Bruder, der Doctor der Medicin ist, einem künftigen
Schwager Dr. Markus Hajek, gleichfalls als Mediziner weit
über dem Mittelmass.«[108] In den Memoiren finden sich zu diesem Passus aufschlußreiche Varianten: »Mein Vater, manchmal erbittert, öfter gekränkt, schaute zu, wie ich mich in
Leben, Beruf und Kunst nicht zurechtfand und zwischen meinem tüchtigen, unsäglich fleißigen Bruder, meinem ausge-
zeichneten künftigen Schwager – beide Ärzte wie ich und von
Mißbilligung gegen mich durchdrungen – eine wahrhaft kläg-
liche Rolle spielte.«[109] Aus der Innenperspektive wurde jene
des leibhaftigen, strafenden Vater-Über-Ich, und auch die arti-
kulierte Ablehnung seitens des Bruders und des Schwagers ist
neu hinzugekommen.

Insgesamt scheinen die frühen Journaleintragungen
Schnitzlers in bezug auf Julius nicht allzuviel Aufregendes zu
verraten. Mit zwölf Jahren verliebte sich Arthur in eine Cousine, »der allem Anschein mein Bruder besser gefiel. Ich
weinte darob und war sehr gerührt ob meiner Rührung – Endlich wurde ich wüthend und prügelte meinen Bruder – das war
mein erstes Liebesgedicht«[110], wobei *Jugend in Wien* das Ver-

prügeln mit dem Beiwort »heftig« ausschmückt[111]. Eine äußerst körperliche Auffassung von Lyrik, aber es erhebt sich die Frage: Wem galt das Liebesgedicht wirklich? Als Erwachsener wird Schnitzler gegen Konkurrenten in eroticis nie mehr gewalttätig.

Laut Tagebuch versuchte der Achtzehnjährige den Bruder »vergebens zu magnetisiren«[112], was wohl nur sagen will: Julius war kein geeignetes Medium für hypnotische Spielereien. Als sich der junge Arzt hingegen ernsthaft mit Hypnose beschäftigte, sollte er darin exzellieren und auch seine einzige reguläre wissenschaftliche Studie auf diesem Gebiet publizieren: *Über functionelle Aphonie und deren Behandlung durch Hypnose und Suggestion* (1891). So erfreulich positiv die Ergebnisse waren, der Forscher mochte nicht recht an den therapeutischen Fortschritt glauben; er würde es »nicht wagen, unter einen« seiner »Fälle das kühne Wort ›geheilt‹ zu setzen.«[113] Trotzdem verzeichnete er in der Ambulanz der Poliklinik kleine – auch gesellschaftliche – Triumphe durch chirurgische Eingriffe vor Fach- und anderem Publikum, bei denen er Patienten hypnotisch anästhesierte. Die Grenze zwischen Lege-artis-Experimenten und der Atmosphäre von Schaubudenvorführungen dürfte durchlässig gewesen sein: »Anregender, aber ohne erhebliche Bedeutung für die Medizin war es, wenn ich mein Medium im hypnotischen Zustand allerlei Situationen und Empfindungen durchleben ließ, wie es mir eben beliebte, sie zu erfinden, oder gar von einem Tag zum andern einen Mordversuch gegen mich selbst arrangierte, vor dem ich mich freilich, da ich auf die Minute darauf vorbereitet und er statt mit einem Dolch mit einem stumpfen Papiermesser unternommen ward, erfolgreich zu schützen vermochte.«[114]

Muß man diese Episode aus *Jugend in Wien* in Zweifel ziehen, wo doch das Buch den schönen Vorsatz enthüllt, die »Erinnerungen völlig wahrheitsgetreu aufzuzeichnen, soweit die Wahrheit der Erinnerungen überhaupt in unserer Macht liegt«?[115] Verschwieg Schnitzler etwa absichtsvoll eine andere

Version, oder spielte ihm sein Gedächtnis einen Streich? Der Zeuge Felix Salten hatte jedenfalls im folgenden Fall wenig Anlaß zur Geschichtsfälschung. Er erzählt von der »Ausführung eines posthypnotischen Befehls«, der er beiwohnte: »Schnitzler hatte ein schmales, kleines Lineal im Vorraum auf das Fensterbrett gelegt. Der Frauensperson, der er die Mandeln operierte, befahl er: ›Sie werden jetzt von hier fortgehen, beim Schottentor umkehren, zurückkommen, den Dolch, der im Vorzimmer draußen auf dem Fensterbrett liegt, ergreifen und ihn dem Dr. Hajek in den Rücken stoßen!‹ Die junge Frau entfernte sich, aber nach etwa zwanzig Minuten kam sie wieder, hatte mit allen Zeichen furchtbarer Erregtheit das Lineal in der Faust, schlich wahrhaftig wie eine Mörderin in den Saal, suchte mit schuldbewußten, tückischen Augen den Dr. Hajek, pirschte sich fast ganz in seine Nähe – da wurde sie von Schnitzler angerufen: ›Erwachen Sie!‹, ließ das Lineal fallen, blickte ganz verdutzt, offenbar auch unendlich erleichtert umher und rannte kopfschüttelnd mit verlegenem Lachen davon.«[116]

Ein Jux mit lehrhaftem Zweck, weiter nichts – so könnte man dieses im letzten Moment verhinderte ›Attentat‹ verstehen; doch daß das Objekt der spielerischen Aggression ausgerechnet der strebsame Laryngologe Dr. Markus Hajek ist und ihr Urheber nachträglich davon nichts wissen will, stimmt nachdenklich. Arthur Schnitzler tritt in dieser Inszenierung wie ein Dramatiker und zugleich als Regisseur auf, der Marionetten an den Fäden einer symbolträchtigen Aktion zieht. »Die Eigentümlichkeit, die Traum und Dichtung gemeinsam haben«, sei es, so Theodor Reik, »einen Optativ in einen Indikativ« zu verwandeln.[117] Besonders geliebt hat Schnitzler den ehemaligen Studienkollegen und nunmehrigen Verwandten jedenfalls nicht, ihn nicht einmal sympathisch gefunden: »Mein Schwager überflügelt mich medizinisch unendlich«, bemerkt er im September 1889: »Seine Natur bleibt mir fremd.«[118]

Medizinisch unendlich überflügelt hat Arthur Schnitzler
auch sein Bruder Julius, der vorzügliche Chirurg, und obwohl
ihm dessen Natur nie fremd war, stellte sich kaum je die er-
sehnte Nähe ein. Am 30. Juni 1894, er ist gerade noch mit der
Schauspielerin Adele Sandrock liiert, schildert Schnitzler seinen emotionalen Bezugsrahmen: »Gefühl der Beklommenheit
in der Familie, Nervenantipathie gegen Leute, die man außerordentlich liebt (Julius). – Gleichgiltigkeit gegen die ›Geliebte‹. – «[119] Kurz darauf, am 8. Juli, schildert er – im Tagebuch graphisch hervorgehoben – ein Familienfest: »*Hochzeit
Julius mit Helene*«. Die Abschiedsszene der Neuvermählten
hat für ihn die Aura des Unwirklichen: »Ich sah es schon in der
Erinnerung. – «[120] Dieses merkwürdige Phänomen betäubter
und wie für ein Privatmuseum präparierter Gegenwart findet
sich bei Schnitzler sonst in erotischem Kontext. Als er, im fri-
schen Rausch der Sinne am Anfang seiner Liebelei mit dem
süßen Mädel Jeanette Heeger deren Vorzüge üppig herausge-
strichen hat – sie verlange nichts als ihn selbst, »das allerdings
in ausgedehntestem Maße« –, schließt er abrupt: »es wird mal
was hübsches zum Erinnern sein. – «[121] Die Flucht aus dem
Jetzt, das unversehrt in die Zukunft geschmuggelt wird, ist
auch eine Strategie zur Schmerzvermeidung, die Angst, durch
zu heftige Gefühle verletzt zu werden.

Vier Tage nach der Heirat des Bruders lernt Arthur Schnitzler eine »neue Patientin« kennen, die ihn »interessirt«. Er gibt
ihr, um den geistigen Kontakt nicht abreißen zu lassen, »Bücher über die Ferien«[122] mit. Die interessante Patientin wird
eine der großen Lieben in seinem Leben sein, ihr Name ist Marie Reinhard.

Vorsichtig formuliert, kann es als glückliche Fügung ge-
wertet werden, daß ein würdiges Liebesobjekt just im rechten
Moment auftauchte; unvorsichtiger ausgedrückt, ist es in
jenem Moment aufgetaucht, da Arthur Schnitzler von seinem
Bruder sozusagen verlassen worden war. Naturgemäß bezieht
sich all das einzig und allein auf den Bereich der Phantasien

und Wünsche, dennoch muß man eine solche Hypothese begründen.

Zum Neujahr 1909 bezeichnet Arthur Schnitzler seine Beziehung zu Julius als »Brüderlich-zärtlich-schüchtern«[123], ihn selbst pflegt er nach Kräften zu idealisieren – nur seine »Energie« habe einen Kranken gerettet[124]; mühelos befreit Julius im Traum den Schriftsteller Ludwig Fulda von einem verschluckten Zahn, welche Hilfeleistung eigentlich Arthur hätte erbringen sollen[125]; er erwähnt es jeweils mit stolzem Beifall, wenn andere ein Loblied auf den Bruder anstimmen – wie Bundeskanzler Seipel, der ihn einen »wunderbaren Menschen«[126] nennt – oder dessen »diagnostischen Blick« rühmen: »Es gibt übrigens kaum einen Menschen, vor dem ich mehr Respekt habe. Einer von uns wird es einmal sehr beklagen, dass er vom andern so wenig gehabt hat«[127], in welcher Klage ein Hofmannsthalsches Leitmotiv anklingt: »[...] ich sag wieder mein Sprücherl: man wird auf einmal tot sein und dann wird einem *sehr* leid sein daß man sich nicht öfter gesehen hat.«[128]

Mit Heide Tarnowski-Seidel läßt sich behaupten: »Aufgrund der ärztlichen Kompetenz einerseits und der brüderlichen Verbundenheit andererseits ist es gerade Julius, den Schnitzler immer wieder aufsucht, um ihn um Rat in physischen wie auch psycho-physischen Leiden zu fragen.«[129] Hat ihn der Bruder untersucht – etwa eine geschwollene Drüse –, stellt sich »Beruhigung« ein.[130] Dementsprechend kann von Julius auch starke Beunruhigung ausgehen, wie im Dezember 1895: »Abend durch ein Gespräch zwischen Bruder und Schwager bekam ich einen entsetzlichen Anfall von Krankheitsangst, als wenn mir persönlich all das Elend bevorstände«.[131] Die Erwartungen an Julius Schnitzler sind gewaltig, richten sich wie auf eine Art Erlöser, der alles Unheil heilen kann. In diesem Sinn spricht er mit ihm auch über seine »Körperlichkeit. Offenbar ein wenig in der geheimen Hoffnung, irgend ein hoffnungsvolles Wort über das Ohrenleiden zu hören. Es kam keines. Wie natürlich. Und wenn auch – so wär es sinnlos gewesen. Und doch drückte mich sein Schweigen noch tiefer nieder. – «[132] Ohne Widerspruch akzeptiert Schnitzler in bezug auf seine »Angstgefühle« den strengen Appell »›Selbsterziehung ...‹ Ja!«[133], und rasch einigt man sich auf erbliche Belastung von seiten der Mutter als Quell des Übels, das Julius Schnitzler nicht unbekannt scheint. Denn auch dieser Arbeitswütige ist, »wenn er ein paar Tage etwas weniger zu thun« hat, »hypochondrisch«.[134]

Mag sich der notorisch unfromme Arthur Schnitzler in seinem Kult bis zur biblischen Emphase versteigen – »Segen auf dein Haupt für alle Zeit, mein geliebter Bruder!« betet er, als Julius' »Aussehen [...] zu wünschen übrig« läßt –[135], die nie zu überbrückende Distanz trifft ihn in der Seele. Schnitzler fühlt sich von den Seinen, auch von Julius – wie einst vom Vater – unverstanden, der anerkannte und ungemein produktive Autor hegt sogar den Verdacht, für einen »Faulenzer« gehalten zu werden.[136] Noch mehr stört ihn jedoch »diese sonderbare, fast verlegene Zurückhaltung zwischen uns«[137], er beklagt die »Mühseligkeit der Gespräche zwischen Julius; meine Traurigkeit drüber. Meine Zärtlichkeit für ihn«[138] und abermals »eine Periode sonderbar verlegenen (das Wort ist zu stark) Verkehrs«[139] mit dem Bruder. Die relativierende Wendung »das Wort ist zu stark« kehrt in einem anderen Zusammenhang wieder, als er im April 1916 während der Lektüre seiner Jugendtagebücher »das erotische Besessensein« wahrnimmt: »(der Ausdruck ist zu stark).«[140]

Theodor Reik hat darauf hingewiesen, daß in Schnitzlers Roman *Der Weg ins Freie* (1908) das »Verhältnis zwischen den beiden Brüdern Georg und Felician mit eigenartigen Akzenten beschrieben« werde. »Der Dichter selbst bezeichnete das Charakteristische dieses Verhältnisses als eine ›eigentümliche Befangenheit, die dem doch so innigen Verhältnis zwischen den Brüdern eigen‹«.[141] Nun gibt es »kaum ein Werk der Weltliteratur, in dem so viel Heterogenes so nahtlos miteinander verschmolzen ist«[142] wie in diesem Schnitzlerschen Epos des Wiener Fin de siècle. Eine sehr spezifische Gesellschaft mit besonderer Berücksichtigung des jüdischen Segments im Spannungsfeld von Assimilation, Antisemitismus, Selbsthaß und Zionismus wird darin ebenso lebendig wie die traurige Romanze des »Helden« Georg von Wergenthin mit Anna Rosner, einer der zartesten Frauenfiguren in Schnitzlers Œuvre.

Die Pikanterie für zeitgenössische Leser ergab sich aus der leicht durchschaubaren Verschlüsselung: Personen aus Schnitzlers Umgebung erkannten sich — entweder geschmeichelt oder peinlich berührt — wieder. Seine Jugendfreundin Minnie Benedict beispielsweise wird ihm 1918 ihre Vermählung als »Else Ehrenberg« anzeigen[143], und als er dem entfernten Verwandten Gustav Pick begegnet, dem Komponisten des populären »Fiakerlieds« und »Urbild des alten Eissler«, ist er selbst verblüfft: »Seltsam auch, wie plötzlich die Gestalt aus dem Roman mir entgegentrat und ich mir sagen mußte: Der liebe Gott trifft's doch besser!«[144] In den Schicksalslinien der Gebrüder Wergenthin wiederum waren einige Parallelen mit jenen der Freiherren von Franckenstein zu ziehen, nicht unbedingt zur Freude der ›Porträtierten‹: »›Es ist doch unangenehm‹«, beschwerte sich Clemens von Franckenstein alias Georg von Wergenthin, »›wenn man Bekannte hat, die Privatsachen die sie von Einem wissen so in die Öffentlichkeit bringen —‹«.[145]

Sein Ich hat der Autor sozusagen gespalten — viele seiner Züge und Ansichten, vor allem auch über Repräsentanten des Judentums, lieh er dem »verdüsterten« jüdischen Schriftsteller Heinrich Bermann. Wenn Arthur Schnitzler die »Empfindung« hat: »Ich bin ein schwacher Künstler, aber ein sehr tiefer Kenner von Menschenseelen«[146], so äußert sich Heinrich Bermann im selben Sinn, wiewohl differenzierter: »Insbesondere ist meine sogenannte Künstlerschaft etwas durchaus mäßiges, und auch gegen meine Charaktereigenschaften wäre manches einzuwenden. Das einzige, was mir eine gewisse Sicherheit gibt, ist eigentlich nur das Bewußtsein, in mensch-

liche Seelen hineinschauen zu können ... tief hinein, in alle, in
die von Schurken und ehrlichen Leuten, in die von Frauen und
Männern und Kindern, in die von Heiden, Juden, Protestan-
ten, ja selbst in die von Katholiken, Adeligen und Deutschen,
obwohl ich gehört habe, daß gerade das für unsereinen so unendlich schwer, oder sogar unmöglich sein soll.« (ES I, 670)

Zum anderen hat er Georg von Wergenthin mit Elementar-
erfahrungen seines Erlebens ausgestattet: Georgs Liebesgeschichte mit Anna Rosner ist jener von Arthur Schnitzler mit
Marie Reinhard nachgebildet – mitsamt dem Trauma vom
1897 totgeborenen Sohn und dem damit verbundenen Schuld-
komplex. Und auch die Beziehung Georgs zu Felician von Wergenthin spiegelt in gewisser Hinsicht Schnitzlers eigene Bru-
derproblematik: »Wenn man sich doch wieder einmal mit ihm
aussprechen könnte«, räsoniert Georg, »brüderlich, herzlich
wie an jenem Abend nach des Vaters Begräbnis. Wahrhaftig,
nur wenn das Leben ihnen düster sich enthüllte, fanden sie
ganz zueinander. Sonst blieb immer diese seltsame Befangenheit zwischen ihnen beiden. Das konnte offenbar nicht anders
werden. Man mußte sich eben bescheiden, miteinander plaudern, in der Art von guten Bekannten.« (ES I, 682f.) Kurz vor
einer berufsnotwendigen Abwesenheit Felicians eröffnet ihm
Georg, daß Anna von ihm in der Hoffnung ist. »Beide fühlten
mit Wehmut, wie sie seit dem Tod des Vaters einander allmählich entglitten waren – und mit leiser Angst, um wie viel weiter
sie das Leben noch voneinander entfernen konnte.« (ES I,
779) Am Ende des Gesprächs, in dem Felician gütig-besorgt,
»gleichsam als Stellvertreter des Vaters«[147], mit ihm geredet
hat, reichten sie »sich die Hände, und dann küßten sie einander, was schon seit langer Zeit nicht geschehen war. Und Georg
beschloß, sein Kind, wenn es ein Knabe sein sollte, Felician zu
nennen, und er freute sich der guten Vorbedeutung im Glücks-
klang dieses Namens.

Nach des Bruders Abreise fühlte sich Georg so verlassen, als
hätte er nie einen andern Freund gehabt.« (ES I, 782)

Indessen geht die Tragödie ihren Gang: Der Knabe erblickt das Licht der Welt eben nicht. Georg nimmt Abschied — er »wußte, daß er das Antlitz seines Kindes zum letztenmal gesehen hatte. Wie hätte es nur heißen sollen? Felician ... Leb wohl, kleiner Felician.« (ES I, 879) Georg unterrichtet den Heimgekehrten vom Geschehenen: »›Geh‹, sagte Felician bewegt, trat auf ihn zu und legte unwillkürlich die Hand auf des Bruders Haupt. Dann tat er Hut und Stock beiseite, setzte sich zu ihm aufs Bett, und Georg mußte an Morgenstunden seiner Kinderjahre denken, da er beim Erwachen manchmal seinen Vater so am Bettrand sitzen gesehen. Er erzählte Felician, wie alles gekommen war«. (ES I, 897) In der nicht weniger kummervollen Realität hat Arthur Schnitzler dem Bruder jedoch erst nach dem Tod Marie Reinhards 1899 sein Herz ausgeschüttet: »Mit Jul.[ius] nach Haus, erzähl alles«[148], und noch 1916 wird ihm im Traum die Augustinerstraße in der Wiener Innenstadt erscheinen, »die Stelle etwa, wo ich vor fast 17 Jahren mit Julius nach dem Tod M. R.s nach Hause ging«.[149]

Nachdem Georg Felician alles mitgeteilt hatte, auch die geplante Namensgebung, sah dieser »seinem Bruder ins Auge, sehr ernst, dann drückte er ihm die Hand. ›Aufs nächstemal‹, sagte er mit einem guten Lächeln. Noch einmal drückte er dem Bruder die Hand und ging. Georg sah ihm nach, zwiespältig bewegt. Ganz unangenehm ist es ihm ja doch nicht, dachte er, daß es so gekommen ist.« (ES I, 898) Ist die Unterstellung gerechtfertigt, gibt es, wie Theodor Reik insinuierte, in Felician »geheime Eifersucht auf eine Frau«?[150] Oder handelt es sich um eine Projektion Georgs? Vielleicht schließt die eine Theorie die andere in der psychischen Praxis brüderlicher Herzlichkeit gar nicht aus.

Der Brudermord

Einer der Texte, mit denen sich Schnitzler am längsten beschäftigt hat, ist die Novelle *Flucht in die Finsternis* (1931), das letzte zu Lebzeiten erschienene Werk. Über Jahrzehnte hinweg stand er ihm mit durchaus gemischten Gefühlen gegenüber. Ein Einfall aus dem Jahre 1909 baute das Gerüst des epischen Szenariums: »Einer hat Angst wahnsinnig zu werden, verlangt von seinem Bruder, der Arzt ist, daß er ihn bei Ausbruch des Wahnsinns töte, (schmerzlos vergifte). Dieser Mensch wird nun von einer ewigen Angst gequält (später), daß ihn sein Bruder fälschlich für wahnsinnig hält, verfällt dadurch in wirklichen Wahnsinn und bringt schließlich seinen Bruder um.«[151] Im Journal schlägt sich die konkrete Arbeit erstmals am 22. März 1912 nieder: »Notizen zur Novelle vom Wahnsinnigen. –«[152] Anderntags – beim Plaudern mit Gattin Olga – meint er, ein Charakteristikum seiner frühen erzählenden Prosa auszumachen: »Blick für die Beziehungen zwischen gleich geschlechtigen Menschen (also nicht erotischen)«.[153] Der im »also« enthaltenen logischen Folgerung eignet sichtlich übertriebene Hast, denn für völlig unerotische Beziehungen wird bei Schnitzler – beispielsweise unter Brüdern – ein bißchen viel geküßt. Aber hier, in der automatischen Abwehr allfälliger homoerotischer Strebungen, steckt ebenfalls ein Charakteristikum: Dergleichen ist ihm, auch in Ansätzen, zuwider. In *Jugend in Wien* entsinnt sich Schnitzler seiner Freundschaft mit einem Neffen des Komponisten Ignaz Brüll, dem nachmaligen Anwalt und Schriftsteller Richard Horn. Er sagt ihm »Empfindlichkeit und Neigung zur Gefühlsduselei« nach – »und zu häufigem ungeduldigem Spott forderte mich besonders seine Schwärmerei für einen begabten, liebenswürdigen Altersgenossen von mädchenhaft hübschem Aussehen heraus, der von einem anderen Kollegen sogar als Heiland besungen wurde, so daß sich um seine Gunst gänzlich ohne seine Mitwirkung, da er davon unberührt blieb, Rivalitäten erhoben, die mir höchst lächerlich und etwas widerlich erschienen. Daß bei jenen Schwärmereien homosexuelle Regungen mitschwingen könnten, kam den Beteiligten damals so wenig zum Bewußtsein wie mir; um so weniger, als wir alle von der gewiß nicht unbedeutenden, jetzt meines Erachtens freilich überschätzten Rolle, die diesen Trieben in der jugendlichen Seele zugewiesen ist, ja kaum von ihrem Vorhandensein eine Ahnung hatten.«[154]

Auch hier haben wir es mit einem nachträglichen Zurechtrücken der Vergangenheit zu tun – im Tagebuch nämlich hatte der achtzehnjährige Arthur Schnitzler die romantische Neigung Richard Horns für seinen »begabten, liebenswürdigen Altersgenossen« Otto Gottlieb noch richtig interpretiert: »Wenn aber ein junger Mensch seinen Freund, einen hübschen, bartlosen, mädchenhaften Burschen, immer küssen will, und ihm nichts einen größern Genuss gewährt, als ein Kuss von den Lippen dieses Burschen, wenn er immerfort mit seiner Hand die des Freundes berührt, so muss man sich unwillkürlich der Ansicht zuneigen, dass diese Freundschaft einen starken Zusatz von Sinnlichkeit enthält – mag man weiter drüber denken wie man will.« In einer Vorlesung saß der Student »neben dem Liebespaar. Das nennen die Leut' eine Freundschaft. Mich berührt das unnatürliche Zeug einmal unangenehm.« Ausgesprochen unpassend, »urkomisch« erscheint es dem Zeugen dieses Bundes zudem, wenn Richard Horn »immer enorme Aehnlichkeiten zwischen seinem Verhältnis zu Otto und meinem – zu Fanny findet!«[155] Daß seine Jugendliebe zu Franziska Reich auch nur in die Nähe solch »unnatürlichen Zeugs« gerückt wird, muß er aufs entschiedenste ablehnen.

Durchgehende und nahezu wortidentische Ablehnung äu-

ßert sich obendrein in Schnitzlers Reaktionen auf literarische
Werke mit gleichgeschlechtlichen Aspekten — von Klaus
Manns *Der fromme Tanz* (»fast nur widerwärtig«) über Hans
Kaltnekers *Schwester* (»... als Gesamtprodukt peinlich. Der
expressionistische Schimmel. Homosexuell aufgezäumt«) bis
zu Hans Henny Jahnns *Medea* (»Eine widerliche Angelegen-
heit«).[156] Und in der *Traumnovelle* (1925/26) sieht der Arzt
Fridolin im nächtlichen Rathauspark einen »ziemlich zer-
lumpte[n]« Mann auf einer Bank liegen. Sein erster Impuls ist,
dem Obdachlosen Geld für ein ordentliches Nachtquartier zu
schenken. Doch dann überlegt er sich's anders: »[...] am
Ende würde ich noch sträflicher Beziehung mit ihm verdäch-
tigt.« (ES II, 446)

Der kleine Exkurs illustriert, mit welch geringer Sympathie
Schnitzler wahrscheinlich Anspielungen — wie von Robert
O. Weiss in seiner Dissertation — zur Kenntnis genommen
hätte, die unglückselige Hauptfigur der *Flucht in die Finsternis*, Robert, zeige »latente homosexuelle Tendenzen«[157]; oder
gar die vorlaute Annahme, Schnitzler selbst habe seine verbor-
gene und naturgemäße homoerotische Komponente mit unge-
wöhnlicher Gründlichkeit verdrängt, weshalb sie im unbewußten Schaffensprozeß zum Vorschein kommt. Ist es nicht
eigenartig, daß der geliebte Bruder des Wahnsinnigen Otto
heißt, und Paula Rolf, jene Frau, von der sich Robert Rettung
vor seinem Abgleiten in den kompletten Realitätsverlust verspricht, in der ersten Fassung Fanny?[158] Hanns Sachs schließt
seine psychoanalytische Studie über *Die Motivgestaltung bei
Schnitzler* (1913) mit den Worten: »›Der Selbstverrat dringt
den Menschen aus allen Poren‹ sagt Freud in seiner ›Psychopa-
thologie des Alltagslebens‹. Das gilt für Gestalten der Dichtung nicht minder wie für jene des Lebens.«[159]

Eine Woche nach dem Auftauchen des Plans im Diarium
vermerkt Schnitzler, schwankend zwischen diversen Projek-
ten: »Mir innerlich am nächsten die Novelle von den Brüdern
(der Wahnsinnige) — aber wo anpacken?«[160] Hierauf folgt ein

Stadium, das mit dem Begriff »nachgesonnen« gekennzeich-
net wird, und bald nachdem er den ersten Aufsatz seines
Verehrers Theodor Reik über sich gelesen hatte, »fing die
Phantasie zu spielen an«, kamen »Einfälle zur Wahnsinnsnovelle«.[161] Unmittelbar nach einem »anregende[n] Gespräch
über Traumdeutung und Psychoanalyse« mit Reik am 17. September heißt es: »Dictirt Wahnsinnsnovelle«.[162] In diesen Tagen wird er auch Einschlägiges studieren: Wilhelm Stekels
Nervöse Angstzustände und ihre Behandlung.

Im Mai 1913 stößt er auf Zeitungsmeldungen: »Ein Baron
Grimburg tödtet seinen Bruder, der wahnsinnig ist, aus Mitleid. Zuerst Gerücht: der Wahnsinnige den Bruder. So die Blätter. — Die Novelle, die ich eben schreibe! — «[163] Als er dann
Anfang Oktober die Erzählung »bis zu dem Punkt wohin sie
gediehn« durchliest, stellt er fest: »Geschwätzig, unmöglich
im Stil, aber keineswegs hoffnungslos.«[164] Vier Wochen danach
zielen seine selbstkritischen Erwägungen ins allgemeine:
»Das rein pathologische ist nun einmal für die Kunst verloren;
so rett ich mich, resp. den Helden in einen Grenzzustand,
einen Kampf, in dem er unterliegt. — «[165] Während der »mit
Interesse« erfolgenden Lektüre von Reiks Monographie *Arthur Schnitzler als Psycholog* tritt ein neuerlicher Arbeits-
schub ein. Zu Silvester 1913 ist »die Wahnsinnsnovelle zu Ende
dictirt« und erhält sogleich die vernichtende Qualifikation:
»(In jetziger Form unmöglich.)«[166] Nach langer Pause, in den
ersten Oktobertagen 1914, nimmt er sich das Typoskript wieder vor. Der Befund fällt ähnlich dem ersten aus: Die Novelle
»ist in ihrer jetzigen Form durch Länge, Stil, Peinlichkeit unmöglich; ob sie zu retten, erscheint mir zweifelhaft.«[167]

Am 3. Januar 1915 beginnt er am Text zu »feilen« und arbeitet die nächsten Wochen recht kontinuierlich an der Umfor-
mung. Nachdem ihm der befreundete Graphiker Ferdinand
Schmutzer, ein Nachbar in der Währinger Sternwartestraße,
»eine hübsche Skizze, die er in Stein gestern für den ›Geronimo‹ gemacht«, gezeigt hat, befiehlt sich Schnitzler Disziplin

in bezug auf den *Wahnsinn* (so eine seiner Abkürzungen) – »es muss erledigt werden«[168], und von nun an werkt er fast täglich daran, bis am 2. April die um ein Drittel gekürzte Zweitfassung erstellt ist: »Eine wahrscheinlich nicht uninteressante, aber künstlerisch durch das pathologische Sujet, nicht ganz zu rechtfertigende Arbeit.«[169] Am Ostersonntag träumt er beziehungsvoll: »Treffe meinen Vater im Speisezimmer (Burgringwohnung), ich – oder er, oder wir beide von Reise zurück, er jedenfalls in Überzieher, – umarm ihn, voll Liebe – schluchzend; er etwas kühl. (Situation der Novelle, zuletzt dictirt: Umarmung der Brüder – ich identifizire mich mit dem Helden, – den Bruder mit Julius – den mit meinem Vater.«[170] Augenscheinlich hat Arthur Schnitzler von der Bekanntschaft mit Reiks und Stekels Untersuchungen doch einiges profitiert, er erweckt wenigstens den Anschein eines gelehrigen Schülers.

Im Dezember begutachtet er das literarische Schmerzenskind wieder einmal von Kopf bis Fuß: »Peinlich, mit manchen schönen Stellen –«[171], und am 17. Januar 1916 kann er »die Nov. wohl als abgeschlossen gelten lassen. Uninteressant ist sie nicht.«[172] Im März wird des öfteren »gefeilt«, wobei sich aus dem ausdrücklich letzten Mal wunderlicherweise stets noch ein nächstes ergibt. Zu Allerheiligen 1916 trägt er das Ergebnis seiner Mühsal im kleinsten Kreis vor und erwähnt die »Schwierigkeit einen Titel zu finden (Der Verfolgte – Die Grenze – Der Gehetzte – Die Brüder – alles daneben oder matt)«.[173] Im Verlauf einer Art Bilanz vom 11. November vermag er sich nicht zu verhehlen: »In der Wahnsinnsnovelle sind deutlich pathologische Züge nachzuweisen«.[174] Meint er diejenigen Roberts oder seine eigenen?

Das Jahr 1917 ist in den ersten Monaten von einer Phase des »Feilens« bestimmt – so standhaft verweigert der Autor das innere Kommando »Finis«, bis er sich selbst mißtraut, da er auch nach der »letzt-letzt-letzten Feile«[175] rückfällig wird. Es läßt ihn nicht los, er kann's nicht lassen – das Unbehagen,

aber auch die Faszination sind zu groß. Im Frühsommer
spricht Olga Schnitzler ein Todesurteil erster Instanz aus:
»[...] peinlich, quälend, ich habe andres zu schreiben«[176], befindet sie. Doch der Novellist beruft gegen das Verdikt und
rafft sich Ende November zu einer neuen Abschrift auf – sie
heißt jetzt *Wahn* statt *Der Verfolgte*. Am 1. Dezember 1917 legt
Schnitzler die Causa ad acta: »Wahn zu Ende durchgesehn;
unbefriedigt, werde von Veröffentlichung absehen.«[177]

Aus dem Aktenschrank des Unerledigten wird er die ver-
bannte Prosa erst im Oktober 1930 hervorholen und sie »ge-
spannt, aber ohne Sympathie« mustern. Indes denkt er auf Rat
von Freunden nun doch an eine Publikation;[178] das Titelpro-
blem ist noch ungelöst – die endgültige Variante hat er, neben
Suzanne Clauser[179], in erster Linie seiner ›Lebensgefährtin‹
Clara Katharina Pollaczek zu verdanken. Am 16. November
teilt sie ihm mit, »dass für mein Ohr ›Flucht ins Dunkel‹ schon
wegen der beiden U einen viel weniger guten und suggestiven,
vielleicht auch weniger rhythmischen Klang hat, als ›Flucht in
die Nacht‹ und dasselbe sagt. [...] Flucht oder Weg in die Dun-
kelheit oder in die Finsternis waren die ersten Titel die ich Dir
vor der Lektüre nach Berlin mitgab.«[180]

Inhaltliche Einwände seines Verlegers Samuel Fischer, dem
der »Brudermord [...] nicht zwingend« schien, da er als Leser »nicht den Eindruck des abgeschlossenen Krankheits-
bildes bei Robert empfangen habe«[181], zerstreut Schnitzler
mit dem Hinweis, es sei für ihn »beinahe immer noch der
versöhnlichste Schluss, der diesem finsteren Schicksal beschieden sein konnte.«[182] Nach Vorabdrucken in der *Vossi-
schen Zeitung* und im *Neuen Wiener Tagblatt*[183] erscheint die
Buchausgabe im Herbst 1931, knapp vor seinem Tod. Die vom
Verfasser zusammengestellte Liste der zu versendenden Freiexemplare führt – unter Freunden und Bekannten – auch die
Namen Sigmund Freud und Theodor Reik an. Aber an der
Spitze der Bedachten steht, noch vor der geschiedenen Gattin
Olga und Sohn Heinrich, jener Mann, für den *Flucht in die*

Finsternis im Grunde geschrieben ist: »Hofrat Prof. Dr. Julius Schnitzler«.[184]

Worin besteht nun die von Arthur Schnitzler so oft beschworene »Peinlichkeit« der Novelle? Ästhetische Einwände sind angesichts dieser meisterhaften Prosa, die zugleich eine Fallgeschichte von profundem psychologischem Verstand ist, zu vernachlässigen – der im Entstehungsprozeß manifest werdende Widerstand gegen sein Produkt kommt aus anderen Schichten.

Der 43jährige höhere Beamte Robert – er trägt keinen Nachnamen – kehrt von einem sechsmonatigen Erholungsurlaub nach Wien zurück. Gleich zu Beginn vernehmen wir, daß er seinem älteren Bruder Otto, einem Arzt und außerordentlichen Universitätsprofessor, ungemein zugetan ist: »[…] und immer mehr glaubte er das Verhältnis von Bruder zu Bruder nicht nur für sich als den besten und reinsten Gewinn seines Daseins, sondern auch im allgemeineren Sinne als das einzige von natürlich gesicherter Beständigkeit zu erkennen.« (ES II, 902) Gegen Schluß, als die Paranoia in ihm wütet und die Tötung des Bruders bevorsteht, kehrt dieses Motiv in großer Instrumentierung wieder: »Und er wußte, daß kein Mensch auf Erden lebte, der ihm teurer war als Otto – fühlte wieder einmal, daß es kein Verhältnis von so innerster, naturgewollter Beständigkeit gab als das von Bruder zu Bruder, daß es tiefer mit den Wurzeln alles Seins verschlungen war als das zu Eltern, Kindern und Geliebten«. (ES II, 979)

Allzuviel hat die lange Reise nicht gefruchtet – weder ist Roberts Hypochondrie gebessert, er befürchtet Nervenstörungen am Auge, noch geht ihm der briefliche Pakt mit dem Bruder, in dem er diesen verpflichtete, ihn im Falle geistiger Umnachtung sanft ins Jenseits zu befördern, aus dem Sinn. Das erste Wiedersehen nach der Trennung ist von jener verpatzten Innigkeit, die Schnitzler im Verhalten von Julius ihm gegenüber bedauerte: Otto »ergriff des Bruders Hände, schüttelte sie, und nach einem leichten Zögern umarmte er ihn, worauf sie

beide etwas verlegen waren.« (ES II, 918) Die vermeintlichen
Lähmungserscheinungen am linken Lid erkennt Otto als un-
gefährlichen Tick, der sofort verschwindet. Auch »von allen
anderen Angstgebilden« meint sich der eingebildete Kranke
dank der brüderlichen Aufmerksamkeit »wie durch Zauber-
kraft befreit.« (ES II, 945)

In sexueller Hinsicht erlebt Robert nach seiner Rückkehr
bloß das ärmlich-freudlose Abenteuer einer Nacht mit einer
unscheinbaren Klavierlehrerin; und die Urlaubsbekannt-
schaft mit Paula Rolf mündet alsbald in überstürzte Heirats-
absichten – die nicht mehr ganz junge, nette Dame, so seine
Überlegung, könnte ihn vielleicht retten. Doch ist er ihrer
überhaupt würdig? »Von dem Dunkel in meiner Seele ahnt sie
nichts. Nichts von vergangenen, bösen Wünschen, die heute
noch als Gespenster in mir umgehen, nichts von der Angst, die
mich in schlimmen Stunden bedrückt«. (ES II, 953) Immer
wieder verfolgt ihn die Vorstellung, seine früh verstorbene
Gattin vergiftet zu haben. Noch heftiger quält ihn der Gedanke an den verhängnisvollen Brief in des Bruders Händen.
Wenn Otto von der Ermächtigung Gebrauch machte ... »Was
zwischen ihnen sich entsponnen, rätselvoll und tief, vielleicht
in frühester Kindheit schon, dieses Ineinanderspiel von Verstehen und Mißverstehen, von brüderlicher Zärtlichkeit und
Fremdheit, von Liebe und Haß – es mußte endlich zum Aus-
trag kommen.« (ES II, 962) Als ihm Otto auf sein Drängen das
Schreiben aushändigt, ist er wie erlöst – »er konnte seiner Tränen nicht Herr werden, und unwiderstehlich hingezogen sank
er dem Bruder an die Brust. Eine Weile lag er so und spürte,
wie gute, etwas schüchterne Hände ihm leise über die Haare
strichen, so daß er ferner Kinderzeiten und längst vergessener
elterlicher Zärtlichkeiten gedenken mußte.« (ES II, 970) Das
Verhängnis ist jedoch nicht mehr aufzuhalten, zu weit ist die
Verdüsterung fortgeschritten, der Verfolgungswahn ausgebrochen. Otto fährt dem Verwirrten aufs Land nach – »von dem
Ausdruck des Grauens in des Bruders Antlitz im tiefsten er-

schüttert, beherrschte« er »sich nicht länger, trat ganz nah an
ihn heran, um ihn zu umarmen und ihn durch die rückhalt-
loseste innigste Gebärde seiner brüderlichen Zärtlichkeit zu
versichern.« (ES II, 984) Auch diese, die letzte Umarmung
mißglückt: In der Panik, erwürgt zu werden, erschießt Robert
den Bruder und stürmt hinaus in die winterliche Nacht, in der
er sich zu Tode stürzt.

Allem Anschein nach hatte Arthur Schnitzler die Befürch-
tung, sich in *Flucht in die Finsternis* preiszugeben. Daß sein
Verhältnis zu Julius neurotisch belastet war, konnte ihm nicht
gänzlich verborgen geblieben sein. Die Literatur gab ihm die
Möglichkeit, von ihm als pathologisch empfundene Anteile
dieser Beziehung in Überlebensgröße nach außen zu proji-
zieren und so von ihnen Abstand zu gewinnen. Wer nach den
Ursachen solch merkwürdig verquerer Gefühlsintensität
fragt, der hat sich in »ferne Kinderzeiten« aufzumachen –
dorthin, wo die »vergangenen, bösen Wünsche« hausen.

Am 24. Mai 1880 veranstaltet Arthur Schnitzler, gerade 18
Jahre alt, eine Art Heerschau seines bisherigen dramatischen
»Schaffens«, zu dem auch Entwürfe für ein Trauerspiel *Die
Brüder* vom Sommer 1873 zählen: »Ich werde draus nicht
klug. Besonders schauerlich wäre wohl der vierte Akt gewor-
den, über den sich folgende Notiz findet:

IV. Aufzug
    Der Tod des Bruders
    Der Tod des andern
    Der Tod des dritten.«

Mit Fug und Recht kommentiert der jugendliche Autor das
letale Ensemble: »Die pure Leichenkammer!«[185] Der reale
Hintergrund verweist aber auf minder Scherzhaftes. In *Jugend in Wien* erzählt Schnitzler ein Erlebnis aus frühen Tagen,
in dem »die unbewußten Elemente« seines »Wesens wie von
etwas Rätselhaftem berührt wurden. Mitten in der Nacht
stand ich einmal im Halbschlaf von meinem Lager auf und be-
gab mich durch das Schlafgemach der Eltern ins Speisezim-

mer, wo ich meinen Bruder im Nachthemd am Tische sitzend zu sehen mir einbildete. Als mein Vater, der mir gefolgt war, mich gänzlich erweckte, wußte ich auch schon, daß mich nur ein Mondstrahl in jenes entfernte Zimmer gelockt hatte, der durchs Fenster über Tisch und Sessel auf den Fußboden fiel.«[186] Der Bericht schließt an die Schilderung seines ersten, kindlichen Anfalls von Todesangst an, da ihn das »Grauen vor dem Sterbenmüssen« nächtens schreien und schluchzen ließ, und Johann Schnitzler, ihn zu trösten, an sein Bett eilte. Wir haben Anlaß genug zu vermuten, daß die Gespenstererscheinung seines Bruders nicht Julius war, »dieser brüderlichste aller Brüder«.[187] Denn sehr nebenbei und emotionslos läßt Schnitzler an anderer Stelle seiner Erinnerungen einfließen: »Ein Knabe, Emil, ein Jahr nach mir zur Welt gekommen, hatte sie schon nach wenigen Monaten wieder verlassen.«[188] Ihn, den allerersten und gefährlichsten Rivalen um die überlebenswichtige Fürsorge der Eltern, glaubte der Schlafwandelnde zu sehen – den im Säuglingsalter verstorbenen Emil Schnitzler, der in Arthur Schnitzlers Unbewußtem so herumgeisterte, daß er sein unliebenswürdiges Ebenbild in *Frau Berta Garlan*, den Violinvirtuosen Lindbach, Emil nennen wird.

Dieser Tod des kleinen Emil Schnitzler, der den Erstgeborenen zu ›verdrängen‹ gedroht hatte, forderte nach dem bei Neurotikern ehernen Gesetz der Talion Vergeltung. Aus den unvermeidlichen Todeswünschen könnten – zur Selbstbestrafung – Schnitzlers Todesangst und, als aussichtsloser Wiedergutmachungsversuch, der Brudermythos erwachsen sein, auf den Julius Schnitzler verständlicherweise keine passende Antwort wußte. Den in seinem Leben unbewältigbaren Konflikt – er wurde, indem er den Ursprung verdrängte, »draus nicht klug« – hat der Erzähler Schnitzler modellhaft durchgespielt und so wenigstens auf künstlerischer Ebene gelöst. In *Der blinde Geronimo und sein Bruder* gestaltete er das eine Extrem: die heilende Gnade der Vergebung unbewußter Schuld;

in *Flucht in die Finsternis*, die Thomas Mann »ganz besonders« schätzte[189], das andere. Dort hält sich der Verfolger
fälschlich für den Verfolgten und beansprucht deshalb das
Recht auf Notwehr für sich. Er tötet den Menschen, den er am
meisten liebt, lieben muß. Roberts Selbstmord nach dem
Mord, schrieb Schnitzler dem skeptischen Verleger, sei noch
der »versöhnlichste Schluss«. Das läßt sich nur so begreifen,
daß die Untat auf diese Weise gebüßt wird und diejenigen, die
in der Liebe nicht zusammenkommen konnten, im Sterben
vereint sind. Mit dem Schlußakt des Trauerspiels *Die Brüder*
gesprochen: »Der Tod des Bruders – Der Tod des andern«.

UNTER TRAUMDEUTERN –
DER MEISTER

Kein Schriftsteller, weder in Österreich noch im Ausland, wurde und wird in so engem Zusammenhang mit Sigmund Freud gesehen wie Arthur Schnitzler – die »Doppelgänger«-Metapher begleitet und verfolgt ihn als postumer Schatten. Unterschiedlich interpretiert die Forschung den eventuellen wechselseitigen Einfluß – sei's, daß Schnitzler von Freud gelernt, sei's, daß jener dessen Erkenntnisse vorweggenommen habe –, oder man »akzeptiert im Gegensatz zu den anderen beiden Ansätzen die Möglichkeit einer gleichzeitigen und unabhängigen Entdeckung psychologischer Phänomene«[190], wie es bereits 1917 ein vehementer Kritiker der Psychoanalyse, der Prager Germanist und Schnitzler-Monograph Josef Körner, tat: »Arthur Schnitzler, selber Arzt und in jungen Jahren noch schwankend, ob er seinen psychologischen Interessen als Arzt oder als Dichter Genüge leisten sollte, ist schon früh über den Weg gekommen, den später S. Freud bis ans Ende abschritt.«[191] Mit Jean Améry kann man sich auf den kleinsten gemeinsamen Nenner einigen: »Es war kein Zufall, daß ihn und nur ihn unter den Österreichern Sigmund Freud, der mit ihm dies und das zu tun hatte, als seinen Pair anerkannte.«[192] Allerdings hatte Arthur Schnitzler mit Sigmund Freud weniger zu tun, als man aufgrund der geistigen und räumlichen Nähe vermuten würde. Die Familie befleißigte sich regeren Kontakts: Bruder Julius spielte mit Freud allsamstaglich Tarock[193], und Schwager Markus Hajek war es, der im April 1923 – als er Leukoplakie am Gaumen Freuds diagnostizierte, die Vorboten des schließlich letalen Karzinoms – dem Patienten gegenüber eine »unheilvolle Bemerkung« machte: »Niemand kann erwarten, ewig zu leben.«[194]

Um einiges einfacher wäre der Fall zu klären, vermöchte man dem Gründungspräsidenten der Wiener Sigmund Freud-Gesellschaft zu trauen: Friedrich Hacker behauptete nämlich, Schnitzler habe »sehr häufige Annäherungsversuche« unternommen, und weiter: »Schnitzler schrieb an den von ihm hochverehrten Professor Freud immer wieder in außerordentlich devoter und bewundernder Weise. Er pries ihn als den großen Entdecker, den Konquistador und Abenteurer der Seele, dem er, Schnitzler, so viel verdanke.«[195] Hacker muß 1982 divinatorische Fähigkeiten besessen haben — sämtliche Briefe Schnitzlers an Freud galten bis Herbst 1992 als verschollen, erst seit damals kennen wir aufgrund der Recherchen Luigi Reitanis einen einzigen, den ersten. Er stammt vom 6. Mai 1906 und lautet: »verehrtester Herr Professor, wenn Sie sich auch persönlich meiner kaum mehr erinnern dürften, erlauben Sie mir doch mich den Glückwünschenden beizugesellen, die heute vor Ihnen erscheinen. Ich danke Ihren Schriften so mannigfache starke und tiefe Anregungen, und Ihr fünfzigster Geburtstag darf mir wohl Gelegenheit bieten, es Ihnen zu sagen und Ihnen die Versicherung meiner aufrichtigsten wärmsten Verehrung darzubringen.«[196] Damit gewinnt nun auch Freuds Antwort schärfere Konturen. Einleitend erwähnte er darin die »weitreichende[ ] Übereinstimmung«, die er zwischen Schnitzlers und seinen »Auffassungen mancher psychologischer und erotischer Probleme« festgestellt und kurz zuvor öffentlich gewürdigt habe. Indes besteht die Würdigung bloß aus einer Fußnote zum *Bruchstück einer Hysterie-Analyse*, die den Widerstand von Kranken gegen ihre Gesundung betrifft: »Ein Dichter, der allerdings auch Arzt ist, Arthur Schnitzler, hat dieser Erkenntnis in seinem ›Paracelsus‹ sehr richtigen Ausdruck gegeben.«[197] Daß Freud gerade den *Paracelsus* zitierte, ist einsichtig, da er am 19. März 1899 nach Besuch einer Aufführung des Einakters im Burgtheater Wilhelm

Fließ mitgeteilt hatte: »Unlängst war ich in Schnitzlers Paracelsus erstaunt, wieviel von den Dingen so ein Dichter
weiß.«[198]

Um so erstaunter wäre Freud wohl gewesen, hätte er, der die
Arbeit an seiner *Traumdeutung* im September 1899 beendete,
Schnitzlers in eben jenen Tagen abgeschlossenes[199] Schauspiel
Der Schleier der Beatrice gekannt. Dort findet sich die Zen-
tralthese seiner revolutionären Untersuchung, der Traum sei
die »(verkleidete) Erfüllung eines (unterdrückten, verdrängten) Wunsches«[200], in versifizierter Form: »Doch Träume sind
Begierden ohne Mut,/Sind freche Wünsche, die das Licht des
Tags/Zurückjagt in die Winkel unsrer Seele,/Daraus sie erst
bei Nacht zu kriechen wagen«. (DR I, 576) Unübersehbar
sollte Freud in einem Zusatz aus dem Jahre 1914 — vielleicht
verunsichert durch die allzu große, auch zeitliche Paralleli-
tät — als poetischen Kronzeugen statt Schnitzler den ihm fern-
stehenden Carl Spitteler aufrufen.

Taktvollerweise hat Freud in seinem Dankbrief Schnitzler
nicht ausdrücklich auf eine im selben Jahr wie *Bruchstück
einer Hysterie-Analyse* — 1905 — veröffentlichte Arbeit hingewiesen, in der Schnitzler gleichfalls vorkommt, jedoch vor allem in seiner Eigenschaft als »Sohn des Berühmten«. In *Der
Witz und seine Beziehung zum Unbewußten* heißt es: »Ein als
Witzbold bekannter ärztlicher Kollege sagte einmal zum Dichter Arthur Schnitzler: ›Ich wundere mich nicht, daß du ein
großer Dichter geworden bist. Hat doch schon dein Vater seinen Zeitgenossen den Spiegel vorgehalten.‹ Der Spiegel, den
der Vater des Dichters, der berühmte Arzt Dr. Schnitzler, ge-
handhabt, war der Kehlkopfspiegel«.[201]

Freuds Schreiben vom 8. Mai 1906 enthält außerdem ein
Eingeständnis und einen leisen Vorwurf: »Ich habe mich oft
verwundert gefragt woher Sie diese oder jene geheime Kenntnis nehmen könnten, die ich mir durch mühselige Erforschung des Objektes erworben und endlich kam ich dazu, den
Dichter zu beneiden, den ich sonst bewundert.« Freud

schließt: »Nun mögen Sie erraten, wie sehr mich die Zeilen erfreut und erhoben in denen Sie mir sagen, daß auch Sie aus
meinen Schriften Anregung geschöpft haben. Es kränkt mich
fast daß ich 50 Jahre alt werden mußte um etwas so ehrenvol-
les zu erfahren.«[202]

Ist solche Beinahe-Kränkung auf Überempfindlichkeit zurückzuführen? Freuds Biograph Ernest Jones referiert über
ein Buch von Albrecht Erlenmeyer *Die Morphiumsucht und
ihre Behandlung*, in dem dieser Sigmund Freud wegen seiner
Empfehlung des Kokains zur Morphiumentziehung[203] ange-
griffen hatte: »Die dritte Auflage wurde von keinem Geringe-
ren als Arthur Schnitzler besprochen — zu jener Zeit der berühmteste Schriftsteller Österreichs —, der für Freud eine
Lanze brach.«[204] Keineswegs war Schnitzler zu jener Zeit,
1888, der berühmteste Schriftsteller Österreichs, er war ein
Niemand in den Sphären der Dichtkunst: »[...] man wußte«,
erinnert sich Felix Salten, »daß er sehr elegante Kleider und
sehr teure Krawatten trug, daß er ein junger Arzt sei, der lächerlich wenig Patienten, dafür aber desto mehr mondaine
Passionen hatte.«[205] Auch davon, daß der Rezensent für Freud
eine Lanze gebrochen habe, kann keine Rede sein. Vielmehr
heißt es in der *Internationalen Klinischen Rundschau:* »Mit
besonderer Schärfe wendet sich der Verfasser gegen die Ko-
kainbehandlung; und die Bemerkungen und Arbeiten von
Freud [...] finden in diesem Abschnitt Beurteilung, Zurück-
weisung, Widerlegung.«[206] Wahr ist etwas anderes: Der junge
Arthur Schnitzler hat Sigmund Freud wie keinen zweiten ge-
rühmt — aber nicht als Forscher oder Arzt, sondern als Literaten, Unterabteilung Übersetzer. Er beginnt seine Laudato-
rentätigkeit in der *Wiener Medizinischen Presse* 1886, wo er die
»ausgezeichnete[ ] Übersetzung von Dr. Freud«[207] der Char-
cotschen *Neuen Vorlesungen über die Krankheiten des Nerven-
systems, insbesondere über Hysterie* anpreist. Noch fünfmal
wird sich dieses Lobesritual, mit kleinen Variationen, wiederholen: Freud habe ein »Buch in so ausgezeichneter Weise über-

tragen, daß man kaum irgendwo daran erinnert wird, eine
Übersetzung vor sich zu haben«; in der Folge hebt der Kritiker
Freuds »außerordentliche Stilgewandtheit« hervor; ein ande-
res Werk habe Freud »in ganz mustergiltiger Weise ins Deut-
sche übertragen« und Charcots Vorträge in »geradezu meister-
hafter Weise« verdeutscht. Und endlich, 1892, formuliert
Schnitzler quasi ein Naturgesetz: »Übersetzt ist das Buch von
Freud, also ausgezeichnet.«[208]

Ohne Zweifel könnte man eine derartige Ansammlung
hymnischer Äußerungen unter die Devise stellen: Rosen auf
den Weg gestreut. Nur muß es erstaunen, daß Schnitzler vornehmlich den akademischen ›Hilfsarbeiter‹ Freud, den Dol-
metscher wissenschaftlicher Avantgarde, zur Kenntnis nahm
und den großen Kollegen nach ästhetischen Kategorien be-
wertete – über Freuds Pionierleistungen wird Schnitzler keine
Silbe verlieren. Gelesen hatte er von Freuds bahnbrechenden
Schriften bis 1906, falls man den Tagebüchern glauben darf,
die gemeinsam mit Josef Breuer erarbeiteten *Studien über Hysterie* (laut einer Eintragung vom 6.2.1903)[209] und *Die Traumdeutung* (und zwar bereits Anfang 1900), die seine eigene
Traumproduktion anregte: »Nicht nur Schnitzlers Fähigkeit
der Erinnerung, sondern auch die ›Präzision‹ der Träume stei-
gerte sich im Zusammenhang mit der Lektüre«.[210]

Nach dem schriftlichen Kontakt im Frühling 1906 herrscht
für weitere sechs Jahre Schweigen. Freuds nächster Brief vom
14. Mai 1912 – zu Schnitzlers 50. Geburtstag – klingt wie ein
Echo auf dessen erstes Schreiben; seine Glückwunschbot-
schaft, so Freud, sei »mehr als ein Akt der Revanche«. Das
aber ist sie auch, wie schon eine vertraute Wendung andeutet:
Der Jubilar möge dem Gratulanten gestatten, sich »unter die
vielen Glückwünschenden zu mengen«. Eine Art Vergeltung
stellt überdies die Formel »Verehrter Herr College« dar –
Freud wird sie nur mehr ein einziges Mal gebrauchen, am
7.5.1928, als der Begriff »Revanche« erneut auftaucht.

Die Anrede rechtfertigt Freud »durch die Berufung auf Ihr

recte erworbenes Doktordiplom der Medizin«.[211] Wenn er sich
aber zu erinnern meint, in seiner seinerzeitigen Antwort aus-
geführt zu haben, »wie sehr ich immer Ihrer Teilnahme und
Ihres Verständnisses bei meinen Arbeiten sicher gewesen bin,
obwol ich niemals in die Lage gekommen bin, ein Wort mit
Ihnen zu wechseln«[212], so wird die einst vermerkte äußere
Übereinstimmung harmonisierend in innere Zustimmung
uminterpretiert.

Am meisten Bekenntnischarakter zeigt jedoch Sigmund
Freuds Brief anläßlich von Schnitzlers 60. Geburtstag 1922 —
von einem Glückwunsch Schnitzlers zu Freuds Sechzigstem
1916 ist nichts bekannt. Er habe ihm, lesen wir da, »ein Geständnis« abzulegen, welches Schnitzler »gütigst aus Rück-
sicht für« ihn »für sich behalten [und] mit keinem Freunde
oder Fremden theilen« wolle. »Ich habe mich mit der Frage gequält warum ich eigentlich in all diesen Jahren nie den Versuch gemacht habe Ihren Verkehr aufzusuchen und ein Gespräch mit Ihnen zu führen (wobei natürlich nicht in Betracht
gezogen wird, ob Sie selbst eine solche Annäherung von mir
gerne gesehen hätten).

Die Antwort auf diese Frage enthält das mir zu intim er-
scheinende Geständnis. Ich meine, ich habe Sie gemieden aus
einer Art von Doppelgängerscheu. Nicht etwa, daß ich sonst
so leicht geneigt wäre, mich mit einem anderen zu identifizi-
ren oder daß ich mich über die Differenz der Begabung hin-
wegsetzen wollte, die mich von Ihnen trennt, sondern ich habe
immer wieder, wenn ich mich in Ihre schönen Schöpfungen
vertiefe, hinter deren poetischem Schein die nämlichen Voraussetzungen, Interessen und Ergebnisse zu finden geglaubt,
die mir als die eigenen bekannt waren.«[213] Hierauf folgt die
schon angeführte Aufzählung der Gemeinsamkeiten — von der
Skepsis über den Glauben an das Unbewußte und die Triebnatur des Menschen bis hin zum Haften »an der Polarität von
Lieben und Sterben«. Der Schluß leitet zu Freuds erstem Brief
zurück, zu jener »geheime[n] Kenntnis«, um die der Gelehrte

und Wissenschaftler den Dichter beneidet habe. Aber die Bewunderung von ehedem scheint Neid nicht mehr zu trüben: »So habe ich den Eindruck gewonnen, daß Sie durch Intuition — eigentlich aber in Folge feiner Selbstwahrnehmung — alles das wissen, was ich in mühseliger Arbeit an anderen Menschen aufgedeckt habe. Ja ich glaube, im Grunde Ihres Wesens sind Sie ein psychologischer Tiefenforscher, so ehrlich unparteiisch und unerschrocken wie nur je einer war, und wenn Sie das nicht wären, hätten Ihre künstlerischen Fähigkeiten, Ihre Sprachkunst und Gestaltungskraft, freies Spiel gehabt und Sie zu einem Dichter weit mehr nach dem Wunsch der Menge gemacht. Mir liegt es nahe, dem Forscher den Vorrang zu geben.«[214]

Aus mehreren Gründen wird dieses mittlerweile oft präsentierte Dokument in extenso dargeboten. Lange vor Veröffentlichung der Freud-Briefe war deren inhaltlicher Kern publik. Otto Erich Deutsch berichtete bereits ganz knapp nach des Autors Tod, Schnitzler habe, »nach Freuds eigenem Zeugnis, als Dichter gefunden, was jener als Forscher entdeckt hatte.«[215] Auch das meist in seiner Authentizität angezweifelte, 1930 erschienene Interview mit dem deutsch-amerikanischen Journalisten George S. Viereck, *The World of Arthur Schnitzler*, nährt den Verdacht, der Adressat habe Freuds »Geständnis« nicht völlig für sich behalten. »I anticipated the Freudian theory of the dream in my plays«, heißt es darin. »Many of my plots came to me in my dreams«, und wenige Zeilen darunter: »In some respect I am the double of Professor Freud. Freud himself once called me his psychic twin.«[216] Einerseits mögen sich wegen des forschen Tons Zweifel erheben — immerhin beurteilte Schnitzler Viereck im Tagebuch schon 1923 zwiespältig: »[…] sehr vif, sehr eitel, nicht ganz verlässlich, regte mich sehr zum reden an«.[217] Andererseits hat der Interviewte das Manuskript korrigiert, und alle Änderungsvorschläge wurden berücksichtigt, auch der »giant« Freud verwandelte sich, wie Schnitzler empfahl, in einen »genius«.[218] An den oben angeführten Passagen hatte er jedoch keinen Anstoß genommen.

Was die von Freud betonten »nämlichen Voraussetzungen« betrifft, die ihn mit Schnitzler verbanden, läßt sich mancherlei vorbringen: die jüdische Herkunft, dasselbe Studium bei denselben Professoren — wie etwa dem Psychiater Theodor Meynert —, die anfängliche Gebanntheit durch Hypnose und Suggestion und nicht zuletzt eine für die seelische Struktur wesentliche biographische Parallele, von der beide gewiß nichts ahnten: Sowohl Freud als auch Schnitzler haben in frühem Alter ihren nachgeborenen Bruder verloren: »Both were first-born sons of young mothers and their early oral satisfactions were too quickly disrupted by a second pregnancy and the birth and death of male siblings during the first one and a half years of life.«[219]

Auch die »Doppelgängerscheu« hat vielfache Deutung erfahren. Anna Freud war auf Befragen nicht um eine eindeutige Antwort verlegen: »Was mein Vater mit dem ›Doppelgaenger‹ meinte, ist nicht schwer zu sagen. Er hat oft davon gesprochen, dass Dichter und Schriftsteller auf dem ihnen eigenen Weg zu denselben Schluessen ueber die menschliche Natur kommen, die er muehsam in der analytischen Arbeit an Patienten erkaempfen musste. In diesem Sinn ist also der Novellist der Doppelgaenger des Analytikers.«[220] Lieber möchte man freilich Michael Worbs recht geben, der hier freudianischer dachte als des Meisters Tochter: »Freud sieht in Schnitzler Anlagen der eigenen Person verwirklicht, die er nicht zur Entfaltung bringen konnte, da seine Lebensumstände ihm dies nicht erlaubten. Die begreifliche Scheu, die ihn bis ins hohe Alter davon abgehalten hatte, sein alter ego zu treffen, liegt in jenem Moment des déjà vu begründet. Schnitzler repräsentiert der Verdrängung anheimgefallene Ich-Strebungen, die ihm nur zu vertraut vorkommen.«[221] In Theodor Reiks Autobiographie *Fragment of a Great Confession* steht zudem eine »Doppelgänger«-Definition, die zwar nichts mit

Freuds Brief zu tun hat, hingegen sehr viel mit Schnitzler und Freud und Reiks Verhältnis zu ihnen. Wegen einer schweren neurotischen Krise hatte Reik seinen Lehrer in den Dreißigerjahren um eine Nachbehandlung ersucht — den Konflikt, neben einer seit langem kranken Frau eine sexuell attraktive Freundin zu haben, von der er bereits ein Kind hat[222], konnte er nicht lösen. Freud hörte sich alles an und fragte bloß: »Erinnern Sie sich an die Novelle ›Der Mörder‹ von Schnitzler«? Die unvermutete Wiederbegegnung mit einer Geschichte, die seinem Gedächtnis entfallen war, weil sie ein Zerrbild seiner persönlichen Problematik zeigte, wirkte sich befreiend und heilsam aus — Reik fand »an unconscious approach to understanding myself«, vermittelt durch eine von Schnitzlers Phantasie geschaffene Doppelgängerfigur. Seine Erklärung des »second self«: »It is the whole of one's emotional potentialities, the personification of the possibilities dormant in us, the representation of the life we did not live but could have lived.«[223]

Als letztes fällt an Freuds »Geständnis«-Brief auf, daß er den Dichter Arthur Schnitzler tatsächlich zu seinem »Collegen« macht, zu einem psychologischen Tiefenforscher — so, wie einst Schnitzler in Freud vor allem den Sprachkünstler zu sehen und zu rühmen entschlossen war. In den Fragen Heinz Politzers steckt schon ein Gutteil Antwort: »War die Aufdeckung seiner ›Doppelgängerangst‹ immer noch ein Deck- und Schutzmanöver gewesen? Waren es Schnitzlers Hemmungen, die einer intensiveren Freundschaft mit dem Verehrten entgegenwirkten? War es einfach das vorgeschrittene Alter der beiden? Der Gedanke ist nicht von der Hand zu weisen, daß es gerade der Dichter in Freud, der Forscher in Schnitzler waren, die sich einer zu nahen Konfrontation mit dem unerfüllten Teil ihres Selbst widersetzten.«[224]

Das so überaus herzliche, alle Schranken der Reserviertheit überwindende Schreiben Freuds — Schnitzler erwähnt es am 19. Mai nach der Rückkehr nach Wien unter »manche[n]

schöne[n]« als einziges namentlich — [225] zeitigt sofortige Wirkung. Arthur Schnitzler regt eine Zusammenkunft an, offenbar mit der Andeutung, »so lange es noch Zeit« sei.[226] Von den
vorgeschlagenen Terminen wählt er den letzten — Freitag, den
16. Juni. Gastgeber Freud hat ein Beisammensein im kleinsten,
familiären Rahmen angekündigt, außer ihm werde der Gast
nur seine Frau und seine Tochter in der Berggasse 19 antreffen:
»Es wird kein anderer mit dabei sein«[227], betont der Hausherr
wie zur Beruhigung.

Schnitzler ist, so scheint es, in jeder Hinsicht reif für die Begegnung. Am 27. Juni 1920 hat er von Freud geträumt: »Wartezimmer, aber irgendwie Theatersaal (privat) bei Freud, ich als
Patient«. Doch stellt sich heraus: »es ist (nicht bei Freud, sondern) bei [dem Internisten] Rudi Kaufmann, — ich frage mich
wie ich zu ihm reden und meine Seelen-leiden (welche?) schildern soll, ohne in Thränen auszubrechen ...«[228] Nicht ohne
Befriedigung vernimmt er im Frühling 1921 Nachrichten über
seinen Ruhm in Übersee. Eine Dame, trägt er ins Tagebuch
ein, »bestätigt mir gleichfalls die Popularität meines Namens
in Amerika (— Freud, Einstein — ich ihrer Meinung nach die bekanntesten)«.[229] Im selben Jahr hat Anna Freud Lili Schnitzler »ein paar Monate unterrichtet«[230], als der Vater das Kind
dort eines Tages abholt, spricht er auch »(nach Jahren) flüchtig Sigmund Freud«.[231] Im Dezember ist Anna, zusammen mit
Lou Andreas-Salomé und dem Ehepaar Beer-Hofmann, zum
Nachtmahl geladen.[232]

Detailliert hält Arthur Schnitzler den Abend im Hause
Freud fest: »Hatte ihn bisher nur ein paar Mal flüchtig gesprochen. — Er war sehr herzlich. Unterhaltung über Spitals- und
Militärzeiten, gemeinsame Chefs, etc. — Lieutnt. Gustl etc. —
Dann zeigt er mir seine Bibliothek — eignes, Übersetzungen,
Schriften seiner Schüler; — allerlei kleine antike Bronzen etc.;
er ordinirt nicht mehr, sondern bildet nur Schüler aus, die
sich — zu diesem Zweck von ihm analysiren lassen. Schenkt
mir eine schöne neue Ausgabe seiner Vorlesungen. — Begleitet

mich in später Stunde von der Berggasse bis zu meiner Wohnung. – Das Gespräch wird wärmer und persönlicher; – über
Altern und Sterben; – er gesteht mir gewisse Solneßgefühle
ein (die mir völlig fremd sind).«[233]

Die Stunden des Zusammenseins bewegen und beschäfti-
gen Schnitzler sichtlich: Mitten im Schreiben wechselt er, wie
um sich das Geschehene auf Dauer zu vergegenwärtigen, aus
der Vergangenheitsform ins Präsens, so daß die Schilderung
seinen Traumaufzeichnungen gleicht. Knapp danach liest er
die ihm überreichten *Vorlesungen zur Einführung in die Psychoanalyse*, und abermals träumt er »mehr und praeciser«.[234]
Zum unverbrüchlichen Bundesgenossen ist Schnitzler deshalb jedoch noch lange nicht geworden, er bleibt bei aller
Wertschätzung für den Begründer der Lehre dieser gegenüber
reserviert – bald zieht sie ihn an, bald stößt sie ihn ab. Sein
nächster Freud-Traum, unmittelbar vor einem sommerlichen
Wiedersehen, beweist das überdeutlich: »In der verlängerten
Kärntnerstr. treffe ich (etwa vor Hopfner) Helene Binder
[...] – ich sage ihr u. a.: denken Sie, genau an der selben Stelle
traf ich (heute? vor einer halben Stunde?) Prof. Freud – und
sehe zugleich – nicht wie ich ihn treffe, sondern wie er sich entfernt (Absicht ihn zu besuchen – Stellung zur Psychoan.!)«.[235]

Gleichwohl findet der Besuch in Freuds Feriendomizil am
folgenden Tag wie geplant statt: »Vorm. auf den Salzberg;
Pens. Moritz; zu Prof. Freud; – er kommt mit Tochter, Sohn
und Bruder, aus dem Wald, mit viel Schwämmen. Andre Ver-
wandte, Frau – im ganzen eilf. In seinem Zimmer spricht er
mir von seiner Arbeit: ›Ich und Es‹, die beeinflußt sei von
einem seiner Schüler Groddeck (dessen Roman ›Der Seelensu-
cher‹ –; ich erzähle ihm meinen Traum; [...] Wir essen zusammen. [...] Harmlos heitre Unterhaltung. Auf seiner schönen Terrasse (kühl, trüb –) ... von Mahler; er erzählt mir von
M.'s Consultation in Leiden (Holland) – ich kann ihm bestätigen, wie nach dieser (durch sie?) das letzte Ehe- (und Le-
bens-)jahr Mahlers sehr glücklich gewesen. – Ich erzähle von

der Rolle, die Teiche (Weiher) in meinen letzten Productionen spielen; — er sagt: ›das ist der Kinderteich‹ —; ich bezweifle die Notwendigkeit dieser Determination (wie ich doch immer wieder monomanisches in seiner Betrachtungsweise, auch spielerisches herausspüre —) … In seinem gesammten Wesen zog er mich wieder an, und ich verspüre eine gewisse Lust, über allerlei Untiefen meines Schaffens (und Daseins) mich mit ihm zu unterhalten — was ich aber lieber unterlassen will.«[236]

Das Gespräch geht Schnitzler nicht aus dem Kopf. Verärgert notiert er am 18. August, 48 Stunden danach: »Nach Freud hätte Mahler Alma nur (?) darum geheiratet, weil auch M.s Mutter Maria hieß! — Wird jeder Entdecker zum Masochisten seiner Idee?«[237] Und seinem Sohn Heinrich erstattet er tags darauf unbekümmert heiteren Bericht: »[…] neulich war ich auf dem Salzberg bei Freud, wo ich in einem Familienkreis von riesigem Durchmesser zu Mittag aß, mich aber nachher mit F. allein auf seiner von Nordwinden umstrichenen Veranda, über alles psychoanalytische hinaus, unterhielt, während die andern zehn, insbesondre die jüngern, Schwämme putzten, von denen zu genießen ich ablehnte, um nicht zu einer spätern literar-historischen Anekdote Anlaß zu geben: daß ich an giftigen Schwämmen aus der Freud'schen Küche verstorben sei. —«[238]

Um diesen offenkundigen Knäuel widerstrebender Empfindungen ansatzweise zu entwirren, bedarf es der Hintergrundinformation — allzuviel ist in der Mixtur aus Traum, realem Erleben, Räsonnement und Witz samt seiner Beziehung zum Unbewußten miteinander verqickt. In den *Vorlesungen zur Einführung in die Psychoanalyse* geht Freud — hierin seinem Schüler Wilhelm Stekel folgend — bei der Fixierung auf Symbole als »feststehende Übersetzungen« erheblich weiter als in der *Traumdeutung.* Die Traumbegegnung mit Helene Herz-Binder hat den Nebenaspekt, daß ausgerechnet Stekel — zur Entrüstung Schnitzlers — mit einer Tochter von dessen Jugendfreundin äußerst schäbig verfahren ist, auch indem er

seine beruflichen Möglichkeiten ausnützte. Daß Freud sich in
diesem Traum von Schnitzler entfernt, ist also möglicherweise
eine Wunscherfüllung: Die Angst, durch Psychoanalyse ge-
schädigt, von ihren Vertretern schlecht behandelt zu werden,
schwindet. Ihm, Schnitzler, kann eben nicht passieren, was
man Helene Binders Tochter angetan. Mit Gustav Mahler wiederum hat er sich wie mit keinem anderen Künstler identifi-
ziert. Obendrein ist Schnitzler seit einem Jahr, nach qualvol-
lem Streit, von Olga geschieden und tief unglücklich. Wenn er
Freud bestätigt, Mahlers Ehe und Leben sei nach einer Kurz-
therapie bei diesem »sehr glücklich« gewesen, so schwingt
darin die Hoffnung mit, auch ihm könne von Freud geholfen
werden. Sein Verlangen, sich über Persönlichstes auszusprechen, untertreibt er jedoch auffallend, im Freud-Traum von
1920 kam die Leidensintensität noch unverstellt zum Ausdruck — wie hätte er von seinem Schmerz reden sollen, »ohne
in Thränen auszubrechen«? Die heimliche Aggression gegen
Freud, den »Masochisten seiner Idee«, beruht wohl nicht zuletzt auf Enttäuschung, daß ihm von seinem »Doppelgänger«,
dem großen Seelenarzt, keine grundlegende Erleichterung
verschafft wurde. Aber er hat es ja lieber unterlassen, sich mit
ihm wirklich einzulassen. Darum ist der Scherz über die »giftigen Schwämme aus der Freud'schen Küche« nichts als die
metaphorische Verkleidung seiner Entschlossenheit: mit dem
Vater der Psychoanalyse höchstens zu plaudern (»über alles
psychoanalytische hinaus«), aber sich nie auszuliefern, und
was er in seinem Werk von sich unwillkürlich verraten hat,
wider allzu intime Deutung abzusichern.

In Freuds Erinnerung scheint die Zusammenkunft auf dem
Salzberg gleichfalls nachhaltigen Eindruck hinterlassen zu
haben. Der New Yorker Arzt und Psychoanalytiker Joseph
S. Asch, der die »Wahlverwandtschaft«[239] zwischen Freud und
Schnitzler hervorhebt, erzählt diesem im Winter, jener spreche immerzu von ihm und wolle ihn wieder einladen.[240] Dem
nachzukommen vermeidet Schnitzler jedoch, dafür moniert

er bei dem Freud-Schüler Fritz Wittels die »›Spitzfindigkeit‹« von Freuds »letzten Sachen«[241], womit er nur *Das Ich und das Es* sowie die *Vorlesungen zur Einführung in die Psychoanalyse* meinen kann. Als er im Dezember 1923 der Familie Freud bei einem Einkaufsbummel in der Innenstadt begegnet — Freud hat sich im Oktober einer Radikaloperation[242] unterziehen müssen mit Entfernung von Teilen des Ober- und Unterkiefers —, bemerkt Schnitzler dessen Sprechschwierigkeiten.[243] Am 18. November 1924 notiert Schnitzler im Zusammenhang mit der »besondre[n]˙Lebhaftigkeit« eines Traumes, die er mit seiner »Absicht Freud zu besuchen« in Verbindung bringt: »Er sandte mir neulich ein paar Aufsätze ›mit geziemender Schüchternheit‹.«[244] Freuds *Psychoanalytische Studien an Werken der Dichtung und Kunst*, die wie Schnitzlers gesamte Bibliothek vom Nazi-Regime konfisziert werden sollten und in der Österreichischen Nationalbibliothek landeten, tragen die Widmung: »Arthur Schnitzler/in geziemender Schüchternheit/der Verfasser/Nov. 1924«.[245] Die Besuchsabsicht verwirklicht er aber nicht. Im April 1925, nach einem Mittagessen mit Georg Brandes im Hotel Sacher, kommt Freud. Dieser sieht, so Schnitzler, »sehr krank aus«.[246]

Erst als sich Freud aus der Sternwartestraße, aus dem Cottage Sanatorium, mit den Worten »Ich war Ihnen noch nie so nahe«[247] meldet, rafft sich Schnitzler auf. Das Werk, das Freud mitschickte, *Hemmung, Symptom und Angst*[248], sei »eben nur« seine »letzte Publikation — vielleicht in jedem Sinne — sonst aber recht uninteressant und« für den Beschenkten »unwichtig«.[249] Die Krankenvisite erfolgt am 12. März 1926: »Das anfangs etwas mühselige Gespräch entwickelte sich besser. Seine Tochter [Anna]. Sein schweres Leiden, nach Operationen, vor 2 Jahren, bagatellisirt er bewußt. —«[250] Einige Zeit darauf erscheint Schnitzler unangemeldet und trifft daher Freud nicht im Zimmer an: »Mein Tag ist in diesem Zauberberg oder dieser Zauberhöhle so kunstvoll eingeteilt«, entschuldigt sich der Patient, »daß mir für Genüsse nur der

Abend bleibt. Darf ich Ihnen vorschlagen, mich heute nach 8 oder 8¼ Uhr, nachdem das Nachtmahl absolviert ist, auf Gedankenaustausch und Zigarre zu beehren?«[251] Der abendliche Gedankenaustausch findet zwei Tage später statt, und zwar vor allem über »Productionsfragen (Krankheiten der Production)« und den Grafen Hermann Keyserling, »den Philosophen und seine Verworrenheit.«[252]

Für Schnitzlers Glückwünsche zum 70. Geburtstag dankt Freud mit einer unverhohlenen Aufforderung: »Es soll doch nicht ein Vorrecht des Kranken bleiben, Sie öfters zu sehen«, und in einem Postskriptum ergänzt er kryptisch: »über Ihre Traumnovelle habe ich mir einige Gedanken gemacht.«[253] Diese Gedanken mit Schnitzler zu erörtern ist Freud nicht vergönnt. Nur einmal und zufällig sollen sie einander wiedersehen, Ende Dezember 1926 in einem Berliner Hotel, in dem Schnitzler dem Ehepaar Freud seinen Sohn Heinrich vorstellt. Man plaudert kurz über die Psychoanalytiker Paul Schilder und Hans Prinzhorn, von seiten Schnitzlers anscheinend kritisch, da Freud resigniert seufzt: »›für alle werd ich verantwortlich gemacht!‹«[254]

Im Sommer 1927 lehnt es Schnitzler ab, einen biographischen Lexikonartikel über »Josef Breuer [...] über Freud und Psychoanalyse« zu verfassen.[255] Und im Herbst desselben Jahres erklärt er Tochter Lili, die gerade *Die Traumdeutung* gelesen hat, seine einstige und nunmehrige Einstellung dazu: »[...] damals hatt ich (und habe heute noch) manche Bedenken (womit ich Freuds Größe nicht anzuzweifeln gedenke. –)«[256] Die Gratulation Schnitzlers zu seinem 72. Geburtstag 1928 erwidert Freud mit einer dunklen Anspielung: »Aber ›Revanche‹ dürfte es nicht mehr geben. Ich kann nicht mehr oder ich habe es satt.«[257] Nach Lilis Selbstmord im Sommer 1928 träumt Schnitzler ein letztes Mal von Freud – »um mir (ungefähr) den Schmerz um Lili wegnehmen zu lassen, u. Freud mir sagt, auch er habe eine Tochter verloren (wie wirklich der Fall.)«[258] Das letzte Opus, das Sigmund Freud Arthur Schnitzler mit

Widmung zukommen läßt, ist *Das Unbehagen in der Kultur*.[259] Darin stehen die berühmten Sätze: »[…] man möchte sagen, die Absicht, daß der Mensch ›glücklich‹ sei, ist im Plan der ›Schöpfung‹ nicht enthalten. […] Von drei Seiten droht das Leiden, vom eigenen Körper her, der, zu Verfall und Auflösung bestimmt, sogar Schmerz und Angst als Warnungssignale nicht entbehren kann, von der Außenwelt, die mit übermächtigen, unerbittlichen, zerstörenden Kräften gegen uns wüten kann, und endlich aus den Beziehungen zu anderen Menschen.«[260] Ob Schnitzler sie gelesen hat, ist im Tagebuch nicht zu verifizieren.

Dem gedruckten Dank für die »freundliche Anteilnahme« an seinem 75. Geburtstag 1931 fügt Freud handschriftlich hinzu: »Gestatten Sie mir, es schon heute vorweg zu nehmen, wenn ich nächstes Jahr nicht in der Lage sein sollte, Ihnen zum Schritt über die Altersgrenze Glück zu wünschen.«[261] Er sollte nicht in der Lage sein, aber aus anderen Gründen. Im Mai 1932 hat Arthur Schnitzler längst eine wesentlichere Grenze hinter sich gelassen.

Wer diese halbwegs chronologische Darstellung betrachtet, kann nicht umhin, dem Verhältnis Freud – Schnitzler eine seltsame Unsicherheit, gemengt aus Tendenzen der Annäherung und des Ausweichens, nachzusagen. Den ersten Impuls hatte Schnitzler – spät, aber doch – gegeben. Als indes Freud hierauf immer wieder versuchte, auf ihn zuzugehen, mit ihm ein kontinuierliches Gespräch zu führen, beschränkte sich jener auf ein respektvolles Mindestmaß des Kontakts. Gewiß ist Sigmund Freuds Scheu, seine »geziemende Schüchternheit«, unverkennbar. Sie erstreckte sich keineswegs bloß auf Schnitzler. 1936 sandte er Richard Beer-Hofmann zum 70. Geburtstag ein Schreiben, das in vielem an die Korrespondenz mit Schnitzler erinnert: »Es soll außer den gebräuchlichen, selbstverständlichen und wohlfeilen Glückwünschen das Bedauern ausdrücken, daß es mir nicht vergönnt war, in nähere persönliche Beziehung zu Ihnen zu kommen, obwohl wir so lange Jahre in derselben Stadt gelebt haben. Dabei sollen Sie nicht meinen, daß ich gleichgültig geblieben bin gegenüber der hoheitsvollen Schönheit Ihrer Dichtung. Ich nahm sogar an, nach manchem, was ich über Sie hörte, daß viele bedeutsame Übereinstimmungen zwischen Ihnen und mir bestehen mußten.«[262] Ein weiterer, ins Auge springender Parallelfall ist der von Josef Popper-Lynkeus, dem Verfasser der *Phantasien eines Realisten*. 1916 bekannte ihm Freud: »Ich weiß, wie überrascht ich seinerzeit war, als ich bei Ihnen als dem einzigen die Erkenntnis fand, daß die Traumentstellung die Folge der Zensur sei«.[263] Zweimal hat er später rühmend die Originalität von Poppers Entdeckung unterstrichen, 1923 und 1932 — damals explizierte er auch, warum er mit Popper keinen persönlichen Verkehr angestrebt hatte: »Aber ich habe ihn nicht aufgesucht. Meine Neuerungen in der Psychologie hatten mich den Zeitgenossen, besonders den älteren unter ihnen, entfremdet; oft genug, wenn ich mich einem Manne näherte, den ich aus der Entfernung geehrt hatte, fand ich mich wie abgewiesen durch seine Verständnislosigkeit für das, was mir zum Lebensinhalt geworden war.«[264] Freuds Gedenkworte tragen den Titel *Meine Berührung mit Josef Popper-Lynkeus*. Doch sie handeln von dem, was auch sein Verhältnis zu Arthur Schnitzler lange bestimmt hat: von Berührungsangst.

Mit auffallender Abwehrbetonung

Schnitzlers zögerliche, schwankende Haltung, die »nie gelöste Spannung zu Psychoanalyse und Traumdeutung«[265], hat höchstens marginal mit einem eventuellen Prioritätskonflikt zu tun, obwohl Frederick J. Beharriell einen vielbeachteten Vorstoß wagte, Schnitzler im nachhinein die Siegespalme im Wettlauf um die Erforschung des Unbewußten zu überreichen: »Es war nicht nur ein Dichter, sondern ebenso wie er [Freud] ein Psychologe, der die Entdeckungen der Psychoanalyse zugleich mit ihm gemacht – und sie manchmal sogar vorweggenommen hatte.«[266] Auch die Klarstellung Schnitzlers – in einem Brief an Josef Körner aus dem Jahre 1927 –, daß er sich selbst »der Geistesverfassung nach nicht zu den Dichtern, sondern zu den Naturforschern (Schriftstellern) mit vorwiegend psychologischer Einstellung rechne, womit [er] keineswegs gegen das Vorhandensein [seiner] dichterischen Begabung etwas gesagt haben« wolle[267], scheint wenig geeignet, Freud vom Podest zu stürzen. Die differentia specifica zwischen wissenschaftlich-systematischem Denken und poetischer Selbsterfahrung, der tatsächlich ein Leben lang geübten Introspektion, ist nicht vom Tisch zu wischen.

Nicht einmal das im Literaturbezirk wohl einzigartige Interesse, das Arthur Schnitzler seinen Träumen, aber auch psychopathologischen Phänomenen entgegenbrachte, vermag daran viel zu ändern. Robert O. Weiss hat 32 Psychopathen in Schnitzlers Werk gezählt, und Theodor W. Alexander zehn Fälle von Aphonie, also von Stimmverlust.[268] Insgesamt mehr als 600 Träume zeichnete Schnitzler von 1875 an bis in sein Todesjahr auf und ließ seine Sekretärin eine Art Traumtagebuch erstellen – Abschriften von Anbeginn bis 1927.[269] Mit der Lektüre der *Traumdeutung* und verstärkt durch privaten Umgang mit Psychoanalytikern setzen Bemühungen ein, die Nachtgespinste selbst zu analysieren, wobei er freilich oft Wege einschlägt, die von denjenigen Freuds abführen. Irgendwie glaubt er doch noch an die Allmacht der Gedanken – wenn sich etwa die leibhaftigen Vorbilder seiner dichterischen Gestalten später im Leben verhalten wie in seiner Literatur; wenn er schon 1898 »die bösen Träume künftiger Wahrheit«[270] beklagt; oder wenn er am 1. Juni 1914 träumt, die Jesuiten wollten ihn dingen, Österreich-Ungarns unbeliebten Thronfolger zu töten.[271] In einem Nachtrag 1922 bemerkt er dazu im Traumtagebuch: »Vier Wochen darauf wurde Franz Ferdinand bekanntlich ermordet.«[272] Das einzige Mal, daß Freud öffentlich – recht zarte – Kritik an Schnitzler übte, steht in Verbindung mit solchen ›prophetischen‹ Träumen, die Schnitzler in einer Novelle thematisierte. War in *Das Tabu der Virginität* (1918), einem der *Beiträge zur Psychologie des Liebeslebens*, Schnitzlers *Das Schicksal des Freiherrn von Leisenbogh* noch als »meisterhaft knappe Erzählung«[273] bezeichnet worden, so enthält *Das Unheimliche* (1919) einen eher unfreundlichen Hinweis auf den Prosaisten: »Bei uns bleibt ein Gefühl von Unbefriedigung, eine Art von Groll über die versuchte Täuschung, wie ich es besonders deutlich nach der Lektüre von Schnitzlers Erzählung ›Die Weissagung‹ und ähnlichen mit dem Wunderbaren liebäugelnden Produktionen verspürt habe.«[274]

Auch und gerade der Traumdeuter Schnitzler wechselt gern die Position. Erscheint ihm der manifeste Inhalt allzu offenkundig, mäkelt er ironisch: »Zuweilen gibt sich der Traumgott mit seiner Symbolik keine sonderliche Mühe.«[275] Und träumt er im Weltkrieg, »dass die Russen vollständig umklammert seien«, schränkt er sofort ein: »Freud würde zweifeln, dass ich die Russen gemeint habe.«[276] Einen klassisch freudianischen Doppeltraum – von Olga und sich selbst – versieht er mit dem Kommentar »Tief zu deuten!« Dabei scheint die Deutung auf

der Hand zu liegen: »[…] – ich mit O. (in irgend einem ziemlich kahlen Zimmer) zu Bett – ich besorge, daß durch das
Schlüsselloch vom Nebenzimmer aus – meine Eltern herein-
sehen können – – O. in der gleichen Nacht träumt ›eine ähn-
liche‹ Beziehung zwischen uns; ein scharlachrotes Band verbirgt mich; – Lili tritt herein – und O. schämt sich.«[277]

Aber hier und stets in vergleichbaren Situationen offenbart
sich eine starke Hemmung Schnitzlers, den Traumdingen auf
den Grund zu gehen. Seine von Freud hervorgehobene »feine
Selbstwahrnehmung« stößt auf ein unüberwindliches Hinder-
nis. 1924 charakterisiert Schnitzler einen Traum: »[…] weniger verdeckt das Erotische und nackt-Sexuale mit auffallen-
der Abwehrbetonung«[278], und am 8. Oktober 1921 hat er einen
»Fliegetraum« verbucht – »(wie manchmal in der letzten
Zeit) und (nachher) Traum sexueller Natur, eher ärgerlich.«[279] Den Zusammenhang zwischen beiden Teilen zu sehen weigert er sich beharrlich.

Prägnant kommt diese Verweigerungshaltung in seinen
»Hundeträumen« zum Ausdruck, die auch Interpreten ange-
steckt hat: »Schnitzlers gespanntes Verhältnis zu Literaturkri-
tikern«, schreibt Michaela L. Perlmann, »[…] stellt sich symbolisch in zahlreichen Hundeträumen dar, die ihn zwischen
1913 und 1924 zeitweise geradezu verfolgen.« Zu einem derarti-
gen Befund gelangt allein, wer denkt, daß Hundeträume »in
der Psychoanalyse überhaupt keine Rolle spielen.«[280]

Nun ist bei der Aufklärung von Schnitzlers Träumen wahrlich Behutsamkeit vonnöten – die meisten entziehen sich mangels greifbarer Assoziationen des Träumenden von vornherein
der Deutung. Dieses Prinzip grundsätzlich zu mißachten be-
dürfte es der Interpretationswut eines Wilhelm Stekel. Mit den
Hundeträumen verhält es sich aber anders. Am 1. Januar 1913
erinnert sich Schnitzler an einen weißen Hund im Traum, »der
anfangs mich ein wenig ängstigt, mich aber dann durch Zärtlichkeit versöhnt. (Ich träume oft von Hunden).« Das Thema
wird mehrfach variiert: ein »toller Hund« beißt Schnitzler,

der läßt sich verarzten, aber da der Arzt »nicht an Pasteur«
glaubt, ist der Gebissene verzweifelt und möchte sich erschießen. Ein andermal tauchen Pferde auf, mit denen er »sehr vertraut« ist; »einige beißen mich freundschaftlich, was mir nicht
sehr angenehm ist«. Zwei Nächte darauf springt ihn ein Hund
an, erkennt ihn jedoch und »leckt« ihn – »ich verhalte mich
innerlich (wie neulich zu dem Pferd) ambivalent.« Dann erscheinen »drei schwarze Hunde, ich fahre einem (ohne böse
Absicht) mit dem Stock ins Maul; er an mich heran, zärtlich,
aber ich bleibe mißtrauisch. Dies ist der psychische Inhalt (an-
nähernd aller dieser Hundeträume).« Am 1. September 1913
tritt wiederum ein Einzeltier auf: »Hund, sehr gross, sich an-
schmiegend, ich liebe ihn sehr; er gehört Vicki Z.[uckerkandl]
– oder ist es selbst. (Der wievielte Hundetraum?).« Im selben
Jahre liebkost er einen sich anschmiegenden Hund »ängstlich
mißtrauisch«, das nächste Exemplar ist »zärtlich, aber allzu
heftig mit mir, kann reden«[281]. Obwohl es sich immerhin fast
genau zum Jahresende meldet, weiß es dem Träumer nicht zu
sagen, was es bedeuten soll.

1916 wird zum einen ein schwarzer Hund erwähnt, »der mich
leckt, was mich etwas ängstlich macht, ekelt (ganz leicht),
und rührt«, zum anderen ein »kleiner weißer«, dieser »mit
Nasenfutteral«, der Schnitzler desungeachtet eine Wunde
am Finger beibringt, worauf er »zu Pasteur« eilen muß.[282]
1917 verletzt ein toller Traumköter Lili und Olga, die sich
»gleich impfen« lassen will, und 1923 nimmt Franzl Lichtenstern, der zwölfjährige Sohn seiner Freundin Vilma, Hunde-
gestalt an, die ihn »immer wieder, halb zum Scherz, an Händen und Füßen zerkrallt u zerbeißt. – Ich wälze mich endlich
vor Schmerz u Angst auf dem Boden«; und wieder ist in diesem Traum von einer Impfung durch Pasteur die Rede. Als
Deutung weist Schnitzler darauf hin, er habe kurz zuvor
Franzls Vater mitgeteilt, daß seine »Hundeträume aufgehört
hätten«.[283] Doch dem ist nicht ganz so: Anfang 1924 träumt er
von seiner jungen Begleiterin Hedy Kempny peinsam Lüster-

nes: »[…] sie stürzt sich so gierig auf mich, dss mir graut«. Am Ende des Albtraums melden sich die ›Maskottchen‹ seines Unbewußten drastisch zurück — er wird »in widerlicher Weise von geilen Hunden verfolgt, die ihre Brunst [ihm] nachlaufend zwischen [seinen] Schenkeln zu stillen suchen«.[284]

Den konkreten Anlaß für die nächtliche Hundeinvasion erkennt der Träumer Schnitzler nicht, er läßt sich aber aus dem Tagebuch rekonstruieren. Am 7. Oktober 1912 haben Olga und Arthur Schnitzler einen »charmanten kleinen 5monatlichen Malteser« namens Dolly erworben, der »daheim mit Jubel begrüßt wurde«. Acht Tage später wird Dolly »als unerzogen« dem Verkäufer »rückgesandt«. 1916 fällt Schnitzler das »Hündchen« ein, das Olga »kaufte und das [er] dann eliminirte«.[285] Indem er unwillkürlich den brutalen Begriff »eliminirte« wählt, akzentuiert er sein unbewußtes Schuldgefühl: Auch dieses Abgeschaffte kehrt immer wieder. Dem psychoanalytischen Vernehmen nach handelt es sich bei den schrecklichen oder herzigen, jedenfalls aber unheimlich zutraulich-aggressiven Traum-Tieren weniger um die bei Schnitzler recht unbeliebten Literaturkritiker, von denen schon Goethe sagte: »Schlagt ihn tot, den Hund! Es ist ein Rezensent«, sondern um Repräsentanten sexueller Triebhaftigkeit und Zügellosigkeit, in denen auch eine homoerotische Komponente steckt, wimmelt es da doch von Phallussymbolen wie Stock und Finger. Und die Furcht vor der Tollwut ist ein hübsches Beispiel für die Angst, sich bei geschlechtlichem Verkehr zu infizieren. Daß Schnitzler nicht einmal aus der Identifikation eines Hundes, den er »sehr« liebt, mit dem anhänglichen, ihm überaus sympathischen Victor Zuckerkandl Deutungskonsequenzen zieht, beweist neuerlich, wie energisch er alles wegzuschieben gewillt ist, was auch nur entfernt mit homosexuellem Begehren zu tun haben könnte.[286]

Aufgrund dieser seiner Gnade der Einäugigkeit entgehen ihm feinere zwischenmenschliche Strömungen. So wird er an der im Briefwechsel belegten stürmischen Zuneigung des um

23 Jahre jüngeren preußischen Schriftstellers Fritz von Unruh
— »Ihr letzter Blick«, schrieb ihm dieser 1924, »ehe ich Ihr
Haus verliess, ist in meine Seele gebrannt«[287] — nichts Auffäl-
liges finden. Unbefangen und ohne Hintergedanken nimmt
Schnitzler bei einem Wiedersehen nach längerem wahr, daß
Unruh »in den 6 Jahren vom Jüngling zum Mann« gereift ist
— »bildhauerisch schön. [...] Immerhin wirkt er wieder stark
auf mich.«[288] Und voll ungläubigen Staunens zeichnet er 1926
einen Traum homosexueller Verfolgung auf, deren Opfer er ist:
In einem Gasthaus an einem Tisch »nah an mich rückend ein
blonder feister bartloser junger Mensch, Haar in die Stirn —
(etwa Wilde), — seine zudringliche Nähe peinlich — ich sehe:
hohe Lackstiefel und eine Art Bauernrock — eine Frau also,
merke ich — sie sagt: Je veux voir si vous etes vraiement si
sympathique et charmant (?) comme on dit; — ich versuche zu
fliehen, sie ergreift mich hinten am Hosengürtel, — hebt mich
in die Luft, ich bin froh, dss ich fliegen kann, aber sie hält
mich fest — peinlich — aber glücklicherweise wenig Leute da —
plötzlich steht's schon in der Zeitung — vielmehr auf einer
blauen Karte (wie die pneumatischen Karten einst waren)«.[289]

    Hartmut Scheible hat an Arthur Schnitzlers *Jugend in Wien*
eine »eigentümliche, vielleicht spezifisch österreichische Mi-
schung« abgelesen: »von Desillusionierung und der Scheu, sie
auszusprechen, von der Scham, private Ängste preiszugeben,
und der magischen Furcht, daß Ängste, beim Namen genannt,
sich als berechtigt herausstellen — von Diskretion und Verdrängung.«[290] Ein Gleiches gilt für Schnitzler als Interpreten
seiner Träume. »Ich weiss zu viel von mir — ohne nachzugrü-
beln; und weiss zu viel von der Kunst«[291], meinte er einmal.
Aber so viel, wie er glaubte, hat er von sich nicht gewußt, er
wollte es gar nicht wissen. In seinem Œuvre erwies er sich als
weitaus unbefangener, hemmungsloser, und hat daher der
Tiefseelenforscherzunft beträchtliche Freude bereitet — »bei
dem bewusst psychologischen Dichter wird unser Interesse gerade dort erwachen«, gab Carl Furtmüller zu bedenken, »wo

sein Werk ihn über sein Wissen hinausführt.«[292] Bereits im *Anatol*-Zyklus, in *Die Frage an das Schicksal*, sagt Anatol, es sei ihm etwas eingefallen, und zwar: »Das Unbewußte!« Auf die skeptische Frage seines Freundes Max: »Das Unbewußte?« antwortet er: »Ich glaube nämlich an unbewußte Zustände«, was der Skeptiker nur mit einem trockenen »So« aufnehmen kann. (DR I, 38) Und in der *Stunde des Erkennens*, dem ersten der drei Einakter *Komödie der Worte*, findet sich folgender Dialog:

»*Ormin:* Man verändert sich ja nicht, Frau Klara. Man verstellt sich; man lügt andern, zuweilen auch sich selber, etwas vor, aber im tiefsten Wesen bleibt man doch immer, wer man war.

Klara: Wenn man nur genau wüßte, wo dieses Tiefste sich eigentlich zu verbergen pflegt.

Ormin: Darüber sind wir uns wohl einig. Dort, wo unsere Wünsche schlafen oder sich schlafend stellen.« (DR II, 476)

Vor allem die erwachenden, verzerrten Wünsche, »halbes, heimliches Empfinden«, wie Loris dichtete, hat Schnitzler in seinen poetischen Träumen zu Wort kommen lassen. Kein Wunder, daß die greise Marie von Ebner-Eschenbach 1909 nach Lektüre des Romans *Der Weg ins Freie* über dessen Hauptfigur Georg von Wergenthin im Tagebuch stöhnte: »Nicht einmal seine Träume erläßt er uns«.[293] Der Erzähler und Dramatiker Schnitzler hat, auch abgesehen von *Der Weg ins Freie*, weder seinen Gestalten noch seinem Publikum die Träume erlassen, sie waren von Anbeginn und wurden immer mehr ein konstitutives Element seiner Kunst — vom postum veröffentlichten Frühwerk *Frühlingsnacht im Seziersaal* und *Alkandi's Lied* über *Die Nächste, Wohltaten, still und rein gegeben* und *Paracelsus* bis zum *Schleier der Beatrice*; von *Frau Berta Garlan* über *Fräulein Else, Casanovas Heimfahrt* und die *Traumnovelle* bis zu *Im Spiel der Sommerlüfte* und *Flucht in die Finsternis*. Er stand als eingeweihter Türhüter vor der Wiener »porta orientis«, wie Hofmannsthal den magischen

Ort nannte, »für jenen geheimnisvollen Orient, das Reich des Unbewußten«[294].

Daß er den Mann, der am tiefsten in dieses Reich vorgedrungen war, ambivalent beurteilte, ist jedem bekannt, der Schnitzlers gesammelte Notizen »Über Psychoanalyse« kennt. Seine grundsätzliche Meinung, aus dem Jahre 1924:

»Nicht die Psychoanalyse ist neu, sondern Freud.

So wie nicht Amerika neu war, sondern Columbus. Psychoanalyse gab es immer; jeder Arzt, jeder Dichter, jeder Staatsmann, jeder Menschenkenner mußte es sein, war es unbewußt oder automatisch.

Psychoanalyse wurde immer sowohl diagnostisch als therapeutisch geübt, mit mehr oder weniger Glück.

Die Frage: was ist gewonnen, was vertan dadurch, daß Psychoanalyse in ein System gebracht und gar dadurch, daß sie Mode wurde? Psychoanalyse ist scheinbar eine leichtere, in Wirklichkeit eine schwerere Kunst, als man glaubt.«[295]

Noch erheblich abfälliger wirken weniger beachtete, verstreute Tagebuchaufzeichnungen: So, wenn Schnitzler 1920 über die »Immoralität ja Verbrecherhaftigkeit psychoanalytischer Seelenaufwühlerei«[296] spricht oder 1923 einem Roman höchstes Lob mit den Worten zollt: »Kein Schwindel, keine Mystik, keine Psychoanalyse – also ohne Snobismus irgendwelcher Art«.[297] Und im Sommer 1916 zeigt das Journal eine beim ersten Augenschein unverständliche Eintragung: »Ein Brief von U. an St. Er war bei Freud (hat eben noch gefehlt) – und überhäuft nun St. mit Vorwürfen: sie habe die Pflicht gehabt – nach Freud! – ihn zu ›retten‹«.[298] Gerade solche Privatzusammenhänge aber, Verstrickungen im wienerischen Beziehungsnetz, förderten Schnitzlers Mentalreserve gegenüber der Psychoanalyse und deren Vertretern. Gedenken wir des Freudschen Stoßseufzers: »[...] für alle werd ich verantwortlich gemacht!« Und in der Tat scheinen bei Arthur Schnitzlers Einstellung zu Freud und der Freudschen Lehre auch seine Erfahrungen mit dessen Schülern bestimmend gewesen zu sein, die positiven und die negativen. Mit Sigmund Freuds Vasallen, den getreuen wie den abgefallenen, hat Schnitzler jedenfalls viel mehr persönliche Berührungspunkte gehabt als mit dem Meister selbst. »Aber die große Mehrzahl«, war der pessimistische Menschenkenner Arthur Schnitzler überzeugt, »sowohl der Ärzte als der Patienten, wird mindestens unbewußt die Gelegenheit psychoanalytischer Behandlung dazu benützen, erotische Anregung, wenn nicht gar sexuelle Aufregung zu suchen. Man denke vor allem an die Minderwertigkeit, sowohl die ethische wie die intellektuelle der meisten Menschen, zu denen nicht nur die Patienten, sondern auch die Ärzte gehören.«[299] So denkt ein Dichter, der allerdings auch Arzt ist.

UNTER TRAUMDEUTERN –
DIE SCHÜLER

Frau Lou

Unter allen Verehrern Freuds verkehrt Schnitzler am unbefangensten mit Lou Andreas-Salomé, der bedeutenden Freundin bedeutender Männer von Nietzsche bis Rilke. Nicht zuletzt deshalb, weil die um ein Jahr Ältere erst spät, 1912, in den Bannkreis der Psychoanalyse gerät, wovon ihr nachgelassenes Tagebuch *In der Schule bei Freud*[300] Zeugnis ablegt. Und zu diesem Zeitpunkt sind ihre Beziehungen zu Schnitzler bereits recht lose, beschränken sich auf kaum mehr als halb zufällige Begegnungen.

Am 31. Mai 1894 erwähnt Schnitzler Richard Beer-Hofmann gegenüber, er habe einen »schönen Brief« von Georg Brandes über sein Stück *Das Märchen* bekommen, und: »Heut einen sechs Seiten langen noch schönern über alle möglichen Sachen von der Lou Salomé.«[301]

Der »gänzlich überflüssige Brief«, so die Absenderin, war immerhin gut zwei Wochen nach Wien unterwegs, und ihn abzufassen hatte sie Schnitzlers Jugendfreund Paul Goldmann, Pariser Korrespondent der *Neuen Freien Presse*, ermuntert: »Ich hätte sonst vielleicht bescheidentlich den Mund gehalten, da es nach meiner Erfahrung nur wenig oder garkeine Freude macht, Stimmen aus dem Publikum über Arbeiten zu vernehmen, die Einem doch an's Herz gewachsen sind, wenn sie was taugen.« Daran, daß Schnitzlers Arbeiten etwas taugen – das Schreiben bezieht sich unter anderem auf den *Anatol*-Zyklus sowie die noch ungedruckten Fassungen des Schauspiels *Das Märchen* und des Einakters *Die überspannte Person* –, läßt Lou Andreas-Salomé keinen Zweifel. Nur blickt

sie eben tiefer als zeitgenössische Kritiker – mit den Augen
einer außerordentlich klugen und psychologisch hochbegab-
ten Frau. Natürlich hebt auch sie die »Feinheiten der graziösen
Form« hervor: »Man erhält, wie im Tanz, das Gefühl der auf-
gehobenen Schwere eines Gegenstandes. Und dennoch bleibt
der Eindruck des Gehaltvollen, Inhaltvollen, nach beendeter
Lektüre bestehen, ja er verstärkt sich noch, indem man die
einzelnen Scenen unwillkürlich nach vorwärts und rückwärts
weiterspinnt, als handle es sich um ein gescheutes Stück wirklichen Lebens mit offenen Perspektiven nach beiden Seiten.«
Am meisten regt sie jedoch die Darstellung des Femininen
an, insbesondere in der *Überspannten Person* – »wegen der
Art, wie hier die Frau von den Frauen in allen übrigen Ein-
aktern abgehoben wird, und wegen der ironischen Beleuch-
tung die, schon vom vortrefflichen Titel aus, hier auf den
Mann fällt. Es wäre interessant, dieses kleine Drama nach
einer bestimmten Seite hin in Vergleich zu ziehen mit ›Ein
Märchen‹, welches ja wahrhaftig ebenso gut heißen könnte:
›Ein überspannter Mann‹, – und zwar *ohne* ironischen Neben-
klang im Titel. Wird man nicht davon frappirt, wie einfach,
selbstverständlich und natürlich das Gefühl in der ›überspannten‹ Frau, und wie gänzlich verdreht und verbildet es
dagegen im überspannten Mann ist? Mann und Frau, so einander gegenübergestellt, nehmen sich fast wie Krankheit und
Gesundheit aus.«

Die Diagnose trifft nicht nur ins Zentrum der dramatischen
Sache, sondern auch Schnitzlers selbst, der sich amikal durch-
schaut fühlen muß. Denn das Gebaren Fedor Denners, der
männlichen Hauptfigur des *Märchens*, der den aufgeklärten,
von bürgerlichen Vorurteilen freien Liberalen mimt, in Wirklichkeit aber ein junger Patriarch mit tyrannischen Zügen ist,
gleicht seinem eigenen bis aufs Haar – in dieser Hinsicht ist
auch Schnitzler ein »überspannter Mann«. Damals schon,
1894, erkennt Lou Andreas-Salomé mit untrüglichem Gespür:
»Auffallend ist es, wie schlecht der Mann überhaupt in Ihren

Dichtungen wegkommt, – so schlecht, daß man versucht ist, an ein klein wenig Verläumdung zu glauben. Gleichviel ob er sich als der verhältnismäßig Bravere oder Bösere giebt, – immer ist er, neben der Frau, der Uninteressantere. […] Eine wunderliche Sorte von Selbstverleugnung des Autors liegt in fast jedem Strich, mit dem der Mann den Frauen gegenüber geschildert ist, – wer den Mann so schildert, räumt der Frau damit den Platz.«[302]

Ende April 1895 meldet sich die Briefschreiberin dann aus dem »Hôtel Royal am Stephansplatz« und fragt Schnitzler voll »ausgezeichneter Hochachtung«: »[…] kann ich Sie persönlich kennen lernen?«[303] Sie kann – am Abend des 3. Mai ist es so weit. Lou Andreas-Salomé besucht Schnitzler, sie gehen zu Beer-Hofmann und hierauf noch mit Hofmannsthal in einen Weinkeller. Die folgenden Frühlingswochen verbringt man oft – als literarisches Trio, ebensolches Quartett oder noch erweitert um Felix Salten – gemeinsam: in Cafés und Restaurants, in Wiener Vororten, in der Brühl und bei einer Donaufahrt durch die Wachau. Am 11. Mai bemerkt Schnitzler: »Lou wird ein wenig Weib.«[304]

In einem zauberhaft törichten Buch, gottlob ist es bloß eine Romanbiographie Lou von Salomés, erfahren wir: »Anfangs lächeln die Freunde bedeutungsvoll über die Beziehung Lous zu Dr. Schnitzler, man läßt ihnen den nötigen Freiraum innerhalb der befreundeten Gemeinschaft. Doch schon bald erkennt man Lous absolute Eigenständigkeit, die so gar nicht mit der Süße eines herzigen Wiener Mädels vereinbar ist. Und nur dieser Typ ist für Freund Schnitzler letztendlich interessant.«[305] Ernstlich gefährlich wird ihm »Frau Lou«, wie er sie achtungsvoll in Briefen nennt, in der Tat nicht – sein Verhältnis mit Marie Reinhard ist zu frisch. Außerdem richtet Lou Andreas-Salomé ihr sinnliches Augenmerk eher auf Beer-Hofmann, zuerst nicht mit durchschlagendem Erfolg, registriert Schnitzler doch: »Sonderbar gereizte Stimmung Lous gegen Richard, aus dem Bedürfnis verlangt zu werden.«[306] Ist das

nur charakteristisch männliche Perspektive? Im Alter wird
Lou einem Vertrauten offenbaren: Beer-Hofmann »spielte den
Verliebten und verliebte sich dabei« und: »[…] es war eine
nicht zu Ende gelebte Liebe«.[307]

Beifällig zitiert Schnitzler sie kurz darauf im Tagebuch:
»Lou: − Richard ist kühler als Sie. Menschen, Bäume, Sachen − alles eins und gleichwerthig, während Sie von der Men-
schenseele aus alles schildern.«[308] Beer-Hofmanns Kühle mag
freilich ihre Ursache auch in seiner Angst gehabt haben, sich
anderweitig syphilitisch infiziert zu haben. Wenig später kann
ihn Dr. med. Arthur Schnitzler ›beruhigen‹: »Die betreffende
Dame − nun sind Sie ja aus allen Sorgen − hat natürlich doch
Lues gehabt − secundäre; auch im Mund.«[309] Im September,
während eines gemeinsamen Aufenthalts im Stubaital, wird
sich die Beziehung zwischen Lou Andreas-Salomé und Richard Beer-Hofmann offenbar ein bißchen erwärmen: In der
Erzählung *Jutta* schildert sie ihren Abschied von »Florian«,
um »sich aus der Gefahr zu retten.«[310]

Mitten in den geselligen Maitagen hat Lou Andreas-Salomé
ihre Wiener Gefährten vorteilhaft charakterisiert. Schnitzler
nimmt ihre Aussage zu Protokoll: »[…] wir 3, Hugo, Richard
ich seien eigentlich die glücklichsten Menschen, die sie je getroffen: erstens wären wir nicht ehrgeizig, 2. lebten wir in
einer Stadt, die uns gefällt, 3. hätten wir einander gefunden. −
Heute sagte sie: Richard der glücklichste, glatt, nichts kommt
an ihn heran − ich der unglücklichste, grüblerische, möchte
aber am liebsten ›ich‹ sein.«[311] Dieses Urteil wird Frau Lou
noch im selben Jahr revidieren. Schnitzler lädt sie zu einer
Aufführung des k.k. Hofburgtheaters ein, wo seine ehemalige
Geliebte Adele Sandrock die Christine Weiring in der *Liebelei*
verkörpert. Von der Vorstellung zeigt sich Lou Andreas-Salomé wenig entzückt: »Hätte ich sie [*Liebelei*] schon vorher
gekannt, − den ersten Eindruck von Ihnen selbst anstatt von
den Burgschauspielern empfangen, so würden die (an sich
vielleicht nicht so großen) Schwächen des Spiels, besonders

des Spiels der Christine, mir nicht so viel vom Besten ver-
wischt haben. Ich kam ganz gedrückt aus dem Theater, ich
konnte unter dem Spiel Ihre Eigenart nicht überall herauser-
kennen.« Aber die Lektüre des ihr von Schnitzler geschickten
Textes scheint sie eines Besseren zu belehren, in bezug auf das
Stück wie auch auf dessen Verfasser: »Die ›Liebelei‹ ist wunderschön. Von Ihnen Dreien, — von Ihnen drei glücklichen
Freunden, — sind doch Sie der Glücklichste.«[312] Bei einem
nachmittäglichen »Gespräch über die Liebe«, drei Wochen danach, erzählt sie ihm dann recht Intimes: »wie sie ihren Mann
fast erwürgt.«[313]

Dem Autor Schnitzler hält die Leserin Andreas-Salomé die
Treue: Im April 1901 erstattet sie ihm über ihre Lektüre-Erfah-
rung mit *Frau Berta Garlan* Bericht, vor allem über wichtige
Nebengestalten — über Anna Rupius, die ihren gelähmten
Mann betrügt und an einem verbotenen Eingriff stirbt. Und in
moralisch-ästhetischen Bewertungsfragen hat Frau Lou, so
behauptet sie, Meinungsverschiedenheiten mit einer engen
Freundin: »Um Frau Rupius focht ich sogar mit Frieda Bülow
einen großen Streit aus; ich hielt es mit Herrn Rupius.«[314]
Einen Monat zuvor ist die Streitbare Schnitzler — auf einer ita-
lienischen Reise — noch im Traum erschienen, allerdings bereits in neuer, in der Realität freilich nicht mehr aktueller Begleitung: »Frau Lou Salomé und René Rielke begrüßten uns —
ein schlechtes Hotel«.[315]

Lange wird es dauern, bis Lou-Andreas Salomé Schnitzler
wieder aufsucht — der gefeierte Schriftsteller ist dann nur eine
von mehreren Anlaufstellen. Ihre Anwesenheit in Wien steht
im Zeichen eines für sie nun strahlenderen Zentralgestirns:
»Lou Salomé mit ihrer Freundin, jungem Mädl, deren Namen
sie erst auf Verlangen nennt [Ellen Delp], zum Thee«, verzeichnet Schnitzlers Journal am 15. November 1912. »Über
Freud (deswegen ist sie hier) — begleitete sie zu Richard; blieb
eine Weile dort.«[316] Frau Lou nimmt — als Gast — an den Vor-
trags- und Diskussionsveranstaltungen der »Wiener Psycho-

analytischen Vereinigung« teil, die aus der legendären »Psychologischen Mittwoch-Gesellschaft« in Freuds Wohnung hervorgegangen ist. Auch am 5. März 1913 ist sie zugegen, als Theodor Reik »Psychoanalytische Bemerkungen zu Schnitzlers Dichtung« präsentiert. Ob Lou Andreas-Salomé aufgrund dieses Referats und der nachfolgenden Debatte weiterhin der Meinung sein kann, Arthur Schnitzler sei unter seinen Dichterfreunden der »Glücklichste«, steht dahin.

Theodor Reik als Monograph

Der Referent, der 1888 in Wien geborene Theodor Reik, ist der gründlichste Kenner von Arthur Schnitzlers Œuvre aus psychoanalytischer Sicht. Schon der Jugendliche war von leidenschaftlichem Interesse für Schnitzlers Schriften erfaßt worden. Unter dem Eindruck des Todes seines Vaters 1906 begann er zwanghaft, das Gesamtwerk, angeblich jedes Wort, Goethes zu lesen. Sein Studium an der Wiener Universität beendete er mit der Dissertation *Die Psychogenese von Flauberts »Versuchung des hl. Antonius«*.[317] Sigmund Freud, Arthur Schnitzler, Richard Beer-Hofmann und Gustav Mahler sind die Idole seines Lebens. Beer-Hofmann widmet Reik 1912, er ist bereits Mitglied der Wiener Psychoanalytischen Vereinigung, eine Broschüre, die Schnitzler im März desselben Jahres zu Gesicht bekommt und als »nett«[318] beurteilt. Am 27. Juni entdeckt er in Alfred Kerrs Zeitschrift »Pan« eine »nicht uninteressante Studie« von Reik über sich und seine Juvenilia. Die Einschränkung »nur gegen Schluß in die fixen psychoanalytischen Ideen auslaufend«[319] ist fast schon ein Kompliment.

Schnitzler hat auch allen Grund, erfreut zu sein – selten kann er als Echo auf sein Wirken derart herzlichen Überschwang hören: »Während man einen sanften Hügel bei Pötzleinsdorf nachdenklich hinabgeht, klingen alle Motive wieder, die in diesen Jugendversuchen zuerst sich regten. Umgeben vom Duft der Wiesen, fühlt man, während man in Gedanken Schnitzlers Werke durcheilt, wieviel er uns gegeben. Man fühlt erst jetzt, wie lieb man ihn hat. Denn wir jungen Österreicher lieben ihn anders als sonst ein Publikum einen großen Dichter. Mit einer innigeren, dankbareren Liebe: wie einen älteren, wohlvertrauten Freund. Er hat soviel ausgesprochen, was wir

stündlich fühlen. Er hat unsere Freuden und unsere Schmer-
zen, unseren Zweifel, unsere Wirrnisse gestaltet; das, worüber
wir lächeln und worüber wir weinen möchten, — wenn wir
nicht gar so vernünftig, so skeptisch, so analysierend wären.«[320]

Kein Zweifel, eine Liebeserklärung. Angenehm muß
Schnitzler auch ein anderer Artikel des »jungen Österrei-
chers« berührt haben, denn mit Feuereifer ist dieser für ihn im
Sommer 1912 in die Bresche gesprungen. Karl Kraus' Polemik
»Schnitzler-Feier« zu seinem 50. Geburtstag verärgerte den
Gefeierten doch erheblich: »Und wenn er mit jedem Wort die
Wahrheit spräche — er wäre noch immer ein Fälscher durch
das, was er unterschlägt; aus Eitelkeit und Rachsucht«[321], rea-
gierte er auf die »gehässig[e] und leidlich witzig[e]« Attacke.
Wieder im »Pan« publizierte Reik nun die Glosse »Der kleine
Anti-Schnitzler«, die von der »Fackel« kommentarlos nachge-
druckt wurde.[322] »Schnitzler gegen Kraus verteidigen?« fragt
Reik rhetorisch — »Inkommensurable Größen. Der starke Ge-
halt Schnitzlerischer Werke wird leben, wenn von Kraus der
Urenkel des Piccolo vom Café X. einiges Ueberlieferte weiß.
Was bedeutet Karl Kraus? Zum Unterschied von Feuerköpfen
ist er mehr ein Strohfeuerkopf.«[323] Im September lernt
Schnitzler seinen kämpferischen Bewunderer persönlich kennen. Man führt ein »anregendes Gespräch über Traumdeutung und Psychoanalyse«, wobei der Gastgeber nachträglich
einwendet: »Überschätzung des ›Oedipuscomplexes‹ von Seiten der Freud Schule (der Reik angehört).«[324]

Stellt Reik Fragen zu seinem Werk, antwortet Schnitzler
entgegenkommend[325] — der ihm sympathische Theodor Reik
plant einen eigenen Band über ihn. Als erstes Ergebnis seiner
Arbeit erscheint der Aufsatz *Die Allmacht der Gedanken bei
Arthur Schnitzler*, gemeinsam mit einem Schnitzler-Essay von
Hanns Sachs, in Freuds Zeitschrift *Imago*. Das Objekt der
Analyse, Schnitzler, findet den schon auf Korrekturbogen
gelesenen Text, obwohl er »in gewissen Details nicht ganz«

die Anschauungen des Analysierenden teilt, »doch sehr schön«.[326] Als er das Opusculum dann in »Imago« nochmals studiert, schließt er befriedigt, auch über Sachs' Untersuchung: »[...] sich sehr erfreulich von dem üblichen Literatengeschwätz unterscheidend, ins tiefere deutend.«[327] Insgesamt ist er von dem Unternehmen so angetan, daß er sogar insgeheim zugunsten des Autors bei seinem Stammverleger Fischer interveniert: »Herr Dr. Theodor Reik schreibt ein Buch: ›Arthur Schnitzler als Psychologe‹. Einzelne Abschnitte dieses Buches sind in Zeitschriften schon veröffentlicht gewesen oder gelangen nächstens zum Abdruck. Wenn ich auch vielfach mit den Ansichten Reiks nicht ganz einverstanden bin, finde ich seine Ausführungen beinahe durchaus, auch wo sie zum Widerspruch veranlassen, sehr interessant. Er selbst weiss nichts davon, dass ich Sie frage, ob Sie eventuell daran denken würden das Buch des Dr. Reik in Ihrem Verlag zu veröffentlichen.«[328] Aber Samuel Fischer denkt nicht daran, und Schnitzler wird die Zuwendung seines künftigen Monographen offenbar ein bißchen ungemütlich, da er im Sommer von ihm träumt. Der Traum samt eigener Deutung lautet: »Nun bin ich mit Dr. Reik irgendwo, er wird witzig-intim, was ich ärgerlich ablehne, sogar handgreiflich; als er gekränkt ist, thuts mir leid, bin gleich gut zu ihm; auch ein gescheidterer ist da (Dr. Sachs?, unsichtbar) ich spreche aus: ›Der nächste große Mann wird der sein, der der Psychoanalyse ihre genauen (?) Grenzen anweist‹, was, zu meiner Verwunderung auch Reik's Beifall findet. [...] Die Intimität Reiks – Eigenheit der Psychoanalytiker die intimsten Details zu erforschen. – Der gescheidtere Dr. Sachs – Bemerkung Olgas. Meine Kritik der Psychoanalyse: braucht keiner Deutung mehr. [...] – Zustimmung Reiks: – Der ›Psychoanalytiker‹ Winterstein erwiderte mir auf eine Bemerkung: ›Ich bin nicht mit allem in Ihrem Artikel einverstanden –‹ ›Ich auch nicht – –‹.«[329]

Reiks Ansinnen, den Band mit einer gedruckten Dedikation an Schnitzler versehen zu lassen, wehrt dieser ab. Ein anderer willigt ein. Auf dem Vorsatzpapier steht in Versalien: »Meinem verehrten Lehrer Prof. Dr. Sigmund Freud in Dankbarkeit gewidmet«. In den Tagen der Auslieferung kommt es zu einer ärgerlichen Auseinandersetzung, ausgerechnet mit Siegfried Jacobsohns Wochenschrift *Die Schaubühne*. Der junge Berliner Theaterenthusiast und -kenner Jacobsohn war 1904 unglückselig gestrauchelt — er wurde des Plagiats von 20 Zeilen in einer Rezension überführt. Arthur Schnitzler sprang dem Bedrängten in Maximilian Hardens *Zukunft* mit einer Art medizinischen Gutachtens bei, dessen herzliches Wohlwollen mehr überzeugt als die auf pathologische Bewußtseinstrübung plädierenden Argumente.[330]

Doch das Gefühl der Dankesschuld weckt bei so manchem Aggressionsbereitschaft. Daher muß Schnitzler im Dezember 1913 in der *Schaubühne* in der Rubrik »Antworten« boshafte Sticheleien zur Kenntnis nehmen: »Ueber den Geschmack läßt sich nicht streiten. Der illegitime Liebhaber der Psychoannaliese Reik hat ein tiefgründiges Werk über Arthur Schnitzler geschrieben, wie wenn dieser Schnitzler zu ihm in die Sprechstunde gekommen wäre, um geheilt zu werden. Gut. Aber böse ist, daß Schnitzler geäußert hat: ›Es ist das Beste, was ich je über mich gelesen habe.‹ Und da dies wiederum das Beste ist, was Reik je über sich gelesen hat, so gehen wir blühenden Zeiten entgegen.«[331]

Rechtens verblüfft erkundigt sich Schnitzler bei Reik: »Wie kommt Jacobsohn zu einer ›Äußerung‹ von mir über das ganze Werk, das ich noch gar nicht kenne?« Reik rechtfertigt sich umgehend und versichert dem »Sehr verehrte[n] Herr[n] Doktor«: »die Sache beruht auf einem Mißverständnis. Als ich meinem Verleger das Manuskript sandte, schrieb ich ihm, daß Sie, sehr verehrter Herr Dr., jene Abschnitte in ›Imago‹ gelobt hätten, ohne mir indessen Ihre abweichenden Meinungen zu verbergen. In gänzlich unbefugter Art hat mein Verleger meinen Brief benützt, indem er bei der Anzeige im ›Börsenblatt‹ darauf in so übertriebener Form Bezug nahm. Ich habe ihm deshalb sofort telegraphiert und ihm jeden Hinweis auf Ihre Person verboten. Sie sehen, sehr verehrter Herr Dr., daß es sich um ein Mißverständnis handelt, das aber keine weiteren Konsequenzen haben dürfte. Ich werde selbstverständlich sofort an Herrn Jacobsohn eine gleichsinnige Berichtigung senden. Ich selbst bin wahrhaft an diesem Zwischenfall gänzlich unschuldig.«[332]

Völlig ohne Konsequenzen bleibt der Vorfall jedoch nicht, denn Schnitzler – der auch Kohlhaas-Mentalität in sich trägt – hat sich zugleich an den Herausgeber der *Schaubühne* gewandt und Aufklärung verlangt. Sie wird ihm coram publico, in der folgenden Ausgabe und wiederum in der Rubrik »Antworten«, zuteil: »*Arthur Schnitzler, Wien.* Sie schreiben: ›Lieber Herr Jacobsohn! Was veranlaßt Sie, eine angebliche Aeußerung von mir, die Sie weiß Gott wo gelesen, und die ich natürlich nie getan habe, als authentisch abzudrucken?‹ Weiß Gott wo? Im Buchhändlerbörsenblatt. Es war nicht anzunehmen, daß der Verleger an dieser Stelle die Unwahrheit inserieren würde. Und warum sollten Sie diese Aeußerung ›natürlich nie getan‹ haben? Die Worte selbst klangen nicht so unglaubhaft. Ich könnte durchaus sagen, die und die Charakteristik sei ›das Beste, was ich je über mich gelesen habe‹. Warum könnten das nicht auch Sie?«[333] Das läßt sich schwer beantworten, aber gewiß kann Schnitzler etwas anderes. Er unterscheidet sehr genau, zu wem er wie über Reiks Studie spricht, die in seinem Kreis viel und »feindselig«[334] beredet wird. Den Verfasser direkt lobt er nachdrücklich, nimmt jedoch auch in puncto Kritik kein Blatt vor den Mund: »Sie haben insbesondere Beziehungswerthe in meinen Arbeiten gesehen, geschaut, erkannt, an denen die meisten Berufskritiker achtlos vorbeigegangen sind; und wo Sie innerhalb des Bewußten bleiben, gehe ich oft mit Ihnen. Über mein Unbewußtes, mein halb Bewußtes wollen wir lieber sagen –, weiß ich aber immer noch mehr als Sie, und nach dem Dunkel der Seele gehen mehr Wege, ich fühle es immer stärker, als die Psychoanalytiker sich träumen (und traumdeuten) lassen. Und gar oft führt ein Pfad noch mitten durch die erhellte Innenwelt, wo sie – und Sie – allzufrüh ins Schattenreich abbiegen zu müssen glauben.«[335]

Einem Fremden gegenüber betont er weit stärker seine positiven Eindrücke von der Monographie Reiks, den er »sehr schätze«: »So lassen Sie mich denn lieber nur das aussprechen, was mir an Theodor Reik's Untersuchungen von meinem Autorenstandpunkt aus sympathisch und wohl auch in weiterem Sinne wertvoll erscheint: Daß hier nämlich, was von Seiten einer gewissen zünftigen Kritik so selten geschieht, auf meine Darstellung menschlicher Beziehungen nichterotischer Art wie zwischen Geschwistern, zwischen Eltern und Kindern, zwischen Freunden und auf allerlei tiefere seelische Zusammenhänge hingewiesen wird, über die nun freilich nicht gerade das letzte und manchmal wohl auch nicht das absolut richtige Wort gesprochen sein dürfte.«[336]

Ob und wie Schnitzler auf Robert Musils kritische Einschätzung des Reikschen Bandes reagiert hätte, ist nicht zu klären: Musil gelangte über zwei Rezensionsentwürfe nicht hinaus, in denen er das Buch als »interessant und lächerlich« klassifiziert. »Der Irrtum ist: Gestalten eines Dichters haben keine Seele. Keine kausale. Keine in sich selbst verständliche. Das ganze Unterfangen geht von einer falschen Voraussetzung aus. Personen eines Dichtwerks wie lebende Menschen behandeln ist die Naivität des Affen, der in den Spiegel greift.«[337] Nun schätzte Musil Freuds Lehre eher gering ein. Nicht ganz so bekannt wie der Kraussche Aphorismus »Psychoanalyse ist jene Geisteskrankheit, für deren Therapie sie sich hält« wurde ein Malmot Musils von vergleichbarer Gesinnung: »Es gibt zwei Dinge, gegen die man nicht kämpfen kann, weil sie zu lang, zu dick sind, keinen Kopf u Fuß haben: Karl Kraus und die Psychoanalyse.«[338] Musils Aversion gibt sich obendrein darin zu erkennen, daß er statt Reik [Otto] Rank schreibt, freudianisch ausgedrückt: eine Fehlleistung begeht. Aber an Fehlleistungen mangelt es in diesem Zirkel übereinander sin

nierender Männer auch sonst nicht. Sogar Theodor Reik ist in
seiner Studie – wie Konstanze Fliedl erspähte – eine ausgesprochen sinnreiche unterlaufen. Aus der beabsichtigten Behauptung: »Die Art Schnitzlers, Gefühle zu zergliedern und
ihren verborgenen Zusammenhängen nachzuforschen, ist die
psychoanalytische«, wird »Die Art, Schnitzlers Gefühle zu zergliedern und ihren verborgenen Zusammenhängen nachzuforschen [...]«.[339] Nichts weiter als ein falsches Komma, und
schon hat sich der angeblich mustergültig analytisch verfah-
rende Schriftsteller in einen der Analyse bedürftigen verwan-
delt.

Arthur Schnitzlers Verbindung zu Reik reißt lange nicht ab,
wobei der Jüngere den Mentor vor allem in materieller Not um
Protektion ersucht, ihn bittet, bei einem seiner »einflußrei-
chen Bekannten ein empfehlendes Wort«[340] für ihn einzule-
gen. Beliebt macht er sich bei Schnitzler 1914 mit seinem von
der Tendenz her fragwürdigsten Artikel *Der Krieg bei Arthur
Schnitzler* – einem taktischen Schachzug. Schnitzler, der im
kriegshysterischen Deutschland als Wiener Defätist gilt, wird
im *Berliner Tageblatt* durch markig-patriotisches Lob rehabi-
litiert: »Will's Gott«, dröhnt Reik, »haben wir morgen ein
neues, wiedererwachtes und selbstbewußtes Reich. Auch Arthur Schnitzler gebührt dann ein verehrungsvoller Gruß der
jungen Generation, – denn auch er war ein tapferer Soldat in
diesem großen Kampfe.«[341] Darüber ließe sich nun trefflich
streiten.

Nach den Unterhaltungen benotet Schnitzler den Gesprächspartner im Tagebuch: »Dr Reik; recht anregend.
Schade dass er psychoanalytisch doch ziemlich verbohrt«[342],
heißt es da, oder: »Ich versuche wieder ihm die Einseitigkeit
der Methode klar zu machen, insbesondre die Fehlerquellen
bei der therapeut. Anwendung. –«[343] Trotzdem erzählt er ihm
»Angstvorstellungen« und »Träume«[344] und steuert auch Anregungen bei, als Reik mit ihm eine geplante »Dichter-Sonder-
nummer« von *Imago* erörtert: »Ich rathe zu Veröffentlichung

von Entwürfen, Vorarbeiten. —«[345] Reik wiederum ›überweist‹
ihm einmal sogar — 1921 — einen literarisch ambitionierten Patienten. Dieser lauert Schnitzler während eines Münchner
Aufenthalts geradezu auf: »Baron D.[irsztay], der mir schon
auf der Straße nachgegangen, schickt mir einen Brief; wir
gehn vor dem Hotel auf und ab; er steht in psychoanal. Behandlung, erst bei Freud, jetzt bei Reik, der ihm gerathen, mit
mir zu sprechen«.[346]

Wie mächtig die — auch heroisierende — Verehrung in Reik
wirksam ist, beweist eine biographische Kleinigkeit: Seinen
Sohn nennt er Arthur, und seine Tochter nach Beer-Hofmanns
berühmtem Gedicht *Schlaflied für Mirjam*. Absichten Reiks,
einen neuen Band über Schnitzler zu schreiben beziehungsweise eine zweite, verbesserte Auflage herauszubringen, da
ihm die Erstfassung »unzulänglich und unangemessen«[347]
vorkommt, werden ebensowenig verwirklicht wie eine ange-
kündigte englische Übersetzung. Nach einem Besuch Reiks in
der Sternwartestraße im Dezember 1923 fällt Schnitzler ein
für ihn bezeichnendes Urteil, einerseits im Journal, andererseits in einem Brief: »Ein kluger, höchst unterrichteter Mensch
— und wie alle Psychoanalytiker etwas monomanisch.«[348] Seiner Ex-Gattin Olga bietet er dasselbe ausgeschmückter dar:
»*Doctor Reik* war gestern, nach langer Zeit, bei mir —; klug,
unterrichtet, — hat in der letzten Zeit einige Bücher von profundem Wissen, — religionspsychologisches, — geschrieben; —
aber er hat leider den Complexen-Complex wie alle Psychoanalytiker. —«[349]

Da sich Reiks Arbeits- und Lebensschwerpunkt zusehends
nach Berlin verlagert[350], versickert allmählich der Strom des
persönlichen und brieflichen Gesprächs, »ein jahrzehntelan-
ger, intensiver, von gegenseitiger Wertschätzung getragener
Gedankenaustausch«[351]. Oft nimmt Reik später, in den Vereinigten Staaten, in seinen Arbeiten auf das Werk des Verehrten Bezug, einmal auch auf diesen selbst. »Betrachtet man
Schnitzlers Dichtungen unter psychoanalytischen Aspekten«,

meint er in *Das Verlangen, geliebt zu werden*, »dann festigt sich der Eindruck, daß der Autor in reiferem Alter von paranoiden Vorstellungen der verschiedensten Art verfolgt wurde. Darüber hinaus verfüge ich über persönliche Erinnerungen [...]. Unsere Unterhaltungen bewegten sich dabei vom Allgemeinen bis hin zum Persönlichen, und immer wieder äußerte Schnitzler Gedanken und Überlegungen, die deutlich paranoide Tendenzen erkennen ließen.«[352]

Im Sommer seines Todesjahres, 1931, begegnet Arthur Schnitzler Reik mit dessen Bruder[353], als er per Bahn auf den Semmering reist. Suzanne Clauser informiert er: »[...] ich hatte ihn seit Jahren nicht gesehn, und hielt ihn im ersten Moment für Friedell.«[354] Angesichts der ausgeprägten Korpulenz Egon Friedells ein wundersamer Irrtum – womöglich dadurch zu erklären, daß ihm der Kulturhistoriker nachsagte: Schnitzler »hat bereits zu einer Zeit, wo diese Lehren noch im Werden begriffen waren, die Psychoanalyse dramatisiert«. Aber Theodor Reik, jener Mann, dem man eines Tages für Schnitzler die Funktion eines »ambassador or symbol of psychoanalysis«[355] zubilligen soll, ist für ihn mittlerweile zum Schatten eines anderen geworden, zum verwechselbaren Doppelgänger. Reik ahnte davon nichts. Er erinnert sich 1934 gleichfalls an das zufällige Abschiedsbeisammensein: »Wir trafen einander zum letztenmal am Semmering – wenige Wochen vor seinem Tod. Immer wieder gingen wir die Spiralenwege rings um das Südbahnhotel. Das Gespräch war auf dem Umwege über persönliche und allgemein psychologische Themen wieder beim Problem des Sterbens angelangt wie manchmal vorher. ›Nein, Sie irren sich‹, sagte er stehenbleibend, ›der eigene Tod ist doch vorstellbar. Wenn wir versuchen, uns selbst tot vorzustellen, sehen wir freilich nicht uns selbst, sondern eine Puppe vor uns liegen.‹«[356]

Baron Winterstein

Als er seinen Traum von Reik und dessen psychoanalytischer Zudringlichkeit im Juli 1913 deutete, hat Schnitzler auch den »Psychoanalytiker« Winterstein erwähnt. Die Anführungsstriche sollten diesen nicht ironisieren, sie sind vielmehr Zeichen der Anerkennung für jemanden, der schon im dritten Jahr Mitglied der »Wiener Psychoanalytischen Vereinigung« ist und dennoch frei zu sein scheint von den Marotten der analytischen Gilde. Schnitzler lernt den 21jährigen Studenten der Rechte Alfred Freiherrn von Winterstein, Sohn eines k.k. Geheimen Rats und Vizegouverneurs der Oesterr.-Ungarischen Bank[357], 1906 kennen, nachdem dieser ihm Lyrikproben hat zukommen lassen. Der erste persönliche Eindruck — »Sympathisch«[358] — ist entscheidend für die Jahrzehnte während Beziehung. Schnitzler hält den jungen Baron (im Tagebuch wird er fast durchwegs mit seinem Titel angeführt) für begabt, für »klug und geschmackvoll«[359], und spannt auch Hofmannsthal zu Vermittlerdiensten ein, dem aufstrebenden Talent Publikationsmöglichkeiten zu verschaffen — wobei jenem Wintersteins Gedichte sogar »*sehr* gut« gefallen.[360] Selbst in der *Fackel* wird damals ein längeres gedruckt.[361]

Drei juridische Staatsprüfungen legt Alfred von Winterstein ab, doch dann liest er *Die Traumdeutung* und sucht »Kontakt mit dem Begründer der Psychoanalyse«.[362] Am 8. März 1909 vermerkt Schnitzlers Diarium: »Baron Winterstein zu Besuch, der nun Jus beendet und Philosophie (Psychologie) studieren will und einigen Rath erbat. Über Freud, Traumdeutung [...].«[363] Nach einem weiteren Besuch, im Juni 1909, lobt ihn Schnitzler: »offenbar begabt und klug über seine Jahre.«[364] Als Schüler Friedrich Jodls promoviert Winterstein 1911 mit der

Dissertation *Darstellung und Kritik der wichtigsten Tempera-
mentstheorien in alter und neuer Zeit.*[365] Was Schnitzler augenscheinlich imponiert, ist Wintersteins Offenheit und Vielseitig-
keit. Er kann mit ihm über Freud, aber auch über Heinrich
und Thomas Mann oder Grillparzer[366] reden, kann sich bei
ihm über »die Einseitigkeiten und Übertreibungen Freuds
und seiner Schüler«[367] beschweren; er kann mit einfühlsam-
zurückhaltender Interpretationshilfe − »[Winterstein] erkannte die 3. Figur in meinem letzten Traum als ›Tod‹«[368] −
rechnen. Kurzum: »Ein Mensch von Zukunft«[369], »sehr klug
und witzig«[370]. Vielleicht beeinflußt auch Wintersteins aristo-
kratische Distinktion Schnitzlers positive Einstellung, und gewiß beeindruckt ihn unverschmockte männliche Tapferkeit
fern jeglicher Heldenpose. Während des Weltkriegs, in dem es
Winterstein bis zum Dragoner-Rittmeister bringt, taucht im
Tagebuch die nach Ordensverleihungsantrag klingende Quali-
fizierung auf: »Gute Haltung, fast ohne Affectation, bewährt
sich sehr.«[371] Das ist, was der todgeweihte Zyniker Stephan
von Sala im *Einsamen Weg* über die junge Generation gesagt
hat: »Es scheint mir überhaupt, daß jetzt wieder ein besseres
Geschlecht heranwächst, − mehr Haltung und weniger Geist.«
(DR I, 835f.)

Theodor Reik versucht gleichfalls, diesem Ideal gerecht zu
werden, dürfte es jedoch − in der Rolle des Adorateurs und
Bittstellers − für Schnitzler weit weniger verkörpert haben. Im
September 1914 schreibt Reik seinem damaligen Gönner: »Ich
bemühe mich sehr, ›mehr Haltung‹ zu bewahren, allein ich
fühle, daß es mir in nicht zu ferner Zeit unmöglich werden
wird.«[372]

Fassung und Gelassenheit bewahrt der Baron auch, wenn
Schnitzler die ihm vorgelegten literarischen Manuskripte
verwirft, und der kritische Leser pflegt sich − wie aus seinen
Briefen bekannt − in solchen Fällen ungeschminkt auszudrük-
ken. So erträgt Winterstein »mit Haltung und einigem Widerstand«[373] einen ›Verriß‹ des Privatgutachters, und 1926 äußert

Schnitzler dem Verfasser des Dramas *Legende* gegenüber
»einiges (meist abfällige) [...], was er anständig aufnahm.«[374]
Ob Schnitzler ihm auch seine Beurteilung der Novelle *Sparta-
kus* kundgetan hat – »sehr anständig, Niveau, – und total
überflüssig«[375] –, wissen wir nicht.

Alfred von Winterstein wiederum ist ein aufrichtiger Bewunderer von Schnitzlers Œuvre und vermag dabei in Augen-
höhe zu argumentieren. Zum 60. Geburtstag wünscht er dem
»Künstler von ganzem Herzen Glück [...], der uns gelehrt hat,
Menschen und Landschaft unserer Heimat mit seinen Augen
zu schauen, und dem Menschen, der uns ein hohes Beispiel
charaktervoller Anmut und heiterer Würde ist. Wir dürfen,
mein' ich, vor allem uns selber beglückwünschen, dass es uns
vergönnt ist, in der Nähe dieses menschlichen Künstlers und
wie ein Kunstwerk vorbildlich wirkenden Menschen zu leben.«[376]

Selbstverständlich ist Winterstein von *Fräulein Else* besonders angetan, »voll Entzücken über die dramatische Spannung und die psychologischen Feinheiten, die ein praktischer
Psychoanalytiker noch ganz anders als die anderen Leser würdigen kann. ›Fräulein Else‹ gehört meiner bescheidenen Meinung nach zu dem Besten vom Besten, was Sie je geschrieben
haben.«[377] Diese bescheidene Meinung teilen indes auch andere, nicht analytisch Vorgebildete wie etwa Richard A. Bermann alias Arnold Höllriegel, der die Novelle der »Klasse der
evidenten Kunstwerke« zuordnet, »das heißt, es ist so über-
zeugend wie ein mathematisches Axiom, einleuchtend wie die
Sonne.«[378]

Ebenso begeistert Winterstein *Spiel im Morgengrauen*, eine
andere »dramatische Meistererzählung« aus Schnitzlers Spätwerk, deren Hauptgestalt er wiederzuerkennen glaubt: »Dieser Leutnant Willi Kasda ist ein Revenant des ›Leutnants
Gustl‹ mit allen Eigenschaften eines solchen, wie ich überhaupt während des Lesens den Eindruck des Gespenstischen
nicht losgeworden bin: Ihre Erzählung ist gewissermaßen die

virtuose Darstellung einer oesterreichischen Existenz auf der
›anderen Seite‹, des seligen k.u.k. Infanterieoffiziers, der sicherlich auch die Astralebene nur als Exerzierplatz und Korso
betrachtet. [...] Was die psychoanalytische Deutung der Erzählung betrifft, so gehört sie auf ein anderes Blatt, das ich
aber heute nicht beschreiben möchte.«[379] Er schreibt sie tatsächlich auf ein anderes, genauer – in einem anderen Blatt.
Nebenher ist Alfred von Winterstein journalistisch tätig, oder
– wie Karl Kraus bereits 1922 gehöhnt hat: »Ein Herr Winterstein, der mir einst angehangen, macht sich in der Neuen
Freien Presse nützlich und angenehm«.[380] Unter dem unvor-
sichtigen Titel *Was der Dichter nicht weiß* veröffentlicht er
dort seine Analyse von *Spiel im Morgengrauen*, für Schnitzler
einen »monomanischen Artikel«.[381] Abermals kehrt darin das
Doppelgänger-Motiv wieder; der Analytiker deckt es an Leutnant Kasda und Oberleutnant Bogner auf, dessetwegen sich
Kasda bis hin zum Selbstmord ruiniert: »Zwischen dem Menschen und seinem Doppel-Ich besteht natürlich eine schick-
salshafte Verkettung, die sich einerseits in einer rätselhaften
Anziehung, anderseits in einer heftigen Angst und einem
Abscheu vor dem verfolgenden Doppelgänger [...] äußert.«[382] Damit hat der Baron Schnitzler offensichtlich verletzt – indem er exakt das aufgibt, was dieser an jenem
schätzte: Distanz und Takt und Diskretion des Gentleman, der
Intimkenntnis lieber still genießt und darauf verzichtet, seine
Profession an Schnitzler öffentlich auszuüben. Zwar läßt der
Dichter, der meint, von sich fast alles zu wissen, Winterstein
mindestens noch zwei seiner Bände zuschicken, aber die Lust
an außerschriftlichem Verkehr hat er verloren. »Hoffentlich
kommt in diesem Jahr [1928] doch wieder einmal eines jener
Gespräche zwischen uns zustande, an die ich oft und gerne zu-
rückdenke!«, schließt Wintersteins Silvestergruß vom 30. Dezember 1927.[383] Und auch als Winterstein im Mai 1928 für die
Übermittlung des Romans *Therese* dankt und fragt: »Vielleicht darf ich Sie, verehrter Herr Doktor, dann nach meiner

Rückkehr endlich besuchen?«[384], dürfte er keinen Erfolg gehabt haben. Auf der Liste der Freiexemplarempfänger von *Flucht in die Finsternis* fehlt ein Name: Alfred Freiherr von Winterstein.

In seiner Besprechung von Richard Spechts Buch über Schnitzler behauptete Winterstein 1923, »daß man, wenn man mit Schnitzler über seine Gestalten spricht, bisweilen die Empfindung hat, ihren Hausarzt zu befragen, der über alles Seelische und Körperliche, ja über ihre künftigen Ereignisse Bescheid weiß. (Das gilt in gleichem Maße, wenn man über sich selber mit dem Dichter redet.)« Die Rezension endet mit den Sätzen: »Der Dichter des Todes Arthur Schnitzler ist, scheint's mir, lebendiger und zukunftsreicher als so mancher rotwangige Zukunftsverherrlicher. Um ein Wort von Thomas Mann anzuführen, dem Richard Spechts Buch zugeeignet ist: ›Das Leben ist oft auf jener Seite, wo im Grunde nur eines geliebt wird: der Tod.‹«[385]

Alfred von Winterstein war neben August Aichhorn der einzige Psychoanalytiker, der während der Nazizeit in Wien ausharren konnte. 1949 bis 1957 sollte er als Obmann der Wiener Psychoanalytischen Vereinigung wirken. Seine umfangreichste literarhistorische Arbeit, *Adalbert Stifter. Persönlichkeit und Werk. Eine tiefenpsychologische Studie*, erschien 1946. Er hat sie Thomas Mann zugesandt, dessen – in charmante Anfangs- und Endfloskeln verpackte – Antwort dem Inhalt nach ebensogut von Arthur Schnitzler hätte stammen können: Stifter »der strikten psychoanalytischen Methode unterworfen zu sehen, ist auch wieder nicht recht nach meinem Geschmack, nicht weil ich diese Methode pietätlos finde, obgleich freilich das analytische Vokabular in einem krassen und oft komischen Widerspruch zur Bewunderung steht, – sondern weil ich nicht umhin kann, den Gesichtspunkt als einigermaßen eng und doktrinär zu empfinden. Eine solche Kritik erinnert mich an gewisse streng kommunistische Betrachtungen des Geistigen und Dichterischen. Ich möchte die Tiefenpsychologie nicht als allein seligmachend auf alle großen Erscheinungen der Literatur angewandt sehen [...].«[386]

In Ehrfurcht: Dr. Fritz Wittels

Bekannter in analysefernen Regionen als Alfred von Winterstein wurde der Name Fritz Wittels – vor allem durch seine
literaturgeschichtsnotorische Haßliebe zu Karl Kraus, den er
im satirischen Schlüsselroman *Ezechiel der Zugereiste* (1910)
als »Benjamin Eckelhaft«, Herausgeber der Zeitschrift *Das
Riesenmaul*, parodiert hat. Der Neffe des Analytikers Isidor
Sadger promoviert 1904 zum Doktor der Medizin.[387] Sigmund
Freud wird auf ihn als Mitarbeiter der *Fackel* aufmerksam, vor
allem durch die unter dem Pseudonym Avicenna publizierte
Attacke wider das Abtreibungsverbot: »Das größte Verbre-
chen des Strafgesetzes«.[388] Fritz Wittels gehört von Ende März
1907 bis 1910 der »Mittwoch-Gesellschaft« beziehungsweise
der »Wiener Psychoanalytischen Vereinigung« an. Seit 1910,
bis 1925, ist er im »Wiener Cottage Sanatorium« seines befreundeten Kollegen Rudolf (von) Urbantschitsch als Inter-
nist und Psychiater tätig. 1923 macht er eine »Analyse bei dem
abtrünnigen Freud-Anhänger Wilhelm Stekel«.[389] An der
Wende 1923/24 erscheint seine – später revidierte – Monographie *Sigmund Freud. Der Mann – Die Lehre – Die Schule* unter
dem schönen Motto »Il faut admirer en bloc!«. Die Wiederan-
näherung an Freud gipfelt 1927 in der neuerlichen Aufnahme
in die »Vereinigung«.

Ihr hat Wittels einst erhebliche Schwierigkeiten bereitet.
Schon nach seinem Vortrag vor versammelten Analytikern
vom 10. Januar 1910 über »Die ›Fackel‹-Neurose« hatte Freud
eingewandt: »Aber wir vergessen zu leicht, daß wir kein Recht
haben, die Neurose dort in den Vordergrund zu stellen, wo es
sich um eine bedeutende Leistung handelt.«[390] Außerdem war
offenkundig, daß sich Wittels – ein ehemals enger Mitarbeiter

von Kraus, mit dem er sogar eine Geliebte, das »Kindweib« Irma Karczewska, geteilt hatte — von persönlichen Motiven leiten ließ. Auch *Ezechiel* ist ein Produkt der Rache. Freud las, nachdem Kraus via Anwalt bei ihm interveniert hatte, den skandalverheißenden Text in den Druckfahnen. Sein Urteil war klar: »Sie verlieren nichts, wenn Sie das Buch nicht veröffentlichen; alles, wenn Sie es doch tun. Der Roman ist schlecht.«[391] Aber der »Romancier« beharrte auf seiner Absicht und verließ lieber die — ohnehin kompromittierte — »Vereinigung«.

Als das Buch im Oktober 1910 in Berlin herauskommt, erwirken Kraus' Advokaten eine gerichtliche Verfügung. In einem Prozeß treten die von Wittels als geschlechtskrank porträtierte Irma Karczewska, nunmehrige Irma Hasselhoff von Lich, sowie die gleichfalls verunglimpften Kraus-Freunde Ludwig Ritter von Janikowski und Karl Hauer als Kläger auf; Karl Kraus begnügt sich mit dem Part des Hauptzeugen, der ihm gestattet, der Justiz jene »Liebesbriefe« als Beweismittel unterbreiten zu lassen, die ihm der Beklagte noch wenige Jahre zuvor geschrieben hat.[392]

Arthur Schnitzler erhält 1907 über einen Mittelsmann »ganz nett[e]« Erzählungen von Wittels.[393] Am 24. September 1910 lernt er, auf dem Nachhauseweg von einem Familienessen, in der Straßenbahn »Dr. Fritz Wittels und Frau« kennen, die ihm von seinem Schwager Markus Hajek vorgestellt werden.[394] Anfang November trägt er ins Tagebuch ein: »Zu lesen begonnen Wittels ›Ezechiel‹ — das mir der Autor gesandt, um ein Gutachten meinerseits zu provociren, ob es als Schlüsselroman oder als Kunstwerk zu gelten hat. (Karl Kraus als spiritus rector eines Prozesses gegen Wittels. —)«[395] Tags darauf ist der Band ausgelesen — »nicht uninteressant«.[396] Wittels' Ersuchen an den »Hochverehrte[n] Herr[n] Doktor« klingt geziemend unterwürfig und nach verfolgter Unschuld: »Mein neues Buch ›Ezechiel der Zugereiste‹ ist durch die Bemühungen des Herrn Karl Kraus zum Mittel-

punkt eines Skandals und angeblich zu einem Schlüsselroman
geworden.

Ich bitte Sie, Herr Doktor, als Kollegen und als einen Mann,
dem an der Freiheit der Literatur ebenso gelegen ist wie an der
Ausmerzung von Mißwächsen, mein Buch möglichst unbefangen zu lesen.

Wenn es ein Pamphlet ist, ein Werk, das um des Skandales
willen geschrieben ist, dann soll es untergehn.

Wenn es aber ein ernst zu nehmendes literarisches Werk ist
mit innerem Schwung, Lyrik und einer Träne hinter der Gri-
masse, dann bitte ich Euer Hochwohlgeboren, mir Ihre
Wohlmeinung für Zwecke des Gerichtes niederzulegen.

Ich verpflichte mich ehrenwörtlich, Ihr Schreiben den Ge-
richtsakten beizulegen, niemandem außen stehenden ein
Wort davon zu sagen und nach dem Process Ihnen das Blatt
ohne jede publicistische Ausnützung zurück zu stellen.

Ich bitte Sie, neben dem allgemeinen Urteil über das Buch
auch um eine Äußerung, ob Sie in den Romanfiguren außer
der Person des Benjamin Eckelhaft irgend eine speciell weib-
liche Person erkennen, die Ihnen bekannt ist oder von deren
Existenz Sie vor den Sensationsberichten in den Zeitungen
durch Hörensagen Kenntnis hatten.«

Dr. Fritz Wittels zeichnet »Mit ausgezeichneter Hochachtung in Ehrfurcht«.[397] Daß Schnitzler geantwortet hat, steht
fest[398] – was er geantwortet hat, läßt sich nicht eruieren. Allzu
unangenehm dürfte ihm die Behelligung wohl nicht gewesen
sein, denn zumindest vom Menschen Karl Kraus hält er wenig.[399] Fritz Wittels kehrt nach diesem Entree erst wieder 1915
in Schnitzlers Leben zurück, er schickt ihm essayistische Entwürfe über den Krieg und Österreichs Stellung in der Welt, die
Schnitzler zum Teil als »famose Schrift«[400] anerkennt. Versuche, Wittels damit an den Verlag S. Fischer zu vermitteln,
scheitern freilich. Apropos von Schnitzlers *Komödie der Worte*
erweist Wittels dem Dramatiker eine zweischneidige Artigkeit: »Sie sind ein Meister. Das wissen Sie. Es gibt einen Mei-

ster vom Tode Mariä. Seinen Namen hat man vergessen.
Sie sind der Meister vom Tode der Ehe. Ein österreichischer
Meister. Nach dem Kriege werden wir die Aktivposten zu-
sammenrechnen. Da gehören Sie auch dazu.«[401] Daß
Schnitzler – angesichts des labilen Zustands seiner eigenen
Ehe – solchen Meistertitel zu goutieren weiß, ist zweifelhaft.
In seinem nächsten Brief konzediert Wittels nämlich: »Was
ich vom Tode d. Ehe sagte, war schwach und bei den Haaren
herbeigezogen. Ich will einmal einen anderen Geistesblitz
riskieren; einen, der sozusagen eine Brücke schlägt von der
K.d.W. zu meinem ›Österreich in d. Welt‹: Die Ehe ist eine
Einrichtung, die man bis in viele Details mit Österreich ver-
gleichen kann. Ist es nötig, Ihnen das näher auszuführen?
Alter, Notwendigkeit, centrifugale und centripetale Kräfte,
Schwierigkeiten und ›Unlöslichkeit‹ in Ihrem [!] nicht katho-
lischem Sinne. Außerdem die gleiche Zukunft und vieles
Andre.«[402] Den politischen Pessimisten Schnitzler mag auch
dieser, an anderen Haaren herbeigezogene Vergleich nicht
sonderlich ermuntert haben.

Eines frappiert sowohl in den erhaltenen Korrespondenz-
Stücken von Wittels als auch in Schnitzlers Tagebuch: Freud
und die Psychoanalyse sind zwischen beiden lange kein
Thema. Dafür verdankt Schnitzler seinem Gesprächspartner
die persönliche Bekanntschaft mit Josef Popper-Lynkeus, dessen Thesen von der allgemeinen Nährpflicht Wittels eifrig zu
popularisieren und propagieren bestrebt ist. Man spricht
obendrein über den »Fackelkraus«, über Herzl, den Bolsche-
wismus und Wittels' erste Ehe, die durch unheilbare Krankheit der Frau früh endete, was den Ehemann Schnitzler bis in
seine Träume verfolgt.

Am 12. März 1916 verbucht das Journal als Ertrag einer Unterhaltung: »Mein Heimatgefühl – außerhalb alles intellec-
tualen und sentimentalen.«[403] Fritz Wittels, seit 1928 häufig in
den Vereinigten Staaten zu Gast und ab 1932 in New York an-
sässig, wird dort auch auf englisch seine bis dato unveröffent-

lichte Autobiographie verfassen: *Wrestling with the Man – Ringen mit dem Mann: Die Geschichte eines Freudianers*, in der er vor allem seine Auseinandersetzung mit den Vaterfiguren Freud und Kraus aufzuarbeiten versucht. Schnitzler streift er darin nur en passant: in der ersten Fassung des Vorworts und – mit derselben Anekdote – im ersten Kapitel. In der alten Monarchie, so Wittels, habe es den Typus des »expert Austrian« gegeben, also des gelernten Österreichers mit einer höchst ambivalenten Einstellung zum Vaterland und dessen Gesellschaft, die er zugleich liebte und verachtete. Arthur Schnitzler sei einer der »foremost expert Austrians« gewesen. Im Verlauf des Weltkriegs, nach einem Sieg über die Russen, der deren Vormarsch aufhielt, habe er ihm gesagt: »Sie wissen, wie sehr ich beinah alles in Österreich hasse, und doch hätte ich, als ich hörte, daß die Gefahr einer russischen Invasion vorüber war, niederknien und diesen unseren Boden küssen mögen.«[404]

Fritz Wittels begleitete Rudolf Urbantschitsch auf einer »Sondermission des Armee-Oberkommandos in der Türkei, Syrien und Palästina zur Inspektion der Sanitätsversorgung«[405] im verbündeten Osmanischen Reich, blieb jedoch länger im Nahen Osten. Bei einem seiner Heimaturlaube berichtet er Schnitzler »von seinen vergeblichen Versuchen, eine Frau oder eine Geliebte zu finden; ist etwas konfus.«[406] In der turbulenten Nachkriegszeit erscheint er des öfteren zu später Stunde, nach dem Nachtmahl, in der Sternwartestraße – auch am 4. Dezember 1919, er »hat sich vor ein paar Tagen [mit Lilly Krishaber] verlobt, was er heiter naiv, humorvoll erzählt.«[407] Zufällig an dessen Hochzeitstag trifft Schnitzler Wittels – »ich gratulire«.[408] Von nun an tritt das Ehepaar im Hause Schnitzler auf.

Aber erst nach Schnitzlers Aussprache mit seinem »Doppelgänger« in der Berggasse wird ein Tabu gebrochen. Im Frühsommer 1922 hält er eine Diskussion mit Wittels fest: »Über Freud, seine Schüler, – der Fall Urbantschitsch (Sanatorium). – Meine Bedenken gegen manches in Freuds Theorien. –«[409] Als sich Wittels kurz danach mit der freudigen Nachricht einstellt, seine Gattin habe einen Sohn geboren, redet man wieder »über Psychoanalyse; allerlei Bedenken gegen die Traumdeutung (z. B. dass Wasser- und Badträume stets Geburtstraum bedeuten) –«.[410] Und als Schnitzler hört, der Schriftsteller- und Arztkollege wolle sich künftig »ganz der Psychoanalyse widmen«, bemerkt er spitz: »[...] es wäre eine schöne Aufgabe, sag ich ihm, die Methode von ihren Übertreibungen, zwangshaften Vorstellungen (– und insbesondre vor ihren schwindelhaften Adepten) zu reinigen«.[411] In den Tagen der Veröffentlichung von Wittels' Freud-Buch erörtert er mit ihm »seine Beziehung zu Freud, zu Stekel«.[412] Ohne den Band zu bewerten, beendet er am 5. Januar 1924 die Lektüre, und von einem abermaligen Zusammentreffen ist im Diarium nichts überliefert.

Man darf annehmen, daß Schnitzler auch in diesem Fall keinen Wunsch nach innigerem Kontakt mehr verspürt. Seine Hoffnung, Wittels werde die Psychoanalyse von ihren »schwindelhaften Adepten« reinigen, hat sich nicht erfüllt, ergreift dieser doch in seiner Darstellung für Wilhelm Stekel Partei. Gleichwohl wird Wittels weiterhin mit Schnitzlers Neuerscheinungen bedacht. Für *Spiel im Morgengrauen* dankt er hymnisch: »Mit steigender Rührung habe ich Ihre Erzählung gelesen: Rührung, daß ein Dichter wie ein Fliederstrauch immer wieder blüht und daß diese untergegangene Welt durch Sie zu duftendem Leben erweckt wird.«[413] Die Formel von der untergegangenen Welt hat der Empfänger unterstrichen – es ist exakt jenes Schlagwort, mit dem die Kritik den Autor Schnitzler nach dem Ersten Weltkrieg totschlagen sollte. Die letzte Botschaft stammt vom Neujahrstag 1928 und bezieht sich auf Schnitzlers Aphorismensammlung *Buch der Sprüche und Bedenken:* »Sie stecken so sehr darin, daß ich mich manchmal frage, ob man nicht bestochen ist: Da man Sie liebt, liebt man auch Ihre Sprüche. Wenn man aber hernach

bedenkt, daß man Sie liebt, um Ihrer Dichtung willen, stellt
sich ein Circulus heraus, der nur dadurch gelöst werden kann,
daß ›man‹ Sie eben nicht nur um Ihrer Dichtung willen liebt.
Ich fürchte aber, daß auch das keine Lösung ist und übrig
bleibt der Zauber und der Zauberer.«[414]

»Dämon« und »Schubiak«

Ein – durchaus verhängnisvoller – Zauber ging auch von Wittels' Freund und zeitweiligem Arbeitgeber Rudolf von Urbantschitsch aus. Der Vater, Victor Urbantschitsch, war ein Kollege Johann Schnitzlers an der Poliklinik, später Ordinarius an der Wiener Universität und einer der Mitbegründer der modernen Otologie. Noch 1918 wurde er in den erblichen Adelsstand erhoben.[415] Auch Rudolf Urbantschitsch machte rasch Karriere. Als Protegé des allerhöchsten Erzhauses – er hatte die Schwiegermutter des Thronfolgers Franz Ferdinand erfolgreich behandelt – wurde er mit 29 Jahren zum »Kaiserlichen Rat« ernannt.[416] Die Nähe zur Herrscherfamilie und deren Hausbank ermöglichte es ihm außerdem, das Cottage Sanatorium in der Sternwartestraße einzurichten, eine der angesehensten Luxuskliniken im alten Europa, der er als Direktor und leitender Arzt vorstand. Früh auch hatte er – über Josef Breuer – Verbindung zu Sigmund Freud, dessen väterliches Wohlwollen ihm lange sicher war. 1908 wurde er als jüngstes Mitglied in die »Mittwoch-Gesellschaft« aufgenommen.

Rudolf Urbantschitsch zählte zur eleganten Wiener Gesellschaft – er war eine schillernde Gestalt von etwas fragwürdigem Charakter, berühmt-berüchtigt als Spieler wie als Frauenheld. 1920 verlor er die alleinige Kontrolle über sein Sanatorium, das er zwei Jahre danach höchst ungünstig verkaufte. Seine Analyse machte er bei Paul Federn und Sándor Ferenczi. Weitgediehene Pläne, für Freud in Schloß Weilburg in Baden bei Wien ein »psychoanalytisches Institut in Kombination mit einem Sanatorium«[417] zu gründen, zerschlugen sich. Von den zünftigen Kollegen eher scheel angesehen, hielt Rudolf von Urbantschitsch volkstümliche Vorträge über Psychoanalyse und die sexuelle Frage. In den USA, wohin er 1936 auswandern sollte, veröffentlichte er unter dem Namen Rudolf von Urban mehrere Bücher, darunter *Sex Perfection and Marital Happiness* und seine »confessional« Autobiographie *Myself not least* (1958). Diese äußerst unzuverlässigen Erinnerungen offenbaren – für einen praktizierenden Analytiker – bemerkenswerten Mangel an Einsicht in das beträchtliche destruktive Potential seines Unbewußten. Mehrere Frauen seiner Umgebung verübten Selbstmord, nach allgemeiner Meinung nicht zuletzt seinetwegen.[418] In einen besonders tragischen Fall war auch Arthur Schnitzler involviert, er liebte das Opfer wie eine Tochter, vielleicht sogar etwas mehr, wovon einige erotische Träume zeugen.[419]

Stefanie (Stephi) Bachrach stammte aus reichem jüdischem Haus. Als ihr Vater in Konkurs ging und sich erschoß, büßten die Angehörigen von einem Tag auf den anderen ihren Lebensstandard ein. Stephi Bachrach, eine ungewöhnlich anziehende, von Jakob Wassermann glühend verehrte Frau – Wassermanns Briefe wurden 1948 unter dem Titel *Geliebtes Herz...* ediert[420] –, verdingte sich als Krankenschwester. Sowohl ihre Mutter Eugenie (»Ama«) als auch ihre Schwester Marianne (»Mimi«) Giustiniani waren mit Schnitzler befreundet, sie selbst gehörte zu den intimsten Vertrauten von Olga und Arthur Schnitzler.

1915 lernt Stephi Bachrach Rudolf Urbantschitsch kennen und wird seine Geliebte. Er aber ist – unglücklich – verheiratet, und sie hat sich innerlich von ihrem ersten Liebhaber Rudolf Olden noch nicht gelöst. Die Affäre wird im Hause Schnitzler oft besprochen, auch Urbantschitsch verkehrt mittlerweile dort.[421] Hilfreiches Eingreifen ist freilich ausgeschlossen. Urbantschitsch will Stephi auf seine militärärztliche Mission in den Mittleren Osten mitnehmen, wo sie – so seine erklärte Absicht – ungestört von katholischer Moral als Mann und Frau zusammenleben könnten. Aber Stephi vermag sich zu solchem Schritt nicht zu entschließen. Ein zermürbendes

Hin und Her setzt sein, ein entwürdigendes Versteckspiel aus
Angst vor dem Skandal.

Auf Stephis Wunsch erzählt Urbantschitsch Schnitzler »die
ganze Geschichte seines Liebeslebens seit seiner Kindheit.« Er
dürfte darin eine gewisse Routine besitzen, da er einst seinen
Vorstellungsvortrag in der »Mittwoch-Gesellschaft« mit demselben Thema bestritten hat. Der Kommentar von ›Beichtva-
ter‹ Schnitzler: »Wenig neues für mich. Will Ratschläge. Als
gäb es Rath in solchen Dingen.«[422] Auch Freud wird von Urbantschitsch mit seinen Liebesproblemen befaßt, und jener
stellt sich – angeblich – auf dessen Seite, was Schnitzler zu der
bereits zitierten Bemerkung veranlaßt: »[...] hat eben noch
gefehlt«.[423] Das illegitime Paar versucht, Unbeteiligte immer
tiefer in seine Katastrophenbeziehung hineinzuziehen, die
laut Urbantschitsch »nicht weiterzuführen« sei, »weil sie sich
gegenseitig zu Tod« quälten.[424]

Von Schwester Mimi muß Schnitzler erfahren, daß Stephi
»auf dem Weg« sei, »Morphinistin zu werden«. Auf Ermah-
nungen des besorgten Freundes hin schwört sie, »es nicht wieder zu thun«.[425] Später wird ihm Olga sagen: »Du bist der Erz-
bischof von der ganzen Sache ...«[426] Aufhalten kann er den
Lauf der Dinge jedenfalls nicht, er ist zum ahnungsvollen Zu-
schauen verurteilt. Obwohl Stephi Bachrach Urbantschitsch
»durch und durch« kennt, hat sie die Kraft zur Trennung
nicht.

Am 13. Mai 1917 sieht Schnitzler sein Sorgenkind zum letzten Mal bei sich: »Stephi verläßt die Terrasse und sitzt zerbro-
chen neben der Kommode«.[427] Seinen 55. Geburtstag verbringt der Dichter in Salzburg, dort erhält er tags darauf ein
Telegramm, daß sich Stephi am Morgen des 15. Mai mittels
Veronal und Morphium vergiftet hat. Der Schmerz übermannt
ihn nicht sofort, allzu deutlich hat er die traurigen Ereignisse
kommen sehen. Erst kurz danach bricht das Leid auf, in dem
er sich mit Olga findet: »Unersetzliches für immer verlorenes
Wesen. Das vornehmste unaffectirteste Geschöpf, das ich, das

wir je gekannt. Ein Persönlichkeitsreiz, dem keiner sich zu entziehen vermochte. Wie mit ihr werden wir nie wieder spaßen und lachen können.«[428]

Pathetisch inszeniert Urbantschitsch das Begräbnis, läßt den Sarg, wie Schnitzler wahrnimmt,»unter hunderten Rosen dunkelroth«[429] verschwinden. Auch den Epilog der Tragödie beobachtet er genau, insbesondere das seltsame Verhalten von Urbantschitsch. Der teilt ihm knapp nach dem Leichenbegängnis mit,»der Arzt seiner Frau habe ihn zu sich gebeten — eine Todeskrankheit (Operation dieser Tage) ist bei ihr festgestellt — ›Denken Sie — welches Schicksal — wäre das drei Wochen früher constatirt worden, so hätte sich St.[ephi] nicht umbringen müssen —‹ das ist das einzige, was ihn an der Sache wirklich erschüttert«.[430] Von seinem Informanten Wittels kommen Schnitzler unschöne Gerüchte über Urbantschitsch zu Ohren, denen er keinen rechten Glauben schenken will. Während des Aufenthalts in Konstantinopel habe Urbantschitsch mit einer Baronin aus dem Kreis der Schwestern ein Verhältnis angefangen, sie hypnotisiert »und ihr zugeredet — sich zu vergiften — dann wolle er sie mit Blumen überdecken, noch vom Zug aus sagte er ihr: ›Also Cyankali — oder Morphin.‹ — Daß er — halb unbewußt mit dem Gedanken gespielt — vielmehr eine Neigung hatte, seine Geliebten mit diesem Gedanken spielen zu lassen, mag sein; Factum ist auch, daß schon vor Jahren ein Mädchen sich seinetwegen umgebracht, eine andre einen Selbstmordversuch gemacht — ebenso wie seine Frau (die neulich in der Operation fast verblutet wäre). — Trotzdem widersteht mir die colportagehafte auch psychologisch kaum zu rechtfertigende Beziehung auf St.[ephi]s Selbstmord. —«[431]

Am 1. März 1918 besucht Schnitzler eine Burgtheatervorstellung seiner *Liebelei* und erblickt im Publikum Urbantschitsch »als Liebhaber«[432] von Tilly Kutschera, die auf der Bühne die Schlager Mizi verkörpert. Laut Aussage des »Liebhabers« handelte es sich freilich bloß um eine »unique friendship [...]

without the slightest physical contact« — die populäre Aktrice
sei durch Unterentwicklung ihrer Geschlechtsorgane zu
einem Leben ohne Sexualität gezwungen gewesen.[433] 1920 heiratet Urbantschitsch die Burgschauspielerin Maria Mayen,
ihre Kollegin Tilly Kutschera springt aus dem Fenster in den
Tod. In seinen Memoiren wird sich Rudolf von Urbantschitsch
ahnungslos-naiv geben: »An accident? A suicide? Nobody
knew. […] If it was a suicide, people said, it must have been
caused by disappointment in love. Such remarks were ob-
viously directed towards Maria and myself, although our na-
mes were not mentioned.«[434] Das aber ist, gelinde gesagt, eine
Untertreibung. Als Wittels die Neuigkeit vom Selbstmord
überbringt, empört sich Schnitzler: »Frl. K.[utschera] ist die
vierte, die sich wegen dieses mattoid-infantilen sentimentalen
Hübschlings umbringt!«[435]

Im Februar 1925 tritt Urbantschitsch, der inzwischen
»(auch auswärts) gutbesuchte Vorlesungen über Psychoanalyse, besonders der Kinder hält, und auch diese Praxis aus-
übt«, an Schnitzler mit einem verstörenden Angebot heran. Er
hat einen Schlüsselroman über Stephi Bachrach verfertigt,
Schnitzler möge ihn lesen und ein Vorwort schreiben — »gegen
beliebiges Honorar! — Unerfindbar!«[436] Aber die Neugier
überwiegt den Widerwillen, und das Gutachten des ›Lektors‹
fällt im Tagebuch erstaunlich sanft aus: »Urbantschitschs Roman, der trotz Weitschweifigkeit und Süßlichkeiten, Gecke-
reien mich nicht nur durch die gutgesehene Figur Steffis, sondern auch durch die erlebten Geschichten aus der Kriegszeit
interessiert, öfters bewegt hat. Hier ist durch die Stärke des
Erlebnisses aus den mattoiden Elementen für *ein* Werk Begabung erwachsen.«[437] Ein Traum bestärkt Schnitzler jedoch
darin, dem Autor zu sagen, daß ihm »die Compromittirung
Stephis durch seinen Roman nicht recht sei«, auch würde er
»die Mutter und andre verletzen«.[438]

Aber Urbantschitsch läßt nicht locker. Im Herbst 1925 ersucht er Schnitzler, in einer »Vorbesprechung« ausschließlich

dessen »günstige[ ] Äußerungen« zitieren zu dürfen, was sich
dieser verbittet. Als das Machwerk *Julia. Der Roman einer Leidenschaft* unter dem Pseudonym Georg Gorgone erscheint,
wird Schnitzler von Urbantschitsch gleichwohl in den Sensa-
tionstrubel verwickelt. Der Vorstand des »Wiener Aerzteklubs«
leitet ein ehrenrätliches Verfahren gegen Urbantschitsch ein,
da ein Ausschlußantrag gestellt worden ist. Bei der Verhand-
lung gibt der Beschuldigte wahrheitswidrig an, er habe das
Manuskript »verschiedenen Personen seines Bekanntenkrei-
ses gezeigt und vor der Drucklegung auch Dr. Arthur Schnitzler lesen lassen und keine einzige dieser Persönlichkeiten hätte
gegen die Veröffentlichung dieses Romans irgend ein Bedenken vorgebracht.«[439] Auch das Wiener Revolverblatt *Die
Stunde* bemächtigt sich des Falls und weiß unter dem Titel
Oberarzt und Nymphe über den »Dämon Urbantschitsch« zu
berichten: »Eine Dame der Wiener Gesellschaft, Frau Bachrach, die Mutter jenes als Julia geschilderten Mädchens des
Romans von Georg Gorgone, hat sich vor einigen Tagen er-
hängt, nachdem sie vom Inhalt des Romans erfahren hatte.
Durch Zufall gelang es, die alte Dame zu retten.«[440] Das wenigstens ist frei erfunden.

Es steht zu vermuten, daß die Begegnung mit Rudolf von
Urbantschitsch das Bild, das sich Arthur Schnitzler von den
Psychoanalytikern machte, nicht sonderlich positiv gefärbt
hat, obgleich feststeht: Auch Schnitzler war für den Charme
des Verführers nicht unempfänglich. Und Sigmund Freud, der
seine schützende Hand über Urbantschitsch hielt? In einem
Brief an den Physiologen Arnold Durig, wohl aus dem Jahre
1924, heißt es über ihn: »Hervorragende Intelligenz wurde
ihm zu keiner Zeit von irgendeiner Seite zugetraut. [...] er hat
viele Liebesbeziehungen gehabt, auch solche mit tragischem
Ausgang, aber er war kein leichtsinniger Verführer im ge-
wöhnlichen Sinne, nahm alle diese Beziehungen sehr ernst
und ich glaube, er hat auf diesem Gebiet nie eine Gemeinheit
begangen. [...] Ich kann zum Schluss sagen, ich erwarte nicht,

dass seine Tätigkeit der Psychoanalyse nützen, glaube aber auch nicht, dass sie den Patienten oder dem Publikum viel schaden wird.«[441] Ein anderes Schreiben, an Paul Federn, der sich für seinen Analysanden Urbantschitsch einsetzte, als diesem die »erneute Mitgliedschaft in der Wiener Psychoanalytischen Vereinigung verwehrt wurde«[442], betont die Distanzierung von Urbantschitsch nachdrücklicher: »[…] die fortschreitende Erkenntnis seiner Unwahrhaftigkeit« habe es ihm »unmöglich gemacht […], weitere Schritte zu seinen Gunsten zu tun.«[443]

Viel explizitere Abneigung bekundete Freud gegen seinen verstoßenen Schüler Wilhelm Stekel; hier waltete in der Beurteilung keinerlei Sympathie, dafür – wenn auch eingeschränkter – fachlicher Respekt. Als Erwiderung auf einen Versöhnungsversuch Stekels bescheinigte er ihm am 13. Januar 1924: »[…] ich anerkenne, daß Sie der Analyse treu geblieben sind, daß Sie ihr viel genützt haben; Sie haben ihr auch viel geschadet.«[444] Über Nutzen und Schaden Stekels für die Psychoanalyse aus der Sicht von deren Gründungsvater gibt nicht zuletzt Freuds Briefwechsel mit Carl Gustav Jung Aufschluß, in dem schon im November 1909 Pro und Contra in bezug auf Stekels Leistung ins drastische Wort gefaßt sind: »Das Malheur ist nur, daß er von uns allen die beste Spürnase für den Sinn des Unbewußten hat. Denn er ist ein absolutes Schwein, und wir sind eigentlich anständige Leute, die sich doch nur widerwillig der Evidenz ergeben. Ich habe ihm oft in Deutungen widersprochen und dann später eingesehen, daß er recht hatte.«[445] Unter anderem hatte Stekel als erster ausdrücklich die Existenz des Todestriebes postuliert[446], und im Vorwort zur dritten Auflage der *Traumdeutung* (1911) räumte Freud ein, er habe auch durch die Arbeiten Stekels »den Umfang und die Bedeutung der Symbolik im Traume (oder vielmehr im unbewußten Denken) richtiger würdigen gelernt.«[447]

In Stekels nachgelassener Autobiographie – er hat sich 1940

im Londoner Exil mit einer gewaltigen Überdosis Aspirin umgebracht – lesen wir über sein anfängliches Verhältnis zum
Meister das Glaubensbekenntnis:»I was the apostle of Freud
who was my Christ!«[448], aber solche Gefolgschaft bewährt
sich nicht einmal in der Bibel immer. Wer heute in einigen von
Stekels Hauptwerken blättert, etwa in *Die Sprache des Traumes* (1911), der kann schwer umhin, wiederholt über Originalität und Intuition des Sprachkundigen zu staunen; öfter noch
aber stellt sich Ärger ein, bedingt durch krasse Plattheiten und
die Oberflächlichkeit einer stur mechanistischen Deutungs-
flinkheit, die einen Gegenpol zu Freuds behutsamen, theore-
tisch reflektierten Erkundungen bildet.

Arthur Schnitzler ist Stekel wohl nie begegnet, wenigstens
liegt kein Beweis für ein Zusammentreffen vor. Trotzdem
wurde kein Psychoanalytiker im Tagebuch mit so starker Miß-
achtung, ja Verachtung gestraft wie Stekel. Auch durch persönlichstes Erkenntnisinteresse motiviert, las Schnitzler 1912
den Band *Nervöse Angstzustände und ihre Behandlung*,
wahrscheinlich schon in der zweiten Auflage ohne Freuds Vorwort. Ob er mit Thesen wie der folgenden etwas anfangen
konnte, ist – da sie Schnitzler nicht kommentierte – nicht zu
klären: »Die Angst«, dekretierte Stekel, »ist also die Reaktion
gegen das Vordringen des Todestriebes, entstanden durch die
Unterdrückung des Geschlechtstriebes.«[449] Überliefert ist allein der Ausspruch der damals dreijährigen Lili Schnitzler, die
den Vater nötigt, ihr aus dem Buch, das er gerade liest, vorzu-
tragen. Als er schließlich nachgibt und »ein paar Sätze« zum
besten gibt, ruft das Kind begeistert:»»Das kenn ich! Das
kenn ich –‹«.[450]

Im selben Jahr 1912 erschien auch Stekels Abhandlung *Die
Träume der Dichter* mit dem für diese nur bedingt schmeichel-
haften Untertitel: »Eine vergleichende Untersuchung der
unbewußten Triebkräfte bei Dichtern, Neurotikern und Verbrechern.« Als Beleg für eine derartige Nachbarschaft zitiert
Stekel unter anderen Schnitzler: »Arthur Schnitzler sagt im

Drama ›Das weite Land‹: ›Ich stelle mir vor, viele Dichter sind
geborene Verbrecher — nur ohne die nötige Courage — oder
Wüstlinge, die sich aber nicht gern in Unkosten stürzen.‹«[451]
Genauer gesagt, sagt das allerdings eine literarische Figur,
Friedrich Hofreiter. Merkwürdigerweise hat der Verfasser darauf verzichtet, bei seiner Rundfrage, für die er sich an Schriftsteller von Gustav Frenssen bis Peter Rosegger und Roda Roda
wendet und mit der er den Löwenanteil seiner Darstellung be-
streitet, Schnitzler zu berücksichtigen — vielleicht schwante
ihm, daß der Träumer Schnitzler jede Antwort verweigert
hätte.

1925 wird sich Schnitzler während eines Besuchs bei Ludwig Fulda »über die Psychoanalyse und die Schwindler auf
diesem Gebiet« auslassen — »(anlässlich der Dichterträume,
eines alten Buchs des lächerlichen Stekel)«[452]. Schon 1918 ist
Stekel im Diarium einschlägig charakterisiert worden: als
»Psychoanalytiker, Größenwahnsinniger und Schwadro-
neur.«[453] Doch das ist bloß die Ouvertüre zu einem umfäng-
lichen Repertoire von Verbalinjurien, über das der Tage-
buchschreiber ab 1920 für Stekel verfügt. Und wieder bilden
Hintergründe privater Natur den Hauptanlaß.

Helene Herz war eine Jugendfreundin Schnitzlers, »die per-
sonifizierte Anmut«[454] galt sogar als Heiratskandidatin. Der
notorisch ehescheue junge Mann dachte jedoch nicht ernsthaft daran, sich zu binden. So schloß Helene Herz mit dem
Bankdirektor Josef Binder den Bund fürs unglückliche Leben.
Nach dessen Tod 1916 sorgte Helene Binder allein für ihre vier
Kinder, deren eines die berühmte Schauspielerin Sybille Binder wurde. Die älteste Tochter aber, die spätere Psychoanalyti-
kerin Helene Milko, gerät in den Bann Wilhelm Stekels und
läßt sich scheiden. Des öfteren klagt die Mutter dem Freund
aus alten Tagen ihre Sorgen und bittet ihn um Rat. Was der
Ratgeber von Stekel hält, veranschaulichen Notate wie »Stekels besondre Schäbigkeit«, »ein ziemlich verlogener Schubiak«, ein »vollendeter Schubiak«[455].

Unzweifelhaft ist Schnitzler parteiisch und über den »psychoanalytischen Schwindler« einseitig unterrichtet. Auch die Nachwelt vermag sich bei der Bewertung dieser Affäre lediglich auf die von ihm festgehaltenen Behauptungen zu stützen. Die legen den Verdacht nahe, Stekel habe in einer erotischen Konfliktsituation seine analytische Kompetenz erpresserisch und zu seinem Vorteil mißbraucht. Am 21. Mai 1926 faßt Schnitzler zusammen, was man ihm mitgeteilt: Stekel wolle »jetzt offenbar seine Geliebte (Hel.[ene]s Tochter) los werden; – suggerirt ihr allerlei sexuelle Vergehen – z.B. s. z. Verhältniss mit dem eignen Bruder – u. jetzt Verliebtheit in den eignen (seinen) Sohn, – deren sie sich schuldig fühlt (auf seinen Wunsch) – und möchte sie zu ihrer Mutter abschieben. –«[456]

Stimmten diese Beschuldigungen, so würde das Freuds schroffe Position untermauern, der hinsichtlich Stekels von einem »Fall von ›moralischem Schwachsinn‹«[457] sprach und in seiner oben erwähnten Antwort an den abgefallenen Apostel das vernichtende Verdikt fällte: »Einzig und allein Ihre persönlichen Eigenschaften – was man als Charakter und Benehmen beschreibt – haben uns, meinen Freunden und mir, das Zusammenarbeiten mit Ihnen unmöglich gemacht.«[458] In seltener Übereinstimmung trafen einander Freud, Schnitzler und Karl Kraus, dessen Couplet der »Psychoanalen« aus dem *Traumstück* die Verse enthält: »Hat er eh einen Ekel, / so drückt ihn der Stekel«[459]. Daß Arthur Schnitzler geneigt war, über solchen Zügen von »moral insanity« die Verdienste des Psychologen im Gefolge Freuds zu vernachlässigen, ja sie prinzipiell nicht zur Kenntnis zu nehmen, ist einsichtig. Verständlich auch, daß er von Fritz Wittels enttäuscht sein mußte, der 1924 schrieb: »Freud ist ein Genie, aber Stekel ist der bessere Traumdeuter. Er selbst nennt sich in gespielter Bescheidenheit den Zwerg auf den Schultern des Riesen.«[460] Freilich erzählte Wittels nur die halbe Geschichte; die Pointe, die Schnitzler sicher behagt hätte, unterschlug er. Stekel soll seine Rolle und Bedeutung mit Vorliebe in die Metapher gekleidet haben, »ein

Zwerg auf der Schulter eines Riesen könne weiter sehen als
der Riese selbst. Als Freud dies hörte, meinte er grimmig: ›Das
mag sein, aber nicht eine Laus auf dem Kopf eines Astrono-
men.‹«[461]

Arthur Schnitzlers differenzierte, nicht auf das Freund-Feind-
Schema festzulegende Rezeption der Psychoanalyse hatte
vielerlei Quellen: Als Dichter und Traumdeuter reagierte er
auf tatsächliche wie vermeintliche Übergriffe der neuen, bisweilen ›wilden‹ Wissenschaft empfindlich; er zog die Grenzen
seines poetischen Reichs genau, wozu er sich aufgrund seiner
ärztlichen Ausbildung besonders berechtigt glaubte. Sein ab-
gestecktes Territorium hütete er fast eifersüchtig. Zudem
durfte er sich als weltweit beglaubigter Homme de lettres jenen überlegen fühlen, die seine Nähe suchten und nebenbei
oft bloß Literaten von nicht eben überragendem Talent waren.
Auch Schnitzler anerkannte nur einen als seinen Pair: Sigmund Freud. Das Risiko, sich einem Analytiker vorbehaltlos,
ohne den Kontrollfilter bewußten Denkens, zu öffnen, schien
ihm wohl allzu hoch, zumal da er – sei's über Dritte, sei's aus
eigener Anschauung ˙ – mit den menschlichen, den allzu-
menschlichen Schwächen von einigen unter Freuds Adepten
konfrontiert war: Sein Blick auf die Theorie wurde durch so
manchen Praktiker beeinträchtigt.

Am 5. März 1913 war die Wiener Psychoanalytische Vereinigung zusammengetreten, um Theodor Reiks »Psychoanalytischen Bemerkungen zu Schnitzlers Dichtung« zu lauschen.
Als Gäste nahmen daran auch die Frauenrechtlerin Helene
Stöcker und Lou Andreas-Salomé teil. Reiks Ausführungen
gipfeln in der Diagnose: »Wollte man aus der Dichtung schließen, welcher Neurose der Dichter durch sie entgangen sei, so
müßte man die Zwangsneurose für Schnitzler nennen.«[462]
Dem hält Alfred von Winterstein in der Debatte entgegen:
»Der Dichter muß mit seinem Werk gar keiner Neurose entgangen sein; er kann auch Neurotiker sein.« Viktor Tausk be-

mängelt am Vortrag, es sei »dem Narzißmus nicht tief genug
nachgegangen worden, insbesondere des Dichters reales Verhältnis zur Liebe nicht herangezogen worden, das in der Regel
anders aussehe als die Dichtung.« Von Isidor Sadger stammt
die Ergänzung, man könne die »Todesfurcht« – wie in der Novelle *Sterben* – nur »so darstellen, wenn man sie selbst an sich
erlebt« habe. Weil er die Entstehungsgeschichte kenne, widerspricht Paul Federn: der Text gebe ein »Stück gesehener Wirklichkeit« wieder. »Das zeige, wie gefährlich es sei, aus den
Werken Schlüsse auf den Dichter zu ziehen. Die zwangsneuro-
tischen Züge an Schnitzler seien richtig hervorgehoben. Diese
wie auch die dramatische Begabung stehen in enger Beziehung zum Sadismus.« Und Otto Rank schließlich »findet als
Kernproblem Schnitzlers das Todesthema richtig hervorgehoben, aber die zugrunde liegende Todesfurcht nicht genügend
psychoanalytisch aufgeklärt, wozu allerdings Untersuchungen am pathologischen Material gehören würden.« Laut Sit-
zungsprotokoll beschränkt sich Sigmund Freud eher auf All-
gemeinheiten.

Doch Frau Lou hat in der »Schule bei Freud« verläßlicher
aufgepaßt und weiß von dessen »Bemerkungen über *Narzißmus* während der langen und sehr lebhaften Diskussion« ein
interessantes Detail zu berichten: Werke zu schaffen, so Freud,
sei für den Künstler »seine Art zu lieben«. Und dieser ist »wie
die Frauenliebe, stets neu um Objekte werbend, um die Welt
mit sich zusammenzuschließen; daher durstig nach Gegenliebe und verbittert ohne sie.« Indes hat Lou Andreas-Salomé
nicht bloß sorgsam mitgeschrieben, sondern sie macht sich
auch eigenständige Gedanken: »[…] der erotische Fehler des
Narzißtischen liegt gerade darin, daß ihm sein eigner Liebesausbruch fast genügt; […] und daß sein Dank dem Partner
gegenüber nicht so sehr dessen Gegenliebe gilt, als dem Umstand, daß er die Gewalt besaß, ihn den Liebesausbruch zu
lehren.«[463]

DER DUFT DER FRAUEN

Am 4. Mai 1895 listet Arthur Schnitzler – er wird bald 33 Jahre alt – seine wesentlichen erotischen Erlebnisse auf: »Die Liebe ist eigentlich immer ein Symbol für was andres. Mz. Rh. für mich die ›Rettung‹ (von Dilly) ich für sie das Princip des Mannes. – Jeanette war die Sinnlichkeit – Olga die grande passion, Fifi die Behaglichkeit, Jenny, Minni die Leichtlebigkeit, Fännchen die ›Jugendliebe‹ – also gewiß nicht die Liebe, – Dilly die Sensation eine berühmte zu besitzen (obzwar ich nicht stolz war bei Gott!) Mz. – allerdings meine Tugend, die Jugend – darum wohl die Liebe selbst, die ›wahre Liebe‹.«[404] Eine beachtliche Bandbreite, gewiß.

Dreizehn Jahre zuvor hat sich Schnitzler in seinem Tagebuch ausgeweint: »*Heute widerfuhr mir das größte Leid meines Lebens.*« Und tags darauf: »Noch ist mir manchmal, als wär es ein böser Traum – ich bin wie fassungslos – ich kanns nicht sagen – ich habe die Worte nicht, für den unendlichen Schmerz, der seither in mir seinen Spuk treibt – Es ist um wahnsinnig zu werden – und hat nicht den Anschein, als könnt' sichs bessern –«.[405] Was den Studenten der Medizin in unsägliche Verzweiflung stürzte, klärt zumindest in den faktischen Umrissen *Jugend in Wien*: Die »Jugendliebe« Fännchen hatte ihm gestanden, »daß ihr Vetter zu einer Zeit, da er ein dreizehnjähriger Bub und sie ein zehnjähriges Mädel gewesen, sich einmal in einer von ihr damals selbst nicht ganz begriffenen Weise gegen sie vergangen hätte.« Kindereien, würde man meinen, die in keiner Weise eine solch hysterische Reaktion rechtfertigen könnten. Gleichwohl ließ Arthur Fännchen, er

sagt es selbst, »für ihr Geständnis durch wiederholte Vorwürfe und immer erneute Quälereien in nicht sehr edler Weise
büßen«.[466]

Arthur Schnitzler ist alles andere als ein begnadeter Lyriker
gewesen, das geben insbesondere seine *Frühen Gedichte* zu erkennen. Trotzdem sind manche Produkte des gefälligen Verse-
schmieds aufschlußreich. So heißt es in der poetischen Liebeserklärung *Ohnmacht*, geschrieben 1891: »Ich möchte Dich mit
tiefem Leid erfüllen/Wie Du's von keinem noch erlitten
hast.«[467] Es gibt sehr unterschiedliche Liebesbeweise.

Mit den angeführten Zitaten soll nur ein Grundakkord
angeschlagen werden – in der Vermutung, es handle sich dabei nicht um Zufallsbekenntnisse einer »allzu labyrinthigen
Seele«.[468] Vielmehr darf man annehmen, daß sie Ansätze
zu einem typischen Verhaltensmuster, ja Konstanten von
Schnitzlers Liebespraxis überhaupt ausdrücken. Kein Zweifel, eine etwas gewagte These, doch glücklicherweise ist Arthur Schnitzler selbst als Zeuge vorzuladen, denn im *Buch der
Sprüche und Bedenken* finden wir den Aphorismus: »Das Wesen eines Menschen läßt sich durch drei schlagkräftige Anek-
doten aus seinem Leben vielleicht mit gleicher Bestimmtheit
berechnen, wie der Flächeninhalt eines Dreiecks aus dem Verhältnis dreier fixer Punkte zueinander, deren Verbindungs-
linien das Dreieck bilden.« (AuB, 53) Auch wer sich nur flüchtig mit jenen Frauen befaßt, die Arthur Schnitzlers einsamen
Weg kreuzten, ihn auf diesem eine Zeitlang – zuweilen sogar
über Jahrzehnte hinweg – begleiteten, der wird signifikante
Gemeinsamkeiten und Unterschiede erkennen.

Erotische Rückstände

Einmal nur, in der romanartigen Erzählung *Frau Berta Garlan* (1901), hat Schnitzler einer von ihnen den Rang einer Titelgestalt zugebilligt. »Langsam schritt sie den Hügel hinab« (ES I, 390) – so einschmeichelnd melodiös hebt diese scheinbar einfache, alltägliche Geschichte an. Berta Garlan, eine »anständige Frau« von Anfang Dreißig, hat gerade mit ihrem Buben den üblichen Friedhofsbesuch absolviert, am Grabe des verblichenen Gemahls Blumen niedergelegt. Drei Jahre ist er nun tot, drei Jahre sind sie verheiratet gewesen. Es war keine Liebesehe, Vernunft und Dankbarkeit hatten sie die Ehe mit dem »etwas unbeholfenen Mann, der vor der Zeit alterte« (ES I, 393), schließen lassen. Aus Wien war sie dem Versicherungsbeamten in die Kleinstadt gefolgt und ist dort auch nach seinem Tod geblieben, geborgen in der wohltemperiert spießigen Umgebung der Familie des Schwagers. Durch Klavierstunden bessert sie ihr bescheidenes Einkommen auf; Hoffen und Sehnen, sinnliche Wünsche sind längst entschwunden, es scheint sogar, als seien sie ihr allzeit fremd gewesen. »›Wissen Sie, was ich für einen Eindruck habe?‹«, unterstellt der Provinz-Schürzenjäger Klingemann: »›Daß Ihnen die Musik alles ersetzen muß.‹« (ES I, 397) Selbstverständlich weist Berta die schamlosen Avancen errötend zurück, schließlich ist sie ehrsame Witwe und Mutter, eine anständige Frau.

Unwiderstehlich fühlt sie sich aber zu einem merkwürdigen Paar hingezogen – zum väterlichen Herrn Rupius, den ein unheilbares Leiden an den Rollstuhl fesselt, und zur schönen Anna Rupius, die des öfteren verreist; wie man munkelt, um ihren Liebhaber zu treffen. Und als Berta in der Zeitung eine Meldung über den »königlich bayerischen Kammervirtuosen«

Emil Lindbach entdeckt, da wird ihr plötzlich das Herz ganz
schwer, und ihre Ruh' ist hin. Denn Emil, der strahlende Kollege am Konservatorium, war Bertas große, einzige Jugendliebe. Dem Geiger hatte sie ihre zärtliche Zuneigung und noch
mehr geschenkt, wohlgemerkt nicht alles: Eine Tochter aus
halbwegs gutem Haus tat dergleichen nicht. Tugendhaft trotz
stürmischem Drängen, verteidigte sie ihre Jungfräulichkeit,
die sie dann einem Mann opferte, den sie keinen Augenblick
geliebt hatte. Unaufhaltsam gewinnt das uneingelöste Glücks-
versprechen der Vergangenheit Macht über Berta: Versäumtes
will nachgeholt werden, ehe es zu spät ist. Wie unter Diktat
schreibt sie Emil, er antwortet postwendend, man verabredet
sich. Das Wiedersehen im Kunsthistorischen Museum endet –
nach einer Zwischenstation im Chambre séparée – in einer
Absteige. Natürlich beabsichtigt Emil nicht, sich an das »liebe
Kind«, wie er Berta hartnäckig bezeichnet, emotional zu binden. Doch erst als er sie schriftlich auffordert, sie möge es sich
einrichten, »etwa alle vier bis sechs Wochen auf einen Tag und
eine Nacht nach Wien« (ES I, 507) zu kommen, erwacht sie
aus ihren Illusionen.

Das stolze Bewußtsein, ausgebrochen zu sein, endlich einen
Geliebten in des Wortes umfassendem Sinn zu haben, weicht
der Angst, hervorgerufen durch vermeintliche Schuld. Mußte
sie für ihr Abenteuer nicht bestraft werden? Aber nicht sie
trifft die Rache der beleidigten Konvention, sondern Anna Rupius, die vor ihren Augen an den Folgen einer Abtreibung zugrunde geht. »Und sie ahnte das ungeheure Unrecht in der
Welt, daß die Sehnsucht nach Wonne ebenso in die Frau gelegt
ward, als in den Mann; und daß es bei den Frauen Sünde wird
und Sühne fordert, wenn die Sehnsucht nach Wonne nicht zugleich die Sehnsucht nach dem Kinde ist.« (ES I, 513) Berta hat
ihre Lektion gelernt – sie wird nicht rückfällig werden, sie
wird ihren »Roman«, der nur Episode war, vergessen und in
der kleinen Stadt still wie eh und je ihr Dasein beschließen.

Der hochbetagte Ferdinand von Saar nannte die ihm gleichfalls vom Autor übersandte Novelle *Leutnant Gustl*, obwohl er auch darin die »bewährte Kraft der Seelenanalyse und Milieuschilderung« bewunderte, »freilich mehr ein Virtuosenstück; hingegen erscheint aber ›Frau Bertha Garlan‹ als ein umso echteres Kunstwerk.«[469] Und Hugo von Hofmannsthal fand das wehmütige Lebensgemälde »wunderschön, so reif, reich und leicht, voll Ruhe und Fülle, in zarten Farben, voll Luft, *sehr* schön.«[470] Im Dezember 1903 las er es »mit noch viel intensiverem Vergnügen als das erstemal, ja mit ungetrübtem Genuß. [...] So viel Kraft und Wärme, Übersicht, Tact, Weltgefühl und Herzenskenntnis«[471] steckten darin.

Hinter Frau Berta Garlan verbirgt sich recht unzulänglich Franziska Reich, Schnitzlers Jugendliebe Fanny. Jahrelang himmelte er das exakt gleichaltrige Mädchen an, die frühen Diarien strotzen geradezu von schwarz auf weiß festgehaltenem Küssen und Kosen. »Das ist nun einmal der Frühlingssturm der Liebe«, weiß der 18jährige: »Welche Glückseligkeit dich zu besitzen, Mädchen!«[472] Vier Tage später geriert er sich bibelfest: »Zu lieb! zu lieb – Wers fassen kann, der fasse! (Ev. Matth.)«[473] Aber ein halbes Jahr danach herrscht schon altkluge Skepsis vor: »Die Liebe ist eigentlich Geschlechtstrieb mit Neid verbunden.«[474] Auch in den Memoiren tönt die romantische Exaltation gedämpft, Fännchens Porträt hat Aureole und goldenen Rahmen eingebüßt: »Sie war leidlich hübsch, nicht eben dumm, und besaß gerade so viel Bildung, als man in jener Zeit den Töchtern mittlerer jüdischer Hausstände zu geben für nötig befand. Niemals konnte sie mir als Ausnahmswesen, und noch weniger das Gefühl, das uns verband, als etwas Besonderes erscheinen«.[475]

Dennoch hat er ihr einst ausgewählte Gymnasiastenlyrik unter dem Titel *Träume* gewidmet. Das Gedicht *An Fani* vom 5. Dezember 1879 birgt das Geständnis: »So oft Dein Bild hold nahend mir erschien,/Es heilte stets den armen Seelenkranken.«[476] Fedor Denner, Schnitzlers Alter Ego im *Märchen*, aber sagt mit zynischem Realismus: »Die Jugendliebe, dieses kindische Mißverständnis zwischen einem albernen Jungen und einem dumpfen Triebe!« (DR I, 157)

Für die beiden Bürgerkinder Arthur und Franziska war das Wasser zu tief; und weil sie zusammen nicht kommen durften, kamen sie einander abhanden. Das angebetete Fännchen heiratete den ältlichen Versicherungsdirektor Simon Lawner und zog mit ihm ins schlesische Bielitz. Ein Sohn Herbert wurde geboren, dessen Vater bald starb.

Am 27. März 1899 wird Arthur Schnitzler der »Bauernfeldpreis« zugesprochen. Als Fanny von der Verleihung liest, übermittelt sie dem verschollenen berühmten Freund von einst ihre »innigsten Glückwünsche« und bittet ihn um sein Bild. »Wer weiß, ob Sie sich meiner noch erinnern, ich denke oft an unsere glückliche Jugendzeit und besonders daran, als Sie mich fragten, ob ich glaube, daß aus Ihnen noch einmal was wird!«[477] Freudig erregt bedankt sie sich für das prompt eintreffende Photo Arthurs: »Du bist wirklich ein schöner Mann geworden, warst übrigens immer ein hübscher Junge!« Auch über ihre Existenz läßt sie ihn nicht im ungewissen: »Seit dem Tode meines armen Mannes ertheile ich Clavierunterricht, bin so ziemlich beliebt, natürlich mehr bei den Herrn, denn die lieben Frauen gönnen einem Menschen ja nichts! Ich brauche Niemanden stehe auf meinen eigenen Füßen, habe auch Vermögen, was bei den Bielitzern eine Hauptrolle spielt, bin durch meine solide Aufführung sehr geachtet und meine Lieblingsbeschäftigung ist noch immer die Musik!«[478]

Am 15. Mai 1899, seinem und ihrem siebenunddreißigsten Geburtstag, erhält Arthur Schnitzler einen »Brief von Fännchen, mit Handarbeit«[479], Fanny kündigt ihre baldige Ankunft in Wien an; sie werde sich »unendlich freuen, mit [ihm] von alten, schönen Zeiten plaudern zu können«.[480] Vom bloß zwei Monate zurückliegenden Tod Marie Reinhards hat er sich noch nicht erholt – »Ungeheure Traurigkeit« und »Ungeheure Oedigkeit«[481] bedrücken ihn.

Zu Pfingsten trifft er Fännchen verabredungsgemäß in

der Secession und ist »von ihrem jüdeln und plappern unangenehm berührt. Abds. mit ihr Riedhof; sie sehr zärtlich — ›so wird ein Wunsch erfüllt‹.« Ähnlich lakonisch lautet die Eintragung vom übernächsten Tag: Schnitzler holt Frau Franziska Lawner vom Volkstheater ab und führt sie ins Hotel Victoria: »[…] anfangs ging sie mir auf die Nerven, dann siegte der Trieb!« Und am 27. Mai heißt es: »Fännchen abgeschrieben«, wobei der Dativ auch als Akkusativ zu deuten ist. Am 31. schickt ihm Fanny aus Bielitz noch »ein[en] ganz nette[n] Brief«, dessen Quintessenz der Adressat auf die Beschwörungsformel reduziert: »Einsam einsam einsam.«[482] Der Wortlaut:

»Mein lieber Arthur!

Trotzdem ich mich seit einigen Tagen tief unglücklich fühle, kann ich es doch nicht unterlassen, Dir für alle mir erwiesenen Aufmerksamkeiten innigst zu danken.

Ich schaue immerfort Dein liebes Bild an und frage, was ich denn eigentlich gethan habe, daß Du mich überhaupt nicht mehr sehen wolltest, und mir so rasch und gerne den Abschied gegeben hast.

Ich verlange ja keine Liebe von Dir, aber Deine Freundschaft möchte ich haben, Du hast mir gesagt, daß ich dir sympathisch bin, thue mir also den Gefallen und beglücke mich manchesmal mit Deinen Zeilen, auf die mir versprochenen Bücher warte ich mit *Sehnsucht*. Seit ich aus Wien zurückgekehrt bin, ist mir Bielitz ekelhaft, und wenn ich könnte, würde ich heute nach Wien zurück gehen.

Ich habe in Wien gesehn, daß Du Dich meiner schämst, ich begreife es ja vollkommen, weil ich doch eigentlich *gar nichts* bin, aber *ein Herz* habe ich doch, das läßt sich einmal nicht verläugnen, und [gestrichen — d.Verf.] als ich Dich wiedersah brach die langverhaltene Liebe wieder hervor und *das* hast Du mir so übel genommen. Wenn Du nichts von mir wissen willst, so thue Dir keinen Zwang an, lieber Arthur, sag' es mir rund heraus, ich hab' Dich viel zu lieb, um Dich zu quälen.

Heute ist auch noch mein Herbert an heftigem Fieber erkrankt, kannst Dir also denken, *wie* mir zu Muth ist!

Fanny.«[483]

In diesen Wochen wird Schnitzler, nebenbei angemerkt, die Erzählung *Die Nächste* beenden: Sie handelt von einem Mann, dem die inniggeliebte Frau gestorben ist. Die nächste, mit der er ins Bett geht, ersticht er mit einer Hutnadel. Der Mörder denkt an die Tote, »die schon lang im Sarge lag und der die Würmer in die Augenhöhlen kröchen, und zum ersten Mal seit ihrem Tod fühlte er irgend etwas wie Frieden in seiner Seele.« (ES I, 336)

Mit der Niederschrift von *Frau Berta Garlan*, unter dem Arbeitstitel *Jugendliebe*, beginnt Schnitzler zu Neujahr 1900 und schließt das Manuskript am Ostermontag ab, als ihn neuerdings eine Botschaft von Fännchen erreicht. Sie stellt, wie es seine Romanfigur tat, ihre Übersiedlung nach Wien in Aussicht. Im Oktober 1900 teilt sie dann Schnitzler ihre Verlobung mit einem »k.k. Staatsbeamten« mit, die Nachricht von der Entlobung folgt kurz darauf.[484] Schlußendlich heiratet sie einen Verwandten ihres ersten Gatten, Heinrich Lawner, dem sie noch einen Sohn (Rudolf) und eine Tochter (Elisabeth) gebären sollte.[485] Fanny stirbt im Sommer 1930. Auf Schnitzlers Kondolenzschreiben antwortet der Witwer: »Tiefgerührt von Ihren gütigen, dem Andenken an meine l.[iebe] selige Frau gewidmeten herzlichen Worten, – die auch Ihrer stets in angenehmer Rückerinnerung und höchster Wertschätzung gedachte –«, bitte er, »verbindlichsten und wärmsten Dank« entgegennehmen zu wollen.[486] Im Marbacher Nachlaß Arthur Schnitzlers, Abteilung Franziska Reich, blieben unter anderem eine dunkelblonde Haarlocke und ein blau-silbernes Lesezeichen erhalten, auf das die Verheißung »A demain« gestickt ist.

Niemand wird behaupten, Schnitzler habe sich seiner »Jugendliebe« gegenüber besonders zart oder als Gentleman betragen, im Gegenteil. Anna Rupius spricht es aus: »›Ah, meine liebe Berta, wir sind ja gewiß keine Engel, wie Sie nun aus eigener Erfahrung wissen, aber die Männer sind infam, solang...‹ es war, als zögerte sie, den Satz zu enden, ›solang sie Männer sind.‹« (ES I, 498) Dafür hat er seiner Fanny jene Menschenwürde, die er im Leben mißachtete, in der Literatur mit Zins und Zinseszins zurückgegeben: durch Sympathie in des Begriffs buchstäblicher Bedeutung. Vom »Garlanisiren«, wie er es nannte, hielt er trotzdem wenig: »Man soll erotische Rückstände nicht aufarbeiten.«[487] Es ist wie mit Heines »alten, bösen Liedern«. Verwelkte Leidenschaft muß im Meer des Vergessens bestattet werden: »Denn solchem großen Sarge / Gebührt ein großes Grab.« In diesen Sarg aber, seine *Frau Berta Garlan*, legte Arthur Schnitzler Fannys große Liebe und auch ihren Schmerz hinein.

In den letzten Dezembertagen 1922 sollte Schnitzler von Olga Waissnix träumen, »der vor mehr als 25 Jahren gestorbenen; spielte in meinem Zimmer, war erotisch ohne Glut; die Physiognomie verschwamm.«[488] Daß sich die Gesichtszüge seiner »grande passion« nach einem Vierteljahrhundert im Nebel des Diffusen aufgelöst hatten, ist nicht besonders verwunderlich. Aber schon in trübsinnigen Frühsommerstunden 1889 ergriff ihn das Bewußtsein der Vergänglichkeit: »In alten Briefen hab ich geblättert, in Olgas Briefen ... Dieses schauerliche Gefühl, dass alles, alles verblaßt! ...«[489] Die Zeit seiner Leidenschaft lag auch da bereits länger zurück. Anhand der Tagebücher hat Schnitzler die Beziehung zu Olga Waissnix in *Jugend in Wien* ausführlich rekonstruiert, wobei er viele Passagen direkt übernahm.

Näher kennengelernt hatte Schnitzler die elegante Reichenauer Thalhofwirtin während eines Kuraufenthaltes in Meran im Frühling 1886. Sie »hat die herrlichsten Augen«, »diese

schwarzen unvergesslichen Augen«, »wunderdunkle[ ] Augen«.[490] Die wechselseitige Anziehung ist gewaltig, doch Olga
wird von ihrem bekannt eifersüchtigen Gemahl Carl (»Charles«) Waissnix argwöhnisch bewacht, und sie achtet die Schranken, die einer verheirateten Dame der besseren Stände von
der Moral der Zeit auferlegt sind. Über gemeinsame Spaziergänge, vielsagende Blicke, glühende Liebesbeteuerungen,
Umarmungen und Küsse gelangen die beiden nicht hinaus;
Olga schenkt ihrem Verehrer eine Quaste ihres Pelzüberwurfes
und ein Kleeblatt-Medaillon, vermag ihm jedoch nicht mehr
anzubieten als Freundschaft: »›[…] anderes als Freundin
kann ich Ihnen ja nicht sein. Eine metaphysische Freundschaft sozusagen. In jedem Schmerz, in jeder Freude sollen Sie
denken: Es ist eine da, die mit Ihnen sich freut, mit Ihnen
leidet. Wollen Sie diese Freundschaft annehmen?‹ Und sie
streckte mir ihre kühle, weiße Hand entgegen, die ich mit
Inbrunst küßte.«[491]

Obwohl Olga Waissnix wahrscheinlich »metaphysisch« mit
»platonisch« verwechselt, ist es ihr bitterernst. Das Gesetz der
guten Kameradschaft – Paul Heyses Novellentitel *Gute Kame-
raden* wird von ihnen als Codewort verwendet – bleibt trotz
manch hitziger Wallung in Kraft. Auch die Begegnungen im
noblen Hotel am Fuße der Rax folgen bloß der Dramaturgie
heimlicher Freundschaft, zumal da Gatte Charles zum Jäh-
zorn neigt, dem Gast Schnitzler das Haus verbieten will und
sich die Situation der Duellstimmung nähert. Im Zuge einer
Eheszene leert Olga ein Morphiumfläschchen, und wenn sie
hört, daß Arthur einer anderen den Hof gemacht hat, beißt sie
sich auf die Lippen, bis Blutstropfen hervorsickern.

Nach einem Geburtstagsfest Anfang September 1886, für
das der Dichter Schnitzler ein eigenes »Thalhof-Festspiel« fa-
brizierte, ist ihm klar, daß die monatelange Passion keine Aussicht mehr auf sexuelle Erfüllung gewährt: »[…] – die Ahnung, daß das Schönste, das in einem tieferen Sinn Schönste,
das Unwiederbringliche und Einzige dieser Beziehung mit

dem heutigen Abend erledigt war, diese Ahnung umschattete meine Seele düsterer, als es irgendeine banale Abschiedsstimmung getan hätte; – und in dieser letzten Thalhof-Nacht weinte ich Tränen, die zu den bittersten, verzweiflungsvollsten meiner Jugend gehörten.«[492]

Indes nimmt das eigentliche, das einzigartige Verhältnis erst von solchem Ende seinen Ausgang: Der Briefwechsel, oft unverfänglich getarnt, wird zum Ort des Gesprächs, zur Projektionsfläche von versagten Wünschen wie von künstlerischer Ambition. Olga ist diesbezüglich eine ideale Partnerin. »Ihr Intellekt mochte fragwürdig sein«, schreibt Marcel Reich-Ranicki, »aber ihre Intuition, ihr Feingefühl, ihr Takt waren makellos.«[493] Die »verehrteste gnädige Frau« besitzt nämlich außer »Genialität des Herzens«[494] noch einen enormen Vorzug: Sie glaubt an Schnitzlers Talent, verfolgt seine tastenden literarischen Versuche mit Beifall und Ermunterung: »Ich habe so ein Vertrauen, daß Sie was Großes, was Nachhaltiges schaffen werden. Sie brauchen blos ›wollen‹ können.«[495] Auch für Mißgestimmtheit und Weltschmerz hat sie Verständnis und tröstende Wort parat. Während Schnitzler die beiläufigen Aventüren seines erotischen Heißhungers vorsichtshalber verschweigt, entgehen Olga die gewichtigeren Liebesfälle keineswegs. Nur mühsam kann sie Trauer und Enttäuschung hinter milde nachsichtiger Gelassenheit tarnen, wenn sie Adele Sandrock, Marie Reinhard und Mizi Glümer erwähnt: »Ist's nicht komisch, 3 Frauen lieben Sie momentan, die Tragödin, der Frühling und l'inconnue! Sie Kind des Glückes.«[496] Schnitzlers Antwort birst nicht gerade vor Feingefühl: »Also: der ›Frühling‹ thut mir sehr wohl. Besonders nach dem hysterischen Spätsommer, der vorhergegangen. Es ist auch wahrscheinlich, daß ich dem Frühling wohlthue. Ob aber nicht oft die erste Liebe eines Weibes nicht viel mehr bedeutet – als eine unbewußte Hygiene, – sowie die spätere eine halb bewußte! – Ich bin überzeugt, Sie finden das abscheulich […]«[497]. Olga Waissnix fügt mit Tinte ein energi-

sches »(ja!)« hinzu. Auch im – seltenen – persönlichen Verkehr ist Schnitzlers Verhalten zuweilen von einer wie absichts-
los verletzenden Taktlosigkeit. Als er ihr im Museum den
Abschluß der einen und den Auftakt zur nächsten Affäre
rapportiert, gerät sie außer Fassung: »[...] und plötzlich ran-
nen Olga große Thränen unter dem Schleier. ›Und ich hab
nichts, nichts, gar nichts! –‹« Schnitzler mit kennerischem
Geschmack: »Es war wie neulich eine Stunde voll lebendigen
Dialogs.«[498] Er weiß eben, was er an ihr hat: »Nie red ich mit
einem Frauenzimmer so gescheidt wie mit der.«[499] Immer häufiger kränkelt die unglückliche Olga Waissnix. Im Dezember
1896 trifft er sie im Künstlerhaus – »mit ihr geplaudert; sie begleitete mich; sehr nett, wir erinnerten uns an ›Weihnachts-
käufe‹«[500]. Das ist mehr als Stimmungssache und Adventszau-
ber, der *Anatol*-Einakter ist die Aufhebung ihrer abgewürgten
Liebesgeschichte im Poetischen. Dort stößt man auf die geflü-
gelten Sätze Anatols: »... in der kleinen Welt werd' ich nur
geliebt; in der großen – nur verstanden – Sie wissen ja ...«
(DR I, 44) Gabriele, die »gnädige Frau«, weiß es so gut wie
Olga Waissnix. Zum Abschied gibt Gabriele Anatol Blumen
für die Geliebte mit: »Sagen Sie ihr: ›Diese Blumen, mein ...
süßes Mädl, schickt dir eine Frau, die vielleicht ebenso lieben
kann wie du und die den Mut dazu nicht hatte ...‹« (DR I, 49)

Das letzte Mal sieht Schnitzler Olga in deren elterlicher
Villa in Bad Vöslau am 27. September 1897: »Ich erzählte ihr
viel. Dabei sprangen bei uns beiden oft wieder die Funken hervor.«[501] In der Nacht vom 6. November träumt er: »Olga und
ich in einer Hügellandschaft, – O. schwarz, mich nicht anse-
hend, fordert mich zu einem Spaziergang auf.« Am Morgen
erfährt er, daß Olga Waissnix zwei Tage vorher gestorben ist:
»Meine Erschütterung war geringer als ich hätte denken müssen.«[502] Zum Begräbnis geht er nicht – »könnte mich irgend
einer controliren, so müßte ich ihm ähnlich räthselhaft
erscheinen wie unsereinem z.B. ein Rechenkünstler.«[503] Am
18. Juni 1918, als Arthur Schnitzler in seiner »Lebensge-

Arthur mit seinen Eltern Johann und Louise Schnitzler
im Juni 1862

Arthur Schnitzler als Gymnasiast 1878

Julius Schnitzler (1865–1939), der Bruder Arthur Schnitzlers

Sigmund Freud (1856–1939) im Jahr 1909

Lou Andreas-Salomé (1861–1937)

Theodor Reik (1888–1969)

Alfred Freiherr von Winterstein
(1885–1958) am 4. Febr. 1955
bei der Enthüllung der
Sigmund-Freud-Büste
im Arkadenhof der
Universität Wien

Fritz Wittels (1880–1950)
1929 in New York

Rudolf von Urbantschitsch (1879–1964) 1908 in Wien

Wilhelm Stekel (1868–1940)

Franziska Reich (1862–1930), die Jugendliebe Arthur Schnitzlers

Olga Waissnix (1862–1897)

Jeanette Heeger (geb. 1865)

Marie Glümer (1867–1925)

Adele Sandrock (1863–1937)

Marie Reinhard (1871–1899)

Clara Katharin Pollaczek, geb. Loeb (1875–1951)

Suzanne Clauser (1898–1981)

Arthur Schnitzler mit seiner Ehefrau Olga, geb. Gussmann, und ihren
Kindern Heinrich (1902) und Lili (1909) im Jahr 1910

Lili Schnitzler und ihr Ehemann Arnoldo Cappellini

Arthur Schnitzler auf einer der letzten Fotografien im Juli 1931

schichte das Reichenauer Buch schrieb«, gelang ihm sein berührendstes Gedicht. Es gilt, auch wegen eines Druckfehlers, als später Nachruf auf Olga Waissnix: »Fließen die Tränen für dich, die längst / zu den Schatten gegangen? / Nein doch. Einer, die lebt; – drum in so nutzloser Qual. / Denn so gelassen die Toten im Schein der / Erinnerung wandeln, / Trübe gespenstert im Licht – Liebe, die starb vor der Zeit.«[504] Aber die Verzweiflung gilt seiner zerbrechenden Ehe.

Die Gefallenen

In Schnitzlers nachgelassenem Drama *Zug der Schatten* bringt sich die Schauspielerin Franzi Friesel während einer Uraufführung auf offener Bühne um. Sie hat die Tat für den Fall angekündigt, daß ihr Geliebter, der Arzt Ludwig Gerold, sich eines Tages verehelicht. Das so vorzeitig und unsanft beendete Stück ist laut dem fiktiven Autor Karl Bern »eine historische Tragödie. Es behandelt die Mißverständnisse einer versunkenen bürgerlichen Epoche.«[505] Pikanterweise ist das Karl Bern untergeschobene Werk Schnitzlers eigenes: Er reaktiviert sein erstes abendfüllendes Schauspiel *Das Märchen.* Auch abgesehen davon steckt im gespenstischen *Zug der Schatten* eine Menge Autobiographie. Denn es war das leibhaftige Symbol der Sinnlichkeit, es war Jeanette Heeger, die ihm einst gesagt hat: »Dein Hochzeitstag ist mein Todestag.«[506] Knapp ein Dreivierteljahr nach dieser Drohung, im Dezember 1889 – Arthur will Jeanette längst loswerden –, unternimmt sie laut Tagebuch einen brieflich angekündigten »Selbstmordversuch Nachts im Prater; Quetschung an der Brust. – Revolver mitgenommen.«[507] Obwohl er mittlerweile häufig mit Mizi Glümer schläft, schläft er hierauf wieder mit Jeanette. »Der Mensch ist eine Bestie«[508], bemerkt der Diarist Schnitzler damals scheinbar unvermittelt. Als ihm 1915, beim »ordnen alter Briefe«, nach »langer Zeit auch welche von und an – Jeanette vor Augen« kommen, überlegt er: »War mein Leben denn eigentlich ›schön‹ –?«[509] Und im Sommer 1918, er arbeitet gerade unter dem vorläufigen Titel *Nachklang* an seinen Jugendmemoiren, liest er die Briefe aufmerksam. Sein Fazit: »Was für eine jämmerliche Geschichte!«[510]

Sie hatte ganz undramatisch begonnen. Auf der Straße

spricht er Anfang September 1887 ein »junges Mädchen« an, das sich gerne ansprechen läßt. Es ist die zweiundzwanzigjährige Kunststickerin Jeanette Heeger aus ärmlichen Verhältnissen.[511] »Sie wurde zwei Tage darauf meine Geliebte und fesselte mich durch ihre überzeugende Sinnlichkeit, durch ihren Mutterwitz und manches andre.«[512] Von da an sieht man einander regelmäßig, vor allem – bei Tag und am Abend hat der junge Herr dienstliche und gesellschaftliche Verpflichtungen – des Nachts in Dr. Schnitzlers Spitalsstube: »[…] und es war mir eine rechte Lust, wenn ich gegen Mittag wiederkehrte, mein süßes Mädel, zu neuer Zärtlichkeit bereit, auf den zerwühlten Polstern wiederzufinden. In der Rückerinnerung eines solchen Morgens war es, daß ich dieses Schmeichelwort vom süßen Mädel zum erstenmal in mein Tagebuch schrieb, ohne zu ahnen, daß es bestimmt war, einmal gewissermaßen literarisch zu werden.«[513] Jeanettes »überzeugende Sinnlichkeit« regt außerordentlich an: Schnitzler praktiziert Sexualarithmetik, indem er allem Anschein nach die Orgasmen zählt. Unter dem Strich steht eine respektable Summe: 563.[514] Da er den Geschlechtsverkehr – mit Demoiselle Heeger und Demoiselle Glümer – streckenweise zweigleisig führt, wird sogar doppelte Buchhaltung nötig.

Trotzdem ist die Leidenschaft für den »ewig geliebte[n] Schatz« Jeanette eine Zeitlang echt und tief, das verbürgt die Eifersucht auf ihr Vorleben, mit der er sie malträtiert: Aus Berlin sendet er ihr im Frühjahr 1888 ein Entschuldigungs- und Rechtfertigungsschreiben: »Fühlst du es auch, daß alle diese Quälereien nur, nur meine Liebe sind! Fühlst du auch, daß ich, während ich kleinlich und ungerecht deine arme Liebe peinige, zu gleicher Zeit dir zu Füßen sinken möchte und dir sagen: Nie ist ein Wesen so geliebt worden –«[515]. Beschwörungen von Einzigartigkeit und unbeschränkter Dauer haben jedoch auch im Reich der Erotik naturgemäß nur begrenzte Haltbarkeit. Trefflicher, als es Schnitzler Ende März 1889 in seinem Diarium vermag, läßt sich das Dilemma des unwillig

gewordenen Liebhabers nicht definieren: »Jeanette! — Ach —
Wenn ich so in der Nacht aufstehe, mich loswinde aus diesen
Armen, die mir eigentlich nichts mehr bedeuten, die mir nur
mehr warm, aber nicht mehr süß sind — Sie fühlt es ja, aber sie
will es doch eigentlich nicht glauben. Natürlich kann ich sie
nicht verlassen — Und was hält mich — Mitleid, Bequemlich-
keit, Gewohnheit. Wie nervös sie mich manchmal macht —
Ihre Stimme, ihre dummen Fragen, ja manchmal ihre Berührung — Sie sitzt zu Hause und stickt. Ein armes Mädel, der ich
heute eben alles bin. Sie merkt meine üblen Launen, ist eifersüchtig, quält sich und mich. Dann gibt es Scenen! Sie kriegt
Herzkrämpfe, ich sollte erschüttert sein und bin eigentlich
doch nur gepeinigt, möchte aus der Haut fahren. Dann küsst
sie mir die Hand und bittet mich um Verzeihung. Wir liegen im
Bett, ich esse Orangen und langweile mich, denke, dass ich
wieder aufstehen muss mitten in der Nacht, nach Hause. Alles
ist nur mehr peripherer Reiz, nichts centrales. Ich habe das
Gefühl: Lieber eine Dirne, nur etwas neues — neue Lippen,
einen neuen Seufzer. Alle andern begehr ich heißer wie sie, die
Geliebte.«[516] Was immer das sonst sein mag, es ist absolut ehrlich.

Je verzweifelter sich Jeanette an Arthur klammert, desto
verzehrender wird sein Verlangen nach Freiheit. Enerviert und
ein wenig von oben herab nennt er sie in seinen Briefen »Mein
liebes Kind«, und nach ihrer »Selbstmordkomödie«[517] belehrt
er sie: »[...] ich muß jetzt endlich entschieden sein — obwohl
ich dir sage: Auf Wiedersehen. [...] Versuche nicht, mich in
meinem Entschluß wankend zu machen; ich bitte dich recht
sehr, denke an alles, was ich dir gesagt, und laß dir sagen, daß
ich mit dir sehr glücklich war.«[518] Wie glücklich er einst mit ihr
gewesen ist, geht aus der kleinen, 1887 entstandenen Prosa-
skizze *Amerika* hervor, die das Idyll der Intimität feiert: »Ich
küsse ihre Lippen, ihre Stirn, ihre Augen, die sie geschlossen
hat. Meine Finger spielen mit den feinen goldenen Haaren, die
sich hinter ihrem Ohre kräuseln. Ich schiebe sie zurück und

küsse sie auf diese süße, weiße Hautstelle hinter dem Ohre.
Sie schaut wieder auf und lacht: ›Was Neues‹, flüstert sie, wie
erstaunt. Ich halte meine Lippen fest hinter das Ohr gepreßt.
Dann sage ich lächelnd: ›Ja, was Neues haben wir entdeckt!‹
Sie lacht auf, und wie ein Kind fröhlich ruft sie aus: ›Amerika!‹« (ES I, 15) Und in der *Anatol*-Szene *Episode* begegnet
man Jeanette als melancholisch nobilitierter Erinnerung an
Cora, das »Mädel mit den zerstochenen Fingern«. »Weißt du,
was aus ihr geworden ist?«, fragt Max. Darauf Anatol: ›Ich
habe sie später wieder getroffen – als Gattin eines Tischlermei-
sters. [...] Ja, so enden diese Mädel mit den zerstochenen Fingern. In der Stadt werden sie geliebt und in der Vorstadt geheiratet ... 's war ein Schatz!« (DR I, 54)

Der enttäuschte, verstoßene »Schatz« heiratet allerdings
keinen Tischlermeister, sondern den Bahnbeamten Carl Josef
Kühne; von Schnitzler wird erwartet, daß er das Brautkleid fi-
nanziert.[519] Die Ehe währt nicht lang. Auf Bittgesuche hin
schickt ihr Schnitzler immer wieder Geld, ein Wiedersehen
verweigert er. Im Spätsommer 1893 hört er das Gerücht, sie sei
nunmehr in die »Demimonde« abgesunken, was nichts anderes bedeutet, als daß sie eine bessere Hure geworden ist.[520] Bei
einem Abendspaziergang begegnet er ihr, »resp.[ektive] geh
an ihr, die vor mir ist, vorbei. Sie rief mir nach: Arthur! – Du!
– Du! – Ich ging weiter, ohne mich umzuwenden.«[521] Fürwahr,
eine traurige, eine jämmerliche Geschichte.

Im zweiten Akt des ›Junggesellenstücks‹ *Der einsame Weg* be-
sinnen sich die Schauspielerin Irene Herms und der Maler Julian Fichtner, beide nicht mehr ganz jung, vergangener Zeiten.
»Erinnerst du dich nicht«, schwärmt Irene, »wie wir einmal
an einem heißen Sommernachmittag im Wald eingeschlafen
sind? Und denkst du nimmer an das Muttergottesbild oben
auf dem Hügel, wo uns das Gewitter überrascht hat?« (DR I,
788) Julian gibt sich verblüfft über ihr gutes Gedächtnis, aber
Irene fährt unbeirrt fort: »Hat eine so an dir gehangen wie

ich? Hat dich je eine andere so gern gehabt? … Gewiß nicht.
Die dumme Geschichte, die mir dann im Engagement draußen passiert ist, meiner Seel', du hättest sie mir wirklich verzeihen können. Es ist wahrhaftig nicht so viel dran, wie ihr
Männer immer draus macht – nämlich wenn's uns passiert.
[…] Was glaubst du: Wär' das damals geschehen – meinst
du, ich hätt' so was anstellen können, wenn wir – ein Kind …
wenn wir – *das Kind* gehabt hätten? Frag' dich doch aufs Gewissen, Julian – glaubst du's! Ich nicht, und du auch nicht.
Alles wär' anders gekommen. Alles.« (DR I, 789)

   Als Arthur Schnitzler im November 1925 vom Tod Mizi Glü-
mers benachrichtigt wird, schreibt er in sein Tagebuch:
»Meine Erschütterung war tief. […] Am 7. (?) Juli 1889 lernte
ich sie kennen; keinem Wesen verdankt mein Dichtertum so
viel wie ihr. Keine hat mich geliebt wie sie (besonders nach
ihrem ›Betrug‹) […] Am meisten von ihr steckt in ›Irene
Herms‹«.[522] Mit Ausnahme des Datums stimmt daran alles.
»Ich brauche – Liebe. Oder vielleicht nur Abwechslung«, notiert er am 31. Mai 1889, aber auch, daß er eine neue Patientin
hat: »Mizi Chl.[um]«.[523] Sein Freund Theodor Friedmann hat
ihm die Zweiundzwanzigjährige in die Ordination geschickt,
und das mit durchsichtigem Kalkül. Friedmann geht eine bür-
gerliche Verlobung ein und möchte seine Geliebte an den
Mann bringen. Schnitzler scheint dafür in der rechten Laune:
»Ein Mediziner ohne Praxis!«, stöhnt er, »Ein Poet mit mittel-
mäßigen Erfolgen! Ein junger Mann mit Liebeleien ohne
Liebe!« Auch überfällt den jungen Mann schon das »Angstgefühl der Männer entre deux ages […] dieses Angstgefühl, wie
einem das Leben unter den Händen zerrinnt! Wie es bald zu
spät sein wird! –« Daher »kams natürlich wie es kommen
mußte – eines schönen Tages lagen wir uns in den Armen und
liebten uns!«[524] Aber vorderhand ziert sich »Miza«, sie weiß
nicht, daß Arthur weiß – glaubt, er hält sie für eine Jungfrau.
Erst am 17. Juli gesteht sie ihre früheren Verhältnisse ein und
alsbald gibt sie sich ihm hin. »Das weite Land! –« jubiliert er.

»Im Gras! am 24. Rendezvous beim Muttergottesbild. Mz. süss und lieb – ich werde nur für dich – nur *in* dir leben – Seligkeit!«[525]

Dennoch vergnügt er sich weiterhin sexuell mit Jeanette, an der er die »keuchenden Athemzüge einer Liebe« beobachtet, »die sich vor dem Sterben fürchtet!«[526] Obendrein – es ist ihm selbst ein wenig sonderbar – frequentiert er Prostituierte. Wiewohl er in Mizi Glümer vernarrt ist, kann er sie nicht heiraten – weil sie vor ihm »die Geliebte eines andern war«.[527] Im Jänner 1890 verzeichnet Schnitzler eine »Episode der riesigsten Aufregung«: Mizi Glümer war schwanger, »das ist nun glücklich vorbei!«[528] Seine Briefe wirken wie verzückt vor lauter Hingabe, und doch schleicht sich immer wieder ein inquisitorischer Ton in die Liebesbeteuerungen ein. »Also – ich gehe zu Grunde an meiner Eifersucht auf – vergangenes.«[529] Allein, mit Paul Bourgets – von ihm zitierten – »nausées du passé« findet er sein Auslangen nicht. Die zweite Ursache seiner Unruhe liegt in Mizis Berufswahl und deren Gefahren – sie will Schauspielerin werden. In der Theaterwelt aber sind junge Frauen ohne Namen erotisches Freiwild. Schnitzler beginnt gleichsam aus selbsttherapeutischen Gründen sein erstes großes Drama zu schreiben: *Das Mährchen von der Gefallenen*, bekannter unter dem endgültigen Kurztitel *Das Märchen*. »Es behandelt«, stellt der Autor fast beunruhigt fest, »mit geringen Abweichungen im thatsächlichen, psychologisch« sein »Verhältnis zu Mizi. Endet schlecht. – Wie wirds in Wirklichkeit enden?«[530] Ahnungsvoll schließt das 1891 entstandene Gedicht *Ohnmacht* mit den Zeilen: »[…] ich kenn ja auch das Ende, / Wie's immer kommt, mit Ekel und Betrug.«[531]

Im *Märchen* nimmt Schnitzler die Gestalt des Schriftstellers Fedor Denner an, Mizi Glümer taucht als Fanny Theren auf. Als er dem Urbild den ersten Akt vorliest, irritiert die Ähnlichkeit: »Ich fürchte, ich werde von der Veröffentlichung absehen müssen, um Mz. nicht zu heftig zu kränken.«[532] Fedor gefällt sich in fortschrittlicher und männerkritischer Pose, als Vorkämpfer gegen zeitgenössische Vorurteile und Doppelmoral: »In unserer unbändigen Eitelkeit wollen wir immer die einzigen und ersten sein.« (DR I, 151) Aber aus seiner männlich-chauvinistischen Haut kann er nicht fahren, ebensowenig wie Anatol Arthur Schnitzler, dieser »Hypochonder der Liebe« (DR I, 82) und »Virtuose der Eifersucht« (DR I, 107), dessen Liebesehrgeiz ins Unermeßliche zielt: »Die andern alle zu Vergessenen machen, zu nie Gewesenen.« (DR I, 112) Die zentrale Aussage des *Märchen*, der Konflikt, an dem die Liebe zwischen Fedor und Fanny scheitert, lautet schlicht: »Was war, ist! – Das ist der tiefe Sinn des Geschehenen.« (DR I, 198) Drei Jahrzehnte später sollte Schnitzler die Geltung solchen Grundgesetzes bestätigen und bekräftigen: »›Was war, ist, das ist der tiefe Sinn des Geschehnen –‹ noch heute Motto meines innern Lebens.«[533] Durchaus ist sich Arthur Schnitzler bewußt, Besseres als *Das Märchen* produziert zu haben, aber nichts, an dem er »menschlich intensiver betheiligt war.«[534] Darum scheint es nur folgerichtig, daß dem alten *Märchen* im *Zug der Schatten* eine so fulminante Reprise beschieden ist.

Sein Grundproblem in Liebesdingen hat Schnitzler in jenen Jahren auch in der kurzen Erzählung *Die drei Elixiere* auf den Punkt gebracht: »Er litt unendliche Qualen; nie konnte er sich mit einem Weibe glücklich fühlen, da die Zweifel ihn peinigten. Er mußte immer an die anderen denken, die dieses Weib vor ihm geliebt, die es nach ihm lieben würde.« (ES I, 79) Scheinbar kann dem Manne geholfen werden. Der Saft einer Blume, die er im Orient findet, hat magische Kraft: Jede Frau, deren Lippen er netzt, muß unwillkürlich sagen, woran oder an wen sie denkt. Das geht verständlicherweise nicht gut aus, und wieder wandert der Mann in die Welt hinaus. Ein zweiter Wundertrank läßt die Frauen alle früheren Erlebnisse vergessen. Doch was ist mit der Zukunft? Abermals zieht der Mann durch orientalische Wälder und gewinnt ein drittes Elixier, das ihm »das letzte größte Glück geben sollte – die Gewißheit, daß nach ihm keiner mehr geliebt würde.« Jetzt braucht er

keine Angst zu haben. Er entdeckt ein »holdes Kind, schön wie
der Lenz«. (ES I, 82) Alle drei Zaubertränklein flößt er ihm
ein, damit die Wonne vollkommen und ewig sei. Am nächsten
Morgen jedoch will das Mädchen nicht erwachen: »Und das
süße Kind konnte keinen anderen mehr lieben nach ihm –
denn es war tot!«[535] (ES I, 83) Es handelt sich dabei, in literari-
schem Kostüm, wohl um die radikalste Lösung des Problems:
die Vernichtung des Objekts der Begierde, um es endgültig zu
besitzen.

1893 kommt schließlich das vom Lyriker Schnitzler her-
aufbeschworene Ende »mit Ekel und Betrug«. Mizi Glümer
ist im Engagement in St. Gallen, als der ferne Geliebte, der
sie herzhaft mit Fifis und Jennys und sonstigen »instrument[s]
de plaisir«[536] hintergeht, durch anonyme Briefe über ihre
Fehltritte aufgeklärt wird. »Ich leide entsetzlich«, »Ich leide
fürchterlich«, »Ich leide wie ein Hund« – »Wie anders ist
doch Weiber- und Männer-untreue«[537], ergießt es sich ins
Journal. In *Der Weg ins Freie* wird der Romancier Schnitzler Heinrich Bermann das Schicksal zuteilen, von Mizi Glümer betrogen zu werden. Bermann gibt sich im Gespräch
mit seiner Komplementärfigur Georg von Wergenthin, der
Schnitzlers Erfahrungen mit Marie Reinhard zugeordnet
sind, souverän und weise: »»Meinen Sie vielleicht, ich habe
die Absicht zu strafen oder zu rächen? Oder glauben Sie,
ich gehöre zu den Tröpfen, die an der Welt irrewerden, weil
ihnen etwas passiert ist, wovon sie doch wissen, daß es schon
Tausenden passiert ist vor ihnen und Tausenden nach Ihnen
passieren wird? Meinen Sie, ich verachte die ›Ungetreue‹,
oder ich hasse sie? Fällt mir gar nicht ein. Womit ich nicht
sagen will, daß ich nicht zuweilen die Gebärde des Hasses
und der Verachtung habe, natürlich nur, um bessere Wirkun-
gen zu erzielen ihr gegenüber. Aber in Wirklichkeit versteh ich
ja alles, was geschehen ist, viel zu gut, als daß ich ...‹« (ES I,
842) Ganz so hochherzig und verständnisvoll wie Bermann ist
der auktoriale Erzähler aber nicht, denn die »Ungetreue«

muß mit ihrem Leben büßen, indem sie sich in einem See ertränkt.

Und der reale Arthur Schnitzler, der betrogene Betrüger? Er tobt seine narzißtische Kränkung in Rache-Exzessen aus, die sich nur mit dem Begriff Sadismus umschreiben lassen. »Du hast mich besudelt, wie nie ein Mann besudelt worden ist. − Du! − Mich! − «[538], wirft der empörte ›Briefsteller‹ Mizi vor. »Wenn du langsam zu Tode gemartert würdest, geschähe dir noch zu wenig«[539], befindet der drakonische Sittenrichter, und: »Es gäbe *eine* Strafe für dich: dir die Möglichkeit zu benehmen, je wieder eine Minute der Wollust zu durchleben − «[540]. In Superlativen fühlt sich der Rächer seiner verlorenen Ehre wie zu Hause: »Geliebt wurdest du wie keine − du wirst aber jetzt gehaßt, wie noch nie ein Weib auf dieser Welt. Ueber dich komme was ich unverschuldet um dich erduldet − daran mußt du zu Grunde gehen! − «[541] Mizi Glümer geht nicht zugrunde; zerknirscht und gebrochen fleht sie Arthur um Vergebung an, rutscht vor ihm auf den Knien, wird von ihm mit »Fäusten und Füßen« traktiert. Nach derlei Ausschreitungen und Schimpforgien ist ihm wohler − »erstens, weil ich sie so unbeschreiblich leiden sah, dann weil ich mich so heiß geliebt fühle.«[542] Am 24. Mai 1893 bilanziert er: »Wie sie wegging, nachdem ich sie geschlagen, gewürgt, packte mich die Idee, ihr einen Kuss auf die Stirn zu hauchen; in der unklaren Empfindung, ihr damit eine brennende Erinnerung mitzugeben. − In Summe blieb mir von der ganzen aussichtslosen Scene ein ungeheurer Ekel zurück.«[543] Doch bewegen ihn die unerschütterliche Hingabe und die fortwährenden masochistischen Demutsgesten zutiefst. Auch versteht es Mizi, durch »tolle« Briefe an Arthurs ästhetischen Sinn zu appellieren. Alle Wunden, die er ihr zufügt, binden sie nur um so stärker an ihn.

Im Mai 1896 sucht »Mz.I.« − so nennt er sie im Tagebuch zur leichteren Unterscheidung von Marie Reinhard − ihn wieder einmal auf. »Wie näher die meiner Seele noch ist als alle andern — und um wieviel lieber mich die hat wie alle andern —«, bemerkt er und ersinnt für sich eine »Grabschrift: Er hatte Glück bei Fraun — und auch er ist nur von Einer geliebt worden — und von der erst, nachdem sie ihn betrogen.«[544] Als Schauspielerin macht Mizi Glümer, treu umsorgt von ihrer Schwester Gusti Chlum, bescheidene Karriere; sie zieht durch die deutsch-österreichische Theaterprovinz, tritt auch des öfteren in Schnitzler-Rollen auf. 1902 heiratet sie den Direktor des Neuen Theaters in Berlin, Paul Martin, mit dem sie einen Sohn, Hans, hat. 1914 wird die Ehe geschieden.[545] Die innere und äußere Verbindung zu ihrer großen Liebe reißt jedoch nie ab. Schließlich kommt es auch zu familiären Kontakten zwischen Olga und Arthur Schnitzler und den Schwestern Mizi und Gusti. Die Kinder Heinrich Schnitzler und Hans Martin spielen unbefangen, wie Brüder, miteinander, welcher Anblick Schnitzler rührt und verwundert: »O Leben«.[546] Wie stark, wie unzerreißbar die Bande sind, beweist ein winziges Indiz. Lange Zeit schreibt Schnitzler in den Tagebüchern unterschiedslos »der Bub«, wenn er seinen Sohn Heini und Mizis Sohn Hans meint.

Marie Glümer verfällt freilich früh, immer wieder ist sie krank, verdämmert allmählich — Schnitzler unterstützt sie nach Kräften und ermöglicht ihr in ihrem Todesjahr einen Erholungsaufenthalt in Bad Gastein. Mit dem Bekenntnis »Frl. Else ist mein Gebetbuch und mein Talismann«[547], bedankt sie sich für die Hilfe, wobei die eigenwillige Orthographie tief blicken läßt. Ihr letzter Brief ist mit dem 3. November 1925 datiert. »Jetzt bin ich stolz und zufrieden und lese ich Deine Zeilen verklärt sich mein Gefühl. Und ich lese sie sehr oft. — Ich lebe nur in der Vergangenheit.«[548]

Mimi (Maria) Mann, Heinrich Manns Gattin, mischt sich unter die wenigen Trauergäste auf dem Friedhof. Schwester Gusti bittet sie, Schnitzler zu schreiben und ihm zu sagen, »dass Mizzi freiwillig ein Ende gemacht hat. Sie hat sich anscheinend diesen Sommer in Gastein Veronal verschafft und das muß sie wohl genommen haben. Sie soll, wie man jetzt hört, zu verschiedenen Leuten Selbstmordabsichten geäußert haben – aber immer mit ihrem feinen Humor – so dass man es nicht ernst nahm.« Das vermutete Motiv: Angst vor einem kleinen chirurgischen Eingriff unter Narkose. »In der Klinik wurde alles gemacht was zur Rettung nötig war – aber das Herz hielt nicht Stand. Sie ist eingeschlafen – ohne das Bewußtsein wieder erlangt zu haben. Sie hat nun Ruhe [...]«[549]. 35 Jahre zuvor hatte Arthur Schnitzler sein »süßes Mädel« gefragt: »Gibt es eine Liebe, die alles wieder gut macht?«[550] Nein, die gibt es nicht. Mizi Glümer hat jedoch ihr Bestes gegeben.

Die Berühmte und die Entschwundne

Zum Tode Arthur Schnitzlers im Herbst 1931 drückte Adele
Sandrock – bejubelt als komische Alte des deutschen Films –
dessen Sohn Heinrich ihr Beileid aus: »Mich, die ich das Glück
hatte, die Anfänge seiner Dichterlaufbahn mitzuerleben,
hat sein Heimgang besonders schmerzlich berührt.«[551] Die
Floskel vom Miterleben ist eine gesellschaftsfähige Verniedli-
chung. 1893 hat das Wiener Deutsche Volkstheater *Das Märchen* angenommen; vor allem deswegen, weil die Sandrock –
deren Auftreten im spektakeltollen Wien damals ein volles
Haus garantierte – in der Partie der Fanny Theren ungeahnte
Wirkungsmöglichkeiten wittert. Bei den Proben lernt man einander näher kennen, und Adele will rasch klare Verhältnisse
schaffen: »›Das geht mir schon die ganze Zeit im Kopf herum
– ist das nicht eine Geschichte, die Sie selbst erlebt haben –?
Ist es nicht die Geschichte mit der kleinen Gl.[ümer]? –‹« Auf
dem gemeinsamen Nachhauseweg erklärt sie dem Dichter
ohne Umschweife: »›Ich bin so eine Person, die das im Stand
ist – wenn ich mich in einen verlieb᾽, komm ich einfach zu
ihm.«[552] Noch vor der Generalprobe findet Schnitzler, nachdem er seine Protagonistin wiederum bis zu ihrer Wohnung
am noblen Opernring begleitet hat, in der Rocktasche eine
Botschaft vor, die in ihm die Reaktion »Geschmeichelte Eitelkeit« hervorruft: »Sie sind ein kleiner süsser Mensch. Das sagt
Ihnen Fanny.«[553] Aus einsichtigen Selbstachtungsgründen
heißt es im Journal »süßer kleiner« statt »kleiner süsser«.
   Die Premiere wird nur für den Star Sandrock ein mittlerer
Erfolg, der Dramatiker fällt durch. Sie tröstet ihn danach:
»›Ich habe Ihnen auch ein Bouquet gebracht – Sie haben Au-
gen wie eine wilde Katze.‹« Kurz darauf empfängt sie ihn im

Schlafzimmer. Dem Besucher fallen die »sinnlich höhnischen Augen« auf, überfallsartig küßt sie ihm die Hand – mit dieser galanten Geste wird die »Schauspielerin« dereinst im *Reigen* den charmant vertrottelten Grafen verwirren. Erlaucht kann bloß stammeln: »Aber Fräulein.« (DR I, 378) Hierauf folgen, nun wiederum in der unpoetischeren Wirklichkeit, »rasende Küsse«[554]. Adeles ältere Schwester Willy kommt, man trennt sich. Briefe eilen hin und her. Sogar in dieser Beziehung ist die Sandrock – wie stets – der aktive Teil, das begehrende Subjekt. »Ich werde Ihnen nicht entgegentreten wie ein armes Lamperl das nächstens geschlachtet werden muß«[555], verkündet sie ihm siegessicher. Am 6. Dezember 1893 präsentiert das Tagebuch ein klassisches Zitat der Erobererin: »Bist du wem untreu – Tröst dich, ich auch«[556] – klassisch deshalb, weil es fast wortwörtlich in den *Reigen,* Szene numero VIII, *Der Dichter und die Schauspielerin* (DR I, 374), montiert wurde. Der Dichter Schnitzler verbringt die halbe Nacht in Adeles Armen. Bemerkenswert erscheint ihm insbesondere ihre Frage danach: »Bist du nicht stolz …?«[557] Auch sie ist in den *Reigen* (DR I, 376) eingegangen.

Ein nachfolgender Liebhaber, der in den Rang des Verlobten aufsteigen wird, bezeichnet Adele korrekt als »Condottiera der Liebe«[558] – der k.u.k. Leutnant Sándor Friedrich Rosenfeld, besser bekannt als Roda Roda. Die bedeutende Künstlerin überschüttet ihren erotischen Gespons Schnitzler auch mit verbalen Liebkosungen. Diese haben unzweifelhaft ein herrisches Aroma: »Also Liebling, Silberfisch, Panther – mein Eisbär Du kommst.«[559] Manchmal verläßt Madame das Metaphernreich der Zoologie und springt mitten ins Humane: »[…] einziger Zwerg […] mein Ideales Gescheiderl«[560]. Auch Sachlichkeit steht hoch im Kurs: »Du süßes Menschenfleisch«[561]. Eine von Schnitzler für seine Geliebten gebrauchte Anrede verbittet sie sich von vornherein: »Sag mir nicht ›Liebes Kind‹.«[562] Sie selbst, von ihren Intimen »Dilly« gerufen, unterzeichnet maskulin mit »Dein Diltsch«, einmal als »Dein

Hund, Dein treuer, Dein Diltsch.«[563] Solch »toller Brief«[564] gefällt dem Herrn nicht übel, und auch wenn sie weint, wird sie
ihm »sehr sympathisch«[565]. Schnitzler selbst geizt ebensowenig mit bizarren Bezeichnungen, deren Zweideutigkeit für
sich spricht: »Dämon, liebes Kind, Engerl, Tragödin, Genie,
Fratz, Canaille, Liebling, süßes Herz, fascinirende Person, ge-
fährliches Wesen, herziger Schatz«. Im selben Schreiben, vom
23. Januar 1894, formuliert er jedoch bereits die ins Allgemeine gewendete Erkenntnis: »Ich versteh dich nicht, du verstehst mich nicht, wir verstehen uns nicht – die alte Liebescon-
jugation«[566].

Schon im ersten Taumel von beider Sinnenlust steckt somit
ein Quentchen Posse: Die Heroine und ihr zum Privatge-
brauch bestimmter Poet. Weder mag die Sandrock auf das
Techtelmechtel mit dem Komponisten Charles Weinberger
und dem schriftstellernden Anwalt Friedrich Elbogen verzich-
ten noch Arthur auf das süße Mädel Jenny. Der Herzenster-
minkalender vom 24.1.1894 ist charakteristisch für seinen
erotischen Gefühlshaushalt: »Brief und Blumen von Mz.,
Abds. bei Dilly, Nachts bei Jenny. –« Seltsam berührt, sinnt er
darüber nach: »Wenn Liebe einmal Hygiene oder Aventüre
wird, statt Liebe –«[567]. Dilly, keine Frage, ist eine anstrengende Geliebte, auch zu zweit bevorzugt sie die grandiose
Szene, Fortissimo-Auftritte, die ihres Mitspielers Nerven stra-
pazieren. Eine Zwickmühle des Gefühls: »Sie faszinierte ihn,
und er empfand sie als eine abstoßende Person.«[568] Aber da
Schnitzler nach eigener Einschätzung »Gewohnheitsquäler«
ist, nimmt der Sexualschwank seinen unausweichlichen
Gang. Immer häufiger werden die Ausbruchswillen signalisie-
renden Notate: »Plötzlicher Hass zuweilen und Gedanke: Ich
will ein junges frisches Mädel!«[569] – ein unfrommer Wunsch,
der sich zur Obsession steigern wird. Die Zänkereien erinnern
auf seiten Adeles an Bravourarien, deren Leitmotive – »Ich
liebe dich – Schuft – ich liebe dich – Schuft«[570] – auf Dauer je-
dermann ermüden. Mit schneidender Schärfe höhnt die Diva

Roveda, Dillys Reinkarnation im *Zug der Schatten:* »Er hält sich für einen Autor – köstlich! Ein Lustknabe bist du, kein Autor, lass' dir das gesagt sein.«[571] Adele Sandrock packt das gesamte hysterische Symptomenregister aus, bis hin zu Herzstillständen, als ihr »Putzel« langsam entschwindet, sie nimmt kein Blatt vor den Mund: »Ich hasse Dich Du gleißnerischer Hund, Du Scheusal, Du Egoist«[572].

Der Jahrestag ihres Verhältnisses naht, kein Grund zum Feiern. »Es ist zu bedenken, dass ich sie eigentlich nie auch nur ein bischen geliebt habe«, beichtet Schnitzler im Journal, aber auch noch anderes: »Möglicherweise hätt ich endgiltig mit ihr gebrochen, wenn mein Stück schon an der Burg angenommen wäre; was vielleicht eine Gemeinheit ist.«[573] Vielleicht ist es keine Gemeinheit, aber sicher diplomatisches Karriereden-ken. Wie zur Entspannung von den Mühen des tatsächlichen Liebesdienstes hat Schnitzler damals eines seiner schönsten Dramen geschrieben: *Liebelei.* Darin preist Fritz dem Freund Theodor Christine an: »Und du hast ja gar keine Ahnung, wie ich mich nach so einer Zärtlichkeit ohne Pathos gesehnt habe, nach so was Süßem, Stillem, das mich umschmeichelt, an dem ich mich von den ewigen Aufregungen und Martern erholen kann.« Der Freund pflichtet ihm sofort bei: »Drum bin ich auch immer gegen die sogenannten interessanten Weiber. Die Weiber haben nicht interessant zu sein, sondern angenehm.« (DR I, 219)

Für die verhalten pathetische Christine Weiring ist die Sandrock im Grunde eine schwer vorstellbare Besetzung. Trotzdem öffnet erst Adeles Ruhm dem Theaterdichter Schnitzler das Tor zum k.k. Hof-Burgtheater: Mit der Uraufführung der *Liebelei* am 9. Oktober 1895 ist Arthur Schnitzler als Bühnenschriftsteller ein gemachter Mann. Dilly überreicht ihm nach der Premiere »Lorbeer«. Das Paar ist damals freilich längst schon getrennt. Felix Salten hat sich als Deus ex machina bewährt und sich dankenswerterweise für einen Fauxpas der Sandrock zur Verfügung gestellt. Gemeinsam lachen die Herrschaften über den gelungenen Streich: »Ich hatte nur das angenehme Gefühl von diesem Weib erlöst zu sein«[574]. Aber weil die Seele auch in dieser Hinsicht ein weites Land ist, zieht alsbald wieder Groll in das Gemüt des Befreiten ein: »Da handelt es sich nun um ein Weib, das man nie geliebt, in der letzten Zeit gehasst hat, die man um jeden Preis los werden wollte, die man stets, wie die ganze Welt, für eine Canaille hielt, und hat noch außerdem das so seltene Glück, vollkommene Klarheit zu haben – und doch hat man eine Regung der Eifersucht, wenn sie einen betrügt.«[575] Nach vielen Erniedrigungen – »ich bete Deine Grausamkeit an, die mich so unmenschlich leiden läßt – *so* und nicht anders benimmt sich ein *Ehrenmann*«[576] – endet der wohl unsentimentalste Abschnitt in Schnitzlers »éducation sentimentale«. Der Epilog der Berühmten, die besessen zu haben für ihn nichts weiter war als eine »Sensation«, klingt – man nehme nur alles in allem – sympathischer: »Kind – Dich hab ich geliebt – na Schluß – «[577].

Es ist eine Besonderheit Schnitzlers, Lücken im Liebesreigen tunlichst zu vermeiden: lieber Überschneidungen, Parallelführungen als Pausen, verschlingende Leere. Die daraus unvermeidlich entstehenden Konflikte nimmt er in Kauf. Noch zieht sich die Agonie seines Verhältnisses mit der Sandrock hin, da ist schon Marie Reinhard in sein Leben getreten – genauer: in sein Ordinationszimmer, das sie als Patientin aufsucht. Die bildhübsche angehende Gesangslehrerin stammt aus bürgerlichem Haus und weiß, was eine höhere Tochter ihrem Ruf schuldet: Marie Reinhard ist selbstverständlich ›unberührt‹. Obwohl der dichtende Arzt sie beeindruckt, sie ihn immer wieder sieht, vergißt sie sich nicht. Behutsam kommen die beiden einander näher. Zu Weihnachten 1894 schenkt sie ihm einen »kleinen goldnen Bleistift«[578]. Ohne es zu ahnen, kettet sie Schnitzler damit auf unbewußter Ebene an sich. Einst, es war im Sommer 1891, hatte er geträumt: »Eine große Spinne, die mir den Bleistift wegträgt.«[579] Die Psychoanalyse deutet Spinnen nicht nur als Traumsymbol der bösen Mutter, sondern auch des weiblichen Genitales.[580] So wird die tiefsitzende Angst, seiner Kreativität und Potenz durch ›die Frau‹ beraubt zu werden, von Marie Reinhards Geste gemildert. Schnitzler verlegt das Präsent übrigens kurzfristig, er glaubt, es verloren zu haben. Erst in dem Moment, da er Mizi das Ende seiner Liaison mit der Sandrock mitteilen kann, entdeckt er den Stift wieder auf dem Schreibtisch.[581]

Die zärtliche Vertrautheit zwischen ihnen ist groß und wächst kontinuierlich, aber das Fräulein will keine Mätresse sein, es will eine Liebesheirat – ein Ansinnen, das bei Schnitzler auf unnachgiebige Gegenwehr stößt. Dennoch gehören sie zusammen. Der 13. März 1895, Marie Reinhards Geburtstag, wird von Schnitzler zum »Tag der Märzgefallenen« ausgerufen: »Es war ganz ungezwungen, ohne Pathos, und sie wurde so natürlich mein, wie sich diese ganze Geschichte natürlich entwickelt hat.«[582] Auch die Sprachregelung vom »mein werden« ist ein Anzeichen der Gerührtheit, in anderen Fällen, bei denen nicht so sehr das Herz als die Sinnlichkeit Regie führt, verwendet er das kapitalistisch nüchternere possessive Verbum »besitzen«. Und doch, kaum hat er sein Ziel erreicht, steigen Bedenken in ihm auf: »Denn wie die Menschen werden auch die Beziehungen mit ihrem Tod geboren.« Ein anderer Wunsch drängt erstmals an die Oberfläche: »Möchte ganz gern ein Kind, aber keine Frau haben.«[583]

Wenn Schnitzler aufrichtig ist, und das ist er im Tagebuch immer, muß er sich gestehen, daß er am meisten die Erinnerung an »Mizi I« liebt und es vorzöge, mit ›Mizi II‹ weniger oft beisammen zu sein – »es steckt viel Mitleid in meiner Liebe.«[584] Manchmal langweilt ihn ihre Gegenwart, und wahre Sehnsucht erfüllt ihn nur bei Abwesenheit: Auf Reisen adressiert er an die Zurückgebliebene innige, gewiß völlig unverlogene Briefe, fertigt für sie genaue Chroniken der Tagesabläufe, Begegnungen und Eindrücke an. Daß seine schweifende Sexualität nicht lange zur Ruhe kommt, versteht sich hingegen von selbst; bald verspürt er wieder »ein lebhaftes Bedürfnis, jedes Mädel, in unserm gesellschaftl. moralischen Sinn tief zu verderben.«[585] Solches setzt er unverzüglich in die Tat um, und der therapeutische Erfolg läßt nicht auf sich warten: »Seit ich eine zweite Gel.[iebte] habe, hab ich Mz. Rh. auch phys.[isch] viel lieber wie früher.«[586] Schnitzlers emotionale Unbeständigkeit, seine Unfähigkeit, die Frauen seiner Wahl rückhaltlos anzunehmen, vermittelt sich damals auch Außenstehenden. Der junge Hugo von Hofmannsthal sagt es ihm ins Gesicht: »›Ich weiss überhaupt nicht, dass Sie irgend jemanden sehr gern haben können.‹«[587] Am 22. Dezember 1896 verbringt Schnitzler den Abend mit Mizi Reinhard: »ganz hübsch«[588]. In dieser Nacht wird ein Kind gezeugt, ans Heiraten denkt der Zeugende nicht: »Ich bin ein tiefer Egoist.«[589] Er hat gerade seinen *Reigen* abgeschlossen. In einem Doppelbrief werden Hofmannsthal und Beer-Hofmann dem Verfasser später im Scherzando-Ton versichern: »lieber Pornograph [...] es ist ja Ihr bestes Buch, Sie Schmutzfink. [...] Viele Leute werden es als Ihr erectiefstes Werk bezeichnen.«[590]

Da die Schwangerschaft nicht allzu lange zu verbergen ist, fährt Schnitzler im Frühling 1897 mit ›Mizi II‹ mehrere Wochen nach Paris. Die Begleiterin wirkt »tadellos im Benehmen; ich empfinde es fast angenehm, dass sie mit mir da. Wenn ich mich aufs Gewissen frage, genirt mich nur, dass ihr Zustand schon sichtbar.«[591] Und am deutlichsten drückt sich seine innere Gespaltenheit während dieser ›Flitterwochen‹ in dem Bekenntnis aus: »Mz. sehr lieb; wohlthuend − möchte doch lieber allein sein. Sag ich mir die Wahrheit: das liebste wär mir ein Harem; und ich möchte weiter gar nicht gestört sein. Es ist zu bezweifeln, dass ich zur Ehe geboren.«[592] Ist er zum Vater geboren? »Am Ende fängt mit jedem Kinderhaben doch ein unbewußtes Abdanken und Resignieren an«, meint der gleichfalls Vaterfreuden entgegensehende Richard Beer-Hofmann, »oder spüren wir, daß wir nun überflüssig sind nachdem etwas von uns in Anderem weiterlebt.«[593]

Je näher der Zeitpunkt der Niederkunft rückt, desto ver-
krampfter versucht sich der gelernte Pascha seine Unabhän-
gigkeit zu beweisen. Er flirtet und poussiert hektisch in seinem
vertrauten Revier herum, mit Risa (Therese) Strisower, mit
Fifi, mit einer Minna Hamon, die er »›gegen ihren Willen‹« besitzt: »Eigentlich mag ich sie gar nicht.«[594] Am nachhaltigsten
läßt er sich mit der verheirateten Rosa Freudenthal ein: »Oft
komm ich mir vor – als wär ich das herzloseste, kälteste Indivi-
duum, nur von Begierden, kaum von Gefühlen; von Rührun-
gen vielleicht, aber nie von Innigkeit bewegt. –«[595] Sobald ein
Mitglied des Harems auch nur ansatzweise eigene Wege geht,
ist er »ärgerlich«, fühlt sich »›verrathen‹«[596].

Angesichts der Verwirrung der erotischen Gefühle wird
Schnitzler die »ganze Schwere« seiner »psych.[ischen] Erkrankung«[597] bewußt. Denn irgendwo weiß er, und im Roman
Der Weg ins Freie wird er aussprechen, was ihm die hoch-
schwangere Mizi Reinhard bedeutet, die er derart hemmungs-
los betrügt: »War sie es nicht, die er seit jeher gesucht hatte,
sie, die Geliebte war und Gefährtin zugleich, mit dem ernsten
Blick für alle Dinge der Welt und doch geschaffen zu jedem
Wahnsinn und jeder Seligkeit.« (ES I, 864) Das hindert den
kritischen Beobachter seiner selbst nicht, sich so zu verhalten,
daß es »für einen Possendichter zu verwerthen«[598] wäre: An
ein und demselben Nachmittag fahndet er nach einem Abstei-
gequartier für seine Schäferstündchen mit Rosa Freudenthal
und nach einem »Kostplatz« für das erwartete Kind. Letzteres
zumindest stellt sich als unnötig heraus. Nach fünf Tagen
qualvoller Wehen hört Schnitzler am 24. September 1897 aus
dem Zimmer der Gebärenden: »›Es ist da.‹ Ich war sehr froh.
Hinein. Finde [den Vetter und Gynäkologen Louis] Mandl
schon mit Wiederbelebungsversuchen beschäftigt; er ruft mir
entgegen: ›non vivit.‹ Wie ich das todte Kind sehe – erschüttert, wie noch nie … muss weinen, weinte stundenlang. – Der
Garten trauriger, stiller – Das Kind auf dem Tisch; sehr schön;
ich mußte es auf die Wange küssen. Tiefer Schmerz, den ich

durchaus nicht erwartet.«[599] Im achten Kapitel des Romans *Der Weg ins Freie* erfahren wir aus dem Mund des Arztes die Ursache der Totgeburt: »Es ist nämlich vom Nabelstrang erwürgt worden.« (ES I, 875) Diese Todesart sollte Schnitzlers Phantasie nicht loslassen. Der Dichter Sylvester Thorn erzählt im späten Versdrama *Der Gang zum Weiher* von einem ähnlichen Schicksalsschlag, der ihn getroffen: »Im Arm der Mutter/– Nichts war versäumt, Wehfrau und Arzt zur Stelle –/ Lag's mit gebroch'nem Aug'. Der Erde Luft/In sich zu atmen ward ihm nicht vergönnt./Die Nabelschnur der Mutter hat's erwürgt.« (DR II, 821)

Daß sich Arthur Schnitzler – wenn auch irrationale – Vorwürfe macht (»tiefe Empfindung eines Zusammenhanges zwischen dem Tod des Kindes und meinem Mangel an Interesse für das Kind vor der Geburt«), ist nicht überraschend. Wie zur Erleichterung seines schlechten Gewissens schreibt er am 2. Oktober an Rosa Freudenthal und »kleidet[ ] den Tod des Kindes in eine Novelle.«[600] Die tatsächliche literarische Bewältigung erfolgt aber erst im *Weg ins Freie*, und den beginnt er – nach zahlreichen Skizzen und Vorarbeiten – laut Tagebuch am 9. August 1902 um fünf Uhr nachmittag. Eine Stunde zuvor ist sein Sohn Heinrich geboren worden.[601] Lehrreich im Zusammenhang mit dem autobiographischen Wurzelgrund des Werks scheint auch, daß der Autor Georg Brandes mitteilt: »[…] ganz flüchtig, gewissermaßen wie ein Spaß, kam mir sogar der Gedanke, das Buch ›Die Mörder‹ zu nennen, oder die ›Die Schuldig-Unschuldigen‹ […].«[602] Doch von anderen und im Ernst läßt er moralisch nichts auf seine Figuren kommen: Wenn er sich dermaleinst mit dem befreundeten Monographen Richard Specht unterhalten wird, der Schnitzlers partielles Abbild im Roman, Georg von Wergenthin, zum »werthlose[n]« Menschen degradiert, »da er Anna Rosner während der Schwangerschaft betrüge«, erhebt das Vorbild Einspruch: »Ich finde diese Methode der Werthung einigermaßen anfechtbar«[603].

Seine Nebenfrauen – darunter »Mizi I« – behält Schnitzler auch nach der Totgeburt vorläufig bei, obgleich er an Marie Reinhard außerordentlich hängt, die für ihn »der einzig positive Besitz« seines »Lebens«[604] sei. Allerdings verstimmt sie ihn »durch ihr zu häufiges Anspielen und Ausdruck des Wunsches, geheir.[atet] zu werden.«[605] Der 2. Dezember 1898 zeigt exemplarisch die Vielfalt seiner Interessen: »Vm. bei Mz. Rh., Nm bei Mz. I, die mich entzückte. – Später bei Minni [Benedict]. Dann Abd. bei Mz. Rh. […] Warum kann man sie nicht alle haben, jede für sich allein, jede ohne Lüge, und jede ohne Qual für sich und für die andern. –«[606]

Am 13. März 1899 entsinnt sich Schnitzler: »Vierter Jahrestag« – es ist der »Tag der Märzgefallenen«. Knapp darauf erkrankt Mizi Reinhard schwer. Auf Blinddarmdurchbruch folgt Sepsis. Ein Konsilium mit Louis Mandl und Bruder Julius wird einberufen, am 18. März, ihrem Todestag, ist auch Josef Breuer – Freuds früher Weggefährte – anwesend.[607] »Ich weiss ja dass du da bist‹«, wendet sich die Sterbende an Arthur. »›Drum kann ich ja nicht fort.‹«[608] Mizis letzte Worte verzeichnet er erst Jahrzehnte danach, er zitiert sie in einem Traum: »Behalt mich lieb!«[609]

Diesen Auftrag erfüllt er getreulich. Arthur Schnitzler erleidet mit dem Tod Marie Reinhards eine der Katastrophen seiner Existenz: »– die letzte Angst auf immer alles zerstörend, was noch kommen könnte«, klagt er Hugo von Hofmannsthal. »Eine ungeheure Gleichgiltigkeit gegen alles, was mir auch Inhalt des Lebens schien – schauen ins leere, greifen ins leere, jammern in leere.«[610] Das Journal verstummt auf Monate, und wenn Marie Reinhard künftig erwähnt wird, dann viele Jahre lang als mythisch verklärte »Entschwundne«, als »Sie« oder die »Todte«: Ihr Name ist heilig, ist tabu. Jeden 18. März gedenkt er ihrer bis zuletzt, wie er auch stets den Todestag seines Vaters einträgt. Anfangs erweist sich das verhängnisvolle Datum als unerhört mächtig, verstörend bis ins Sexuelle hinein. Im November 1899 hat Schnitzler bei einer gewissen Poldi Müller offenbar Potenzschwierigkeiten: »Verbrachte den Tag wie ein Bub vor einer Prüfung; und als P. M. kam, fiel ich richtig durch, was mich unverhältnismäßig verstimmte. – Dazu kam, dass heut wieder der 18. war, und ich war mir physisch und moralisch widerwärtig, aber nicht genug.«[611]

Jene Treue, die er der lebenden »Märzgefallenen« nicht halten konnte – der toten bewahrt er sie hingebungsvoll, nahezu zwanghaft. Und doch ist es nicht so einfach: Das Durcheinander seiner Empfindungen zwischen verzweifelter Trauer und Lebenstrieb gestaltet Schnitzler in der kleinen Prosaarbeit *Um eine Stunde* zum Gleichnis. Ein junger Mann sitzt am Bett seiner sterbenden Geliebten und betet: »›Laß sie mir, Unerbittlicher, laß sie mir noch einen Tag, noch eine Stunde, aber nimm sie mir nicht jetzt, nicht gleich!‹« (ES I, 313) Er will ihr sagen, was er ihr zu sagen versäumt hat: wie sehr er sie liebt. Der Engel des Todes erscheint, doch auch dieser kann ihm bloß einen Handel vorschlagen. Er müßte jemanden auftreiben, der ihm eben diese eine, seine letzte Stunde schenkte. Vergebens macht sich der junge Mann auf die Suche, schließlich ist einzig und allein er bereit, sein Leben in die Waagschale zu werfen; trotzdem stirbt die Kranke, ohne zu erwachen. Weshalb wurde sein Opfer nicht angenommen? Der Todesengel antwortet: »Armes Menschenkind! Glaubst du denn, daß es dir vergönnt ist, durch alle deine Liebe und durch allen deinen Schmerz hindurch in die Tiefen deiner Seele zu schauen, wo deine wahren Wünsche wohnen? Noch einmal wirst du mich sehen, da werde ich dich fragen, ob ich dich heute betrogen habe oder du dich selbst.‹« (ES I, 318)

In seinem Dichten vermag Schnitzler zu artikulieren, was er sich nicht einmal im Tagebuch zugesteht. Dafür bekommt er auch Vorwürfe zu hören, und zwar von Marie Reinhards Schwester Lola Burger: »[…] besonders wegen des scheinbar getrösteten Schlusses; sie traf eine wunde Stelle, da ich selbst nachträglich die Sache als unvornehm empfand.«[612]

Lieben und zerfleischen uns

Der Schock des Verlusts hat Schnitzler aus der Bahn geworfen. Sicherlich, es mangelt nie an Frauen, die er recht mühe- und recht lustlos »besitzen« kann, so die Schauspielerin Marie Elsinger, Helene Samek und Johanna Freund: »Ich glaube noch keine meiner Geliebten war mir so unsympathisch.«[613] Und auch mit Poldi Müller ergibt sich mehr als ein Tête-à-tête, eher schon sexueller Leistungssport – zuweilen kommt er sich dabei »als eine Art geschlechtl.[icher] Übermensch« vor. Von der »Wichtigkeit gerade der geschlechtlichen Begabung« ist er durchdrungen, dem »Spott, der sich im allgemeinen an den Geschlechtsuntüchtigen heftet« (AuB, 38), will er sich nie und nimmer aussetzen. Wenn er nicht »so disponirt« ist, fühlt er sich »deprimirt«[614].

Am 23. April 1900 hält er fest: »[...] habe eine wachsende Angst vor dem Altwerden, ein ungeheures Bedürfnis nach Zärtlichkeit, Geliebt-, Angebetet-, Bewundertwerden. Nur das befreit mich zuweilen von meinen Angstgefühlen. – Nm. war Dina M. da; sehr klug, wollte sie wäre schon schöner; sie wird es gewiss. [...] Ging Abd. spazieren, bin wieder erotisch [wie] krank. Möchte alle haben.«[615] Dina Marius, so nennt sich die Schauspielschülerin Olga Gussmann, ist um zwei Jahrzehnte jünger als Schnitzler und verehrt ihn seit längerem. Sie weiß, daß sie damit kein Einzelfall ist. Erscheint der Erfolgsautor Schnitzler in der Direktionsloge des Burgtheaters, erregt er beträchtliches Aufsehen. »Wenn sein schöner rötlichblonder Kopf unten links auftauchte«, erzählt Olga in ihren Memoiren, »reckten die jungen Mädchen oben auf der Galerie die Hälse, um ihn besser sehen zu können, denn sie liebten ihn alle.«[616] Im Spätfrühling 1899 hat sie ihn postalisch um ein Photo ersucht. Der Brief ist so »hübsch«, daß Schnitzler auf die Absenderin »neugierig«[617] wird. Sie soll sich das Bild persönlich abholen – dabei besticht ihn ihre Intelligenz. Zu seinem »ziemlich jämmerliche[n] 38. Geburtstag« erhält er Blumen auch von Dina Marius.[618] Immer öfter verabredet man gemeinsame Spaziergänge, auch die jüngere Schwester Liesl Gussmann erweckt sein Wohlgefallen. Im Sommer 1900 berichtet Schnitzler Hofmannsthal aus Reichenau: »Ein paar Stunden täglich plaudere ich mit einer angehenden nicht hübschen Schauspielerin, die für ihre 18 Jahre von einer unglaublichen Klugheit ist.«[619] Mit Freunden – darunter Beer-Hofmann und Alfred Kerr – reist er in der zweiten Augusthälfte durch die Schweiz nach Meran. In einem Brief an Olga erklärt er sich: »Ich habe einen Durst in mir, wie noch nie – aber weder die Reiserei, noch selbst die Schreiberei könnte, wird ihn stillen. – Die Wahrheit ist in Kürze, ich möchte alles haben – Einfach.«[620] Die Wendung klingt nur allzu bekannt – höflichkeitshalber hat er das verräterische »alle« zu »alles« abgeschwächt.

Nach der Rückkehr herrscht in Wien stimmungsvoller Altweibersommer, die Schwestern Gussmann und Arthur Schnitzler flanieren in diesen Wochen des öfteren durch den Prater, wobei er ihnen mancherlei von sich enthüllt: »Er spricht von einem Stoff, der ihn schon lang beschäftigt – längst will er ihn gestalten: le revers de la médaille – die Kehrseite des sogenannten tollen Lebens, den Durst, sich in Genuß zu verlieren, und den Katzenjammer, das Trübe, den Ekel, das ewige Ungenügen … Jenen Don Juan will er schildern, jenen echten, der immer auf der Flucht ist, sein gejagtes Leben – nichts von Rausch ist darin, ganz das Gegenteil!«[621] Zwei Tage später küßt er Olga in dunklen Alleen, »ganz ohne entrain«. Aber auch seiner ›Liebeserklärung‹ eignet weder Munterkeit noch Schwung. Schnitzler sagt der Geküßten nämlich: »Heut vor 1½ Jahren wurde die letzte begraben, die ich geliebt habe«[622]. Obwohl er spürt, daß er Olga »lieben könnte und

dass [er] sie lieben« wird[623], ist das derzeit nichts als Zu-
kunftsmusik. Von Johanna Freund, der »Gans«, wird ihm
eröffnet, sie sei von ihm in der Hoffnung: »Ich sehr kühl, ja ge-
fühllos; der Gedanke von dieser Person ein Kind zu haben widerwärtig.«[624]

Ende Oktober bezieht Schnitzler eine neue Wohnung, und
am 11. November findet die »Einweihung des Badezimmers«
statt, zusammen mit Dina Marius: »[...] sie wurde mein. –«[625]
Sie zu lieben sieht er sich immer noch außerstande, zumal da
Poldi Müller weiterhin auf ihre Sexualrechte pocht. Im Frühling 1901, Olga Gussmann ist bereits schwanger, fährt Schnitzler nach Italien, empfindet im Traum »das Kind als ungeheure
Unbequemlichkeit«.[626] Erst als er wieder in Wien ist, überwäl-
tigen ihn Liebe, Eifersucht, Sehnen – »als wären seit meiner
Reise die Flammen über mich zusammengeschlagen.«[627] Und
am 30. April brechen die Dämme: »Ich weinte in ihren Armen
– Alles spielt hinein. Kam mir nichtig, lächerlich, erbärmlich
vor, hatte Reue, ja Reue wegen vergangnen – und manches
nicht lang vergangnen, was ich doch nicht sagen konnte – obwohl ich ihr am liebsten alles gesagt hätte – Graun vor der Zukunft – liebe – liebe – liebe sie – Ich glaube nicht, dass ich es
je so erlebt habe. Vielleicht ähnliches zur Zeit von M.Gl. –
Aber hier kommt dazu – dass es so allmälig geworden ist –
dass sie Mädchen war – und dass sie auf dem gleichen Niveau
mit mir steht. Ich liebe sie, so dass ich wie zerrüttet bin – ich
liebe sie, daß ich wirklich *gut* sein möchte – ich möchte irgend
was finden um sie sicher zu halten für ewig.«[628] Das gemeinsame Kind ist es jedenfalls vorläufig nicht. Aus verklausulier-
ten Anspielungen im Tagebuch läßt sich ableiten, daß Olgas
Schwangerschaft frühzeitig endete: »Der Traum ist aus. [...]
Sie mußte operirt werden und litt sehr.«

Selbstverständlich mißtraut Schnitzler auch dem eigenen
Enthusiasmus. Allzu deutlich sieht er die »beiden Gespenster,
die an unserm Bett stehn – meine Vergangenheit, ihre Zukunft.«[629] In Olgas Vorleben gibt es allerdings niemanden,

den er nachträglich auslöschen müßte. Und was seine bis in die Gegenwart reichende, üppige Vergangenheit betrifft, tritt ein revolutionärer Wandel ein: Der Erotomane scheint sich für andere Frauen nicht mehr sonderlich zu interessieren – Seitensprünge, die der Libertin bis dato so akkurat aufgezeichnet hat, verschwinden aus dem Diarium. Der so übermäßig lang in seiner Adoleszenz verharrte, ist über Nacht ein vorsichtiger älterer Herr geworden. Aus Rom hatte er Olga im April 1901 geschrieben: »[...] denn nur du, du ganz allein bist meine Sehnsucht – die Ruhe, geliebte – nicht – *noch* nicht.«[630] Sie sollte es auch nie werden, obwohl sie allein schafft, was keiner vor und nach ihr gelingt. Am 26. August 1903 wird Olga Gussmann Frau Arthur Schnitzler, der uneheliche Sohn Heinrich ist damals immerhin ein Jahr alt. Der späte Bräutigam hat Attentate auf seinen Junggesellenegoismus, mit dem er im *Einsamen Weg* abrechnete, außerordentlich hartnäckig abgewehrt, und das mit zureichendem Grund. Früh schon wirft das Gespenst von Olgas Zukunft Schatten auf die »[e]inzige absolute Beziehung«[631].

Ihr aussichtsloser Ehrgeiz, als Künstlerin, als Sängerin vor der Gesellschaft zu bestehen und nicht bloß Frau eines Berühmten zu sein, sorgt für nicht endenwollenden, erbitterten Streit, der die Ehejahre vergiftet. Mit pessimistischer Klarsicht hat Schnitzler im Dezember 1902 die Gefahr erkannt: »Das schauerliche an solchen Discussionen bleibt doch immer, dass sie den Grund aufwühlen, auf dem der Hass ruht, – wie er zwischen allen Paaren besteht, die einander lieben. – Es kommt immer wieder zu Versöhnungen, und wir trösten einander gegenseitig, dass es nur die Liebe ist ... die eifersüchtige – übrig bleibt doch ein Müdewerden, Müdesein, und die grauenvolle, nie ausbleibende Einsicht: man hätte einander lieber nicht finden sollen.«[632] Diese resignativen Töne wandelt er wenige Wochen darauf so ab: »Leute, die beide zur Unzufriedenheit geboren sind – sollten einander nicht begegnen ... und wenn sie gar merken, dass sie sich verlieben könnten, – um-

drehen − fort. − «⁶³³ Ohne Zweifel gibt es Erholungsphasen
ehelicher Ausgeglichenheit, der trauten Zweisamkeit, ja der
familiären Idylle: Arthur Schnitzler selbdritt. »Momente,
wenn ich mit O.[lga] beim Buben bin, Abends, wir auf seinem
Bett sitzen und alle drei uns gegenseitig küssen. Alles läßt sich
durch Anticipation erfassen, nur nicht die Liebe zu einem
Kind.«⁶³⁴ Wie bedeutsam ihm dieser Gedanke ist, geht aus der
Tatsache hervor, daß er ihn mit anderen Worten wiederholt.⁶³⁵
Indes relativiert er die Unmöglichkeit, solche Gefühle vorweg-
zunehmen, durch Fehlleistungen, die ihm selbst bewußt werden: In seinen Träumen setzt er den Sohn oft mit dem Bruder
gleich, auch verschreibt und verspricht er sich und nennt
Julius Heini und umgekehrt.

1909 schenkt Olga einer Tochter das Leben: Lili wird der Vater abgöttisch lieben, mehr als jedes andere Wesen. Der Anblick von Mutter und Kindern verleitet ihn zu dem voreiligen,
von »Lohengrins« Elsa geborgten Schluß: »[...] − es gibt ein
Glück, das ohne Reu!«⁶³⁶ Olgas hervorstechende Qualität ist
wahrscheinlich ihr Verständnis für Schnitzlers Arbeit; als un-
erreichte, unersetzliche Gesprächspartnerin begleitet sie die
Entstehung seiner Dichtungen. Diese Gabe hilft dem Paar
über viele Krisen hinweg. Dennoch nimmt die Ehe im Lauf
der Zeit schmerzliche Strindberg-Züge an. »Lieben und zer-
fleischen uns«⁶³⁷, hat Schnitzler ganz am Anfang der leiden-
schaftlichen Bindung konstatiert und damit eine Art Motto
des künftigen Beisammenseins geprägt. Die Perioden der
Zwietracht und wechselseitigen Abpanzerung, von grollender
Verstocktheit, die sich erst in großen Szenen sexuell löst, werden immer länger und häufiger: Auf seiten Olgas verfestigt
sich die Enttäuschung über ihre verfehlten Ambitionen bis zur
idée fixe, gerade durch die Ehe um eine mögliche Karriere gebracht worden zu sein. Und tatsächlich beunruhigen die
Selbstverwirklichungsabsichten Schnitzler − er fördert sie nur
halbherzig, seine untergründige Abneigung dagegen ist un-
überwindlich. In den Auseinandersetzungen reklamiert er,

hierin Herr des männlichen Diskurses, für sich die »Sprache der Logik«, Olga billigt er großzügig den »Dialekt des Eigensinns«[638] zu. Seine Schwägerin Liesl Steinrück verleiht ihm mit freundlicher Ironie Titel und Charakter eines »Herodes in der Westentasche«, er lehnt die »Westentasche« ab.[639] Auch bei Schnitzlers Sekretärin »Kolap« (Frieda Pollak) wird von Olga über ihn bitterlich geklagt. Der Beklagte gibt – vor seinem Tagebuch-Tribunal – der Klage recht: »›Ich müsse quälen; – ich hätte alle gequält –‹ Sehr wahr. Aber hab ich nicht immer Grund gehabt – wenn auch manchmal erst im nachhinein? – Übrigens fühle ich sehr klar. Alles ›böse‹ in mir stammt aus dem erotischen. –«[640]

Als Olga mit dem um zwölf Jahre jüngeren Pianisten und Komponisten Wilhelm Gross, einem ständigen Gast des Hauses Schnitzler, von dem sie sich besser verstanden glaubt, ein Verhältnis beginnt, wissen es alle anderen vor dem betrogenen Gemahl. An einem eventuellen anderen »Er«, seinem Nebenbuhler also, zeigt er sich »eigentlich mehr belletristisch interessirt als sentimental.«[641] Lange und nicht ohne Erfolg sperrt er sich gegen das Offenkundige. Und selbst nachdem keinerlei Zweifel mehr erlaubt ist, gestattet er sich keine aggressive oder abträgliche Bemerkung über Gross. Im Gegenteil, er entwickelt angeblich »lebhafte Sympathie für ihn«[642], ist »ohne jede Feindseligkeit gegen ihn«[643]. Das Diarium vermerkt sogar einen »erot.[ischen] Traum – auf G. bezüglich, mit Widerstand – offenbar auf eine Kindheitserinnerung bezüglich.«[644]

Was ist aus dem Eifersuchtsberserker von ehedem geworden? Theodor Reik hat schon einst in Schnitzlers Werk ein »eigenartige[s] Motiv« ausgemacht: »Es ist das der Sympathie für den sexuellen Rivalen.«[645] Markant tritt jenes Motiv in der 1918 publizierten Novelle *Casanovas Heimfahrt* hervor, und zwar im Duell zwischen dem alternden Chevalier und einem schönen Jüngling, seinem jugendlichen Ebenbild: »Lorenzi stand ihm gegenüber, herrlich in seiner Nacktheit wie ein junger Gott. [...] Wenn ich meinen Degen hinwürfe? dachte

Casanova. Wenn ich ihn umarmte? Er ließ den Mantel von seinen Schultern gleiten und stand nun da wie Lorenzi, schlank und nackt. [...] Er ist nur jung, ich aber bin Casanova! ... Da sank Lorenzi hin, mit einem Stich mitten ins Herz.« (ES II, 313) Zum Abschied küßt der Sieger im Liebeskampf um eine Frau den Ermordeten auf die Stirn.

In der Ehewirklichkeit der Sternwartestraße ist von solch romantisch-melodramatischer Phantasielösung keine Rede. Der beinah emeritierte und doch unverwüstliche Casanova Schnitzler sähe es wohl am liebsten, wenn seine sich ihm entziehende Gattin mit dem jungen Mann eine neue Existenz gründete – dann hätte er, der Verlassene, wenigstens äußere Ruhe. Doch daraus wird nichts. Auf dem Papier hält die Nicht-Ehe bis zum Sommer 1921. Der frisch Geschiedene befördert seine Erleichterung ins Journal: »So hab ich mein Scherflein zur Statistik beigetragen. –«[646] – eine Nüchternheit, die den emotionalen Tatsachen aufs schärfste widerspricht. Quälend und verletzend für die Beteiligten verläuft der Trennungsprozeß, der mit dem gesetzlichen Schlußstrich keineswegs erledigt ist, bis zu Schnitzlers Tod nicht erledigt sein wird. Morgendliche Weinkrämpfe sind an der Tagesordnung, Alters- und Einsamkeitspanik martern ihn über das gemeinhin menschenerträgliche Maß hinaus. In materiellen Dingen behandelt er Olga äußerst generös und läßt es ihr wahrlich an nichts fehlen, ihre nie aufhörenden Bestrebungen, zurückzukehren, weist er hingegen hart zurück. Arthur und Olga Schnitzler konnten beisammen nicht bleiben, sie können aber auch nicht gänzlich voneinander lassen – zu sehr sind sie zusammengewachsen gewesen. Noch 1924 wird er sich fragen: »Ist alles das doch noch (– oder wieder –? oder ›ewige‹) Liebe; – oder nur *Zwangsneurose? (Was ja am Ende auch die ›Liebe‹ ist.)*«[647] Und als die beiden, nach Lilis Selbstmord, mit Sohn und Schwiegersohn im August 1928 mehrere Tage im bayerischen Hohenschwangau verbringen, spricht Olga »von ihrem Alleinsein; – unser aller Zusammengehörig-

keit. [...] Und mir fiel ein – dass – heute unser silberner Hochzeitstag. Wir weinten einander in den Armen; – in unsäglicher
Verzweiflung, und in schmerzlichster Liebe. – Ob sie nicht
doch mit mir jetzt nach Wien solle. Ich sagte nein [...]«[648].

Die Hauptsache – seid ihr!

Mit dem Zusammenbruch der Ehe, dem »Ruin [seines] Wiener Hauses«[649], ist Schnitzlers erotische Laufbahn keineswegs vorbei; aber die grundlegenden, die aufwühlenden Erfahrungen – mit den beiden Mizis und den beiden Olgas –, die hat er hinter sich. Der Vielbegehrte bleibt es auch im Alter. Jüngere und reifere Frauen – von Hedy Kempny, dem »Mädchen mit den dreizehn Seelen«[650], bis Vilma Lichtenstern, von Berthe Brevée[651] bis zum letzten Lichtblick Suzanne Clauser – bilden eine Art weiblichen Hofstaats um ihn, die Majestät des Dichters. Und doch scheint der Stoßseufzer des Umworbenen: »welch ein Gedräng von Einsamkeiten«[652] angebracht. Am ausgiebigsten und lieblosesten, das Wort beim Wort genommen, entwickelt sich sein (sexuelles) Verhältnis mit der Schriftstellerin Clara Katharina Pollaczek. Im günstigsten Fall verschafft ihm die Gefährtin seines ›fünften Akts‹ eine gewisse Annehmlichkeit, zumeist fällt sie ihm lästig. Traurig nur, daß sie Schnitzler liebt, besitzergreifend liebt.

Das intime Profil Arthur Schnitzlers, zusammengesetzt aus Mosaiksteinchen seiner Selbstzeugnisse, kann kaum jemanden frohgemut stimmen. Es wirkt, wie des Autors *Reigen*: »Komisch, jedoch nicht erheiternd, erschütternd, aber nicht tragisch.«[653] Fast neigt man dazu, Stendhal recht zu geben. Der befand über seine legendäre Abhandlung *De l'amour* von anno 1822, sie analysiere »la plus terrible des passions du cœur humain«, die schrecklichste Leidenschaft des menschlichen Herzens. »Verträgt sich: Bedürfnis nach Ungebundensein und nach Zärtlichkeit?«, hat Schnitzler Olga Waissnix 1897 gefragt. Er erhielt von ihr darauf keine Antwort, auch keine Reaktion auf den Stoßseufzer: »Immer alles haben können

und immer alles wegwerfen dürfen, das wär schön.«[654] Sie hat
ihn zu gut gekannt.

In der Tragikomödie *Das weite Land* sagt die Bankiersgat-
tin Adele Natter zum Sexualdespoten Friedrich Hofreiter: »Ich
versteh' dich wirklich nicht. Es gibt doch noch was anderes
auf der Welt als — uns.« Hofreiter pariert charmant: »Ja, — die
Pausen zwischen der einen und der andern. Die sind ja auch
nicht uninteressant. Wenn man Zeit hat und in der Laune ist,
baut man Fabriken, erobert Länder, schreibt Symphonien,
wird Millionär … aber glaube mir, das ist doch alles nur Ne-
bensache. Die Hauptsache — seid ihr! — ihr — ihr! …« (DR II,
250) Eine gefährliche, eine zerstörerische Courtoisie. Auch für
den Mann Arthur Schnitzler waren die Frauen die »Hauptsache«, er hat sie gebraucht im Doppelsinn — er benötigte und
benützte sie. Zauber der Kunst, daß in der literarischen Um-
schmelzung des Erlebten davon so wenig zu merken ist. Kom-
promißlos und listig, jedoch ohne erhobenen Zeigefinger
untergräbt er in seinem Werk die männlich-allzumännliche
Position, über deren Fragwürdigkeit er sich keiner Täuschung
hingeben konnte[655]: »Er formte nicht nach einer bestimmten
›Weib‹-Theorie«, bescheinigt Nike Wagner seinen Frauenge-
stalten, »sondern nach einer ›Praxis‹, die ihn gelehrt hatte, die
Zusammenhänge zwischen der allgemeinen Triebnatur des
Menschen [...] und seiner individuellen Veranlagung zu be-
achten.«[656] Sogar vom marxistischen Standpunkt wurde ihm
dafür, bereits knapp nach seinem Tod, Applaus zuteil. Klara
Blum reihte ihn als stillen »Pionier des Frauenrechtes« in die
Fortschrittsfront ein, denn Schnitzler habe die »alte Gesellschaft vor allem — und das ist sein entscheidendes Verdienst —
in ihrer ungeheuren Ungerechtigkeit gegenüber der Frau ent-
larvt. Keiner hat wie er die Frau, dieses klassische Objekt der
lautlos höflichen Unterdrückung und Entwertung, wie sie für
das Bürgertum kennzeichnend ist, verstanden.«[657]

Trotz so viel und so berechtigter Zustimmung weiß man
nicht recht, wie man Schnitzlers Doppelgesichtigkeit — hier

die Privatperson, von unbezähmbaren, für sich und andere oft destruktiven Gelüsten getrieben, da der verantwortungsbewußte, gerechte »Dichter der Libido«[658] – verstehen soll. Viktor Tausk hat in der Runde der Psychoanalytiker den Verdacht geäußert, »des Dichters reales Verhältnis zur Liebe« sehe »in der Regel anders« aus als in seiner Dichtung. Solche Diskrepanz steht bei Schnitzler außer Streit. Dennoch gibt es ein verbindendes – und womöglich erhellendes – Motiv. Es ist gleichermaßen im Leben und im Œuvre nachweisbar.

Fifi, das Symbol der »Behaglichkeit«, unterscheidet sich von der Schauspielerin Camilla Goldschmidt, die sich nach der »Märchen«-Heldin Theren nennt und die Schnitzler nur »anstandshalber« ›besitzt‹, vorteilhaft durch ihren »wohlthuenden Duft«[659]. Während er unter Adele Sandrocks erdrückender Leidenschaft stöhnt, beschwert er sich in seinem Tagebuch: »Meinem Leben fehlt der Duft. – Das Verhältnis mit D.[illy] ist so duftlos.«[660] Auch weckt es in ihm »Sehnsucht nach einem sehr jungen, sehr duftenden Mädel ohne Pathos.«[661] Ein Besuch von Marie Reinhard – ebenfalls noch während der Sandrockschen Sexualregentschaft – ist ein sanftes Stimulans: »[...] sehr lieb, und ihr Duft that mir wohl. Sie beunruhigt mich; ich sie auch.«[662] Geht Schnitzler im April 1895 mit Mizi Glümer, der »Ungetreuen«, ins Chambre séparée, so kann er nicht umhin, Geruchsvergleiche mit der zweiten Mizi anzustellen: »Sonderbar ist, daß sie sogar den Duft, rein körperlich, für mich verloren hat! Mz. Rh. duftet süßer für mich [...]«[663]. Und auch Minnie Littmann, der er den aparten Vorschlag unterbreitet, den Abend vor ihrer Hochzeit mit ihm zu verbringen, kommt an Marie Reinhard nicht heran: »[...] das hatte weniger Duft.«[664]

Für lange entweicht die Duft-Metapher hierauf aus Schnitzlers Tagebuch-Wortschatz. Als der 57jährige 1919 das Unausweichliche einer Trennung von Olga begriffen hat, kehrt sie – ausgerechnet im ehelichen Disput – wieder: »Ich stelle, wie scherzend die Frage. ›Also – soll ich die Zeit benutzen, mir eine

Geliebte zu suchen?‹ — Ihre Antwort läßt keine Zweifel übrig. ›Dieser Abschied‹ sagt ich, — ›duftet von keinem neuen Morgen.‹«[665] Nicht einmal der gescheiterte Ehemann Schnitzler kann den gleichnamigen Autor vergessen: Er zitiert sich selbst, und zwar den *Ruf des Lebens*, worin es heißt: »Wenn man erst weiß, wie kurz das Leben ist, duftet jeder Abschied von einem neuen Morgen …« (DR I, 988) Und der alternde Schnitzler verschenkt mit Vorliebe Flieder an Damen seiner Huld, zu Silvester 1923 etwa gleichzeitig an drei verschiedene.[666]

Noch weitaus stärker duftet es in Schnitzler-Texten. Nur einige Beispiele: In der *Kleinen Komödie* entströmt einem süßen Mädchenleib »wohlige[r] Duft«. (ES I, 191) Frau Berta Garlan zürnt ihrem Jugendgeliebten, »weil er nicht frecher gewesen, weil er ihr das letzte Glück vorenthalten und ihr nichts zurückgelassen hatte als Erinnerungen voll Duft, aber voll Qual.« (ES I, 429) Nach der Liebesnacht mit Emil Lindbach empfindet sie »eine ganz neue Zärtlichkeit für ihren eignen Leib, der ihr noch von den Küssen des Geliebten zu duften schien.« (ES I, 488) In *Frau Beate und ihr Sohn* fürchtet jene, dieser könne »mit seiner duftenden Jugend« (ES II, 46) der »Lust« der überreifen Schauspielerin Fortunata zum Opfer fallen.[667] In der Novelle *Der Tod des Junggesellen* steht das erotische Todesurteil: »Denn seiner Gattin Leib war welk und ohne Duft für ihn« (ES I, 969), und in *Casanovas Heimfahrt* der Fluch: »Du wirst fett und runzlig und alt werden […], ein altes Weib mit schlaffen Brüsten, mit trockenem grauen Haar, zahnlos und von üblem Duft«. (ES II, 274) Fedor Denner instruiert im *Märchen* Fanny Theren: »Nein, mein Kind — unsere Erinnerungen welken nicht, das ist das Traurige. Sie können nur ihren Duft verlieren —« (DR I, 188). In der *Liebelei* wiederum beschwört Fritz im Gespräch mit Christine »Augenblicke, die einen Duft von Ewigkeit um sich sprühen« (DR I, 252)[668], und daß der »Dichter« im *Reigen* dem »süßen Mädel«, bevor er den Busen küßt, eine einschlägige Artigkeit erweist, ist Ehrensache: »Was einem für ein Duft entgegensteigt. Wie süß.« (DR I, 368) Im *Schleier der Beatrice* wird Beatrice von Filippo Loschi als eine beschrieben, »die jetzt duftet und erbebt« (DR I, 635), und im *Ruf des Lebens* fragt Marie ihre Cousine Katharina, die eben von einem Mann kommt: »Wonach duftest du so seltsam?« (DR I, 987) Wie Schnitzlers Leben läßt jedoch auch sein Spätwerk zunehmend diesen sehr spezifischen Duft vermissen. Im *Gang zum Weiher* (1921) gäbe Sylvester Thorn alles »für die Stunde hin, / Die eine unter allen Menschenstunden, / um die der Duft von Ewigkeiten sprüht. – / Die Stunde, da – zwar sterblich, doch erfüllt / Von Lebensatem meine Brust, durchbraust / Von Blut des Lebens meine Pulse – ich / Ein glühn'des Herz an meinem schlagen fühlte.« (DR II, 829)

Duften bezeichnet bei Schnitzler den Reiz des Sexuellen schlechthin – es verheißt erotische Verlockung und Freiheit, es verheißt Jugend, Blüte und Frische, einen Moment beglückender Dauer im Strom unweigerlichen Verfalls, das Fluidum des Lebens. In seiner *Komödie der Verführung* (1924), dieser quasi naturwissenschaftlichen Versuchsanordnung über die Unmöglichkeit der Liebe in einer untergehenden Welt, ist es in erster Linie der duftende Flieder, der Erinnerung an und Hoffnung auf betörende Augenblicke weckt. (DR II, 891, 928, 939, 964) Gräfin Aurelie und Ulrich Freiherr von Falkenir, die ungeachtet aller Irrungen und Wirrungen füreinander bestimmt sind, können gemeinsamen Frieden allein im gemeinsamen Tod finden: »Sie haben sich beide ins Meer gestürzt und sind ertrunken.« (DR II, 972)[669] Das Finale der *Komödie der Verführung* gehört indes einer scheinbaren Nebenfigur, dem pensionierten Kammersänger Eligius Fenz. Seine Glanzpartie war einst der »Don Juan«. Im ersten Akt schwadroniert Fenz dem Aristokraten Falkenir vor: »Ich habe den Don Juan geträllert, aber nicht gesungen, ich habe ihn gespielt, aber ich bin es nicht gewesen. Jetzt, Herrn Baron, jetzt wär' ich so weit. [...] Und was nun den Don Juan anbelangt, ich will Ihnen etwas anvertrauen, Herr Baron. Auf seiner Höhe war er älter, als man gewöhnlich annimmt. Nur ein Sechzigjähriger kann den Don Juan singen. Mit sechzig fängt das Leben im gewissen Sinne erst an.« (DR II, 875)

Das erinnert, auf der Zeitachse um zwei Jahrzehnte verschoben, an Friedrich Hofreiters elegisches Bonmot im *Weiten Land*: »Mit vierzig Jahren sollt' man jung werden, da hätte man erst was davon.« (DR II, 250) Unsentimental klingt der Abgesang des Eligius Fenz auf die beiden Selbstmörder am Schluß des dritten Akts: »Und haben nicht gewußt, daß das Leben immer köstlicher wird, je weniger davon übrigbleibt.« (DR II, 974) Leise trällert der »alte Narr«[670] die Champagnerarie und eilt der fünfzehnjährigen Gilda auf eine Anhöhe nach: »Gilda *erwartet ihn lächelnd. Vorhang.*«

Daß im Schaffen des gealterten Arthur Schnitzler nicht nur Casanova eine gewichtige Rolle spielt, sondern — versteckter — auch Don Juan im Zauberschimmer von Mozart und Lorenzo da Ponte, scheint mehr als eine Zufallspointe zu sein. Denn nicht aus freien Stücken wird Don Giovanni stets von neuem in seine Abenteuer hineingerissen, in dies »irdisch-überirdische Fliehen von Begier zu Lust und von Lust zu Begier« (ES II, 269), wie es über seinen Kollegen in Schnitzlers *Casanovas Heimfahrt* heißt. Was den Edelmann nie zur Ruhe kommen läßt, ist — er singt es selbst: »odor di femmina«. Man darf das unverblümt und im sexuell-animalischen Sinn mit »Weibergeruch« übersetzen, metaphorisch geschmeidiger als »Duft der Frau«. Ein »dramma giocoso« war Arthur Schnitzlers so viele Kapitel seines Daseins erfüllende, ganz persönliche ›Tragikomödie der Verführung‹ gewiß nicht. Den Motor, der auch sein »Karussell der Triebe«[671] unablässig in Gang hielt, hat Schnitzler in zwei *Reigen*-Dialogen unseren Blicken freigelegt, er werkt und wirkt ohne Geschlechtsunterschied. Die Dirne spricht zum Soldaten: »Geh, bleib jetzt bei mir. Wer weiß, ob wir morgen nochs Leben haben.« (DR I, 328) Und der »junge Herr« spricht zur »jungen Frau«, die sich ein wenig ziert: »Das

Leben ist so kurz.« Auf deren schwachen Einwand: »Aber das ist ja kein Grund – «, folgt – »mechanisch« – die alle Bedenken wegwischende männliche Replik: »O ja.« (DR I, 342) Ein Vierteljahrhundert nach der Entstehung des *Reigen* sollte dem Autor ein Untertitel für das skandalträchtige Opus einfallen, er mußte dazu bloß in den Fundus seines Œuvres greifen: *Der einsame Weg*.[672] Zu dieser Bilanz paßt auch einer der bewegendsten, weil spürbar aus Erfahrung geschürften und an Schmerz geschärften Aphorismen Arthur Schnitzlers: »Kein Gespenst überfällt uns in vielfältigeren Verkleidungen als die Einsamkeit, und eine ihrer undurchschaubarsten Masken heißt Liebe.« (AuB, 66)

*DER ARZT,
DER DICHTER
UND DER TOD*

Leo Trotzki, der Revolutionär, erhob 1902 gegen Arthur Schnitzler schwerwiegende, in seinen Augen vernichtende Anklage: »Die Angst vor dem Tode durchzieht das ganze Werk Schnitzlers wie ein Ätherhauch. [...] Nichts kann von der Todesangst heilen: weder die Philosophie, noch die Qualen des Lebens, noch die Liebe. Dies ist gewiß, solange sich der Mensch im stickigen Verlies seiner animalisch-sexuellen Emotionen und eines unverbindlichen Ästhetizismus einschließt.«[673] Trotzki wußte dennoch sogleich ideologische Abhilfe: »Nur wenn man das Fenster zur breiten Welt der kollektiven Haltung der Aufgaben der Masse, des sozialen Kampfes weit aufgestoßen hat, kann man die Alpträume des Wartens auf die Sichel des Todes abschütteln.«[674] Für Rettung durch und Bekehrung zum klassenkämpferischen Optimismus war Schnitzler denkbar ungeeignet.

Auch von anderer Warte aus, nämlich vom begabtesten seiner kritischen Feinde, wurde die Todesbefangenheit – wiewohl spöttisch – gerügt. »Es ist charakteristisch für Schnitzler«, meinte Alfred Polgar, »daß der Tod nicht nur den First seiner dramatischen Bauten dunkel schmückt, sondern auch in den Kellergewölben eingemauert ist. Der erhabenen Resonanz wegen.«[675] Beide Anschuldigungen – die politisch motivierte wie jene dekorativer Effektsteigerung – zielen an Schnitzlers lebenslanger literarischer Beschäftigung mit dem Tod vorbei. Hier hat ein Autor nicht ein beliebiges Sujet gefunden und sich – vielleicht gar um des Erfolges willen – darauf kapriziert; es hat ihn heimgesucht bei Tag und Nacht, ihn nie mehr aus seinen Fängen freigegeben. Hugo von Hofmannsthal umriß das Phänomen präziser als seine Zeitgenossen, und zwar weniger in Gedanken, die er sich über den älteren Freund machte, als intuitiv, mit der Sprache dichterischer Imagination. Im März 1900 war ihm in Paris »ein ganz incommensurables kleines groteskes Stück eingefallen«[676]: *Paracelsus u. Dr. Schnitzler.* Darin, es ist über den Entwurf nicht hinausgediehen, stößt man auf ein allegorisches Bild von der Schreckenskraft der Visionen eines Alfred Kubin – »Schnitzlers Thiernatur: wälzt sich am Boden, stöhnt, hat ein lebendiges, ein todtes Auge, fürchtet mit Schaudern die Auflösung.«[677]

Das Thema ›Arthur Schnitzler und das Sterben‹ ist nicht mit dekadenter Fin de siècle-Todestrunkenheit oder frivoler Tändelei zu verwechseln, auch nicht mit dem Fortwirken barock-austriakischer Vanitas-Litaneien. Es führt in die Tiefenschichten seines Wesens, drängt mit unbezwingbarer Gewalt aus dem Unbewußten ans Licht der poetischen Produktion. Leicht läßt man sich durch das Graziös-Musikalische der Form täuschen, sagen wir lieber: versöhnen. Einen »Totentanz im Dreivierteltakt«[678] nannte Hans Weigel die *Liebelei,* und diese wunderhübsche Definition tröstet über die dem Drama innewohnende Grausamkeit beinah hinweg: Denn die Brutalität trägt bei Schnitzler oft Glacéhandschuhe. Das Extreme seiner Phantasiegebilde pflegte er – im persönlichen oder schriftlichen Gespräch mit befreundeten und bekannten Kollegen – ironisch zu entschärfen. Als sich Siegfried Trebitsch bei ihm nach dem Fortgang der Arbeit an einem Lustspiel erkundigte, wies ihn Schnitzler mit der »lustige[n] Antwort« zurecht: »Ich bitte Sie! Lustspiel! Ich habe die größte Mühe die Leute am Leben zu erhalten.«[679] Und als ihm Beer-Hofmann halbernst vorwarf: »»Das sind Ihre Lustspiele! – Trauerspiele, denen Sie die nächsten Acte weggeschnitten haben‹«, hielt er ihm nur entgegen: »Kein Witz, Richard!«[680] Seinem Lieblingsregisseur Otto Brahm hat er schon 1897 anvertraut: »[...] denn mit meinen lustigen Ideen geht es mir gewöhnlich so wie mit einem ungeheuer fidelen Stoff, den ich einmal meinen Freunden erzählte und wo es mir mitten im Erzählen passierte, daß die Sache immer ernster wurde, bis schließlich, zu meinem eigenen Erstaunen, der Held den grausamen Tod des Erstochenwerdens erlitt. [...] Aber es ist wirklich so: während ich sie überdenke, verdüstern sich mir meistens meine Stoffe, und die Leute, die ich zu schildern versuche, scheinen nicht die Kraft zu haben, gegen das Schicksal aufzukommen.«[681] Dem Schicksal der Schnitzlerschen Figuren am angemessensten ist das von ihm kreierte Genre der »Melancholi-ödie«.[682]

»Es gehen eigentlich lauter zum Tode Verurteilte auf der Erde herum« (ES I, 112), sagt der moribunde Felix in der Novelle *Sterben*, und das mag als Einsicht nicht unbedingt originell, eine Banalität sein. Aber Schnitzlers Werk gleicht in der Tat über weite Strecken einem Friedhof, so viele Leichen sind darin zu bestatten. Nicht nur Krankheit und Unfälle raffen seine Gestalten dahin, sondern auch Mord und Totschlag fordern unbarmherzig ihre Opfer.[683] Oberleutnant Karinski erschießt Paul Rönning (*Freiwild*), der Schauspieler Henri erdolcht im *Grünen Kakadu* den Herzog von Cadignan, Medardus Klähr die Prinzessin Helene von Valois (*Der junge Medardus*), und Francesco Nardi stößt seiner Schwester Beatrice den Dolch ins Herz (*Der Schleier der Beatrice*). Marie Moser, die den *Ruf des Lebens* vernimmt, beseitigt ihren bösen alten Vater mittels einer Überdosis Schlafmittel, ebendort richtet der Oberst seine ungetreue Frau Irene mit der Pistole; im *Weiten Land* erschießt Hofreiter den jungen Otto von Aigner. Gleichfalls im Duell kommen um: Fritz Lobheimer in der *Liebelei*, Emil in der Erzählung *Erbschaft*, Gottfried Wehwald im *Tagebuch der Redegonda*, Lorenzi in *Casanovas Heimfahrt* und Eduard Loiberger in *Der Sekundant*. Robert ermordet auf seiner *Flucht in die Finsternis* den Bruder, Alfred meuchelt seine Geliebte Elise und fällt im Zweikampf unter satisfaktionsfähigen Herren (*Der Mörder*). Zweimal bringen

Söhne ihre Mutter um (*Der Sohn, Therese*), Beate Heinold nimmt ihren Sohn Hugo mit in den feuchten Liebestod (*Frau Beate und ihr Sohn*).

Beunruhigender noch wirkt die großzügig ausgestattete Galerie der Selbstmörder beiderlei Geschlechts. Sie reicht von Christine Weiring (*Liebelei*) und Toni Weber (*Das Vermächtnis*) über Johanna Wegrat (*Der einsame Weg*) und Marie Ladenbauer (*Das neue Lied*) bis zu Mathilde Samodeski (*Die griechische Tänzerin*) und der Geliebten Heinrich Bermanns (*Der Weg ins Freie*). Den sogenannten Freitod wählen ferner: die Mutter des Schriftstellers Heinrich (*Lebendige Stunden*), Agathe Klähr, Medardus' Schwester (*Der junge Medardus*), Gräslers Schwester Friederike (*Doktor Gräsler, Badearzt*), Frau Beate und Fräulein Else, die »angebliche Baronin Dubieski« (*Traumnovelle*), die Gräfin Aurelie Merkenstein (*Komödie der Verführung*) und die Schauspielerin Franzi Friesel (*Zug der Schatten*).

Die Männer stehen den Frauen in ihrem Selbstvernichtungsdrang nicht nach. Von eigener Hand scheiden dahin: Martin Brand (*Mein Freund Ypsilon*) und Fritz Platen (*Der Empfindsame*), Friedrich Roland (*Der Ehrentag*) und Andreas Thameyer (*Andreas Thameyers letzter Brief*), Albert (*Die Fremde*), Gabriel (*Der tote Gabriel*), der namenlose Literat in *Der letzte Brief eines Literaten* und Labinski (*Der Weg ins Freie* – Oskar Ehrenberg verliert bei einem Selbstmordversuch sein rechtes Auge). Im Suizid enden auch Leutnant Willi Kasda (*Spiel im Morgengrauen*), der Dragoner Richard (*Therese*), Anselmo Rigardi (*Abenteurernovelle*), Robert (*Flucht in die Finsternis*), der Dichter Filippo Loschi (*Der Schleier der Beatrice*), Stephan von Sala (*Der einsame Weg*), die beiden Offiziere Albert und Max (*Der Ruf des Lebens*), François von Valois (*Der junge Medardus*), der Pianist Korsakow (*Das weite Land*), Pierrot (*Der Schleier der Pierrette*), Sylvester Thorn (*Der Gang zum Weiher*), Falkenir und Bankpräsident Westerhaus (*Komödie der Verführung*) und schließlich Willi Langer

in der nachgelassenen Tragikomödie *Das Wort*. Aus Liebes-
kummer und Haß, aus Enttäuschung und fatalen Ehrbegrif-
fen, im Überdruß und Wahn und vor Scham werfen sie ihr
Leben weg.

Mag die Aufzählung auch ermatten — so ist sie doch unent-
behrlich, um sich die Bedeutung dieses Komplexes für
Schnitzler zu vergegenwärtigen. Doktor Mauer, als Heilkundi-
ger punzierter Fachmann in derlei Dingen[684], zieht sich im
Weiten Land mit dem Aperçu aus der Affäre: »Erstens bin ich
kein Psychiater — und zweitens wunder' ich mich nie, wenn
sich wer umbringt. Wir sind alle oft so nahe daran.« (DR II,
231) Georg von Wergenthin rätselt: »Und was beweist ein
Selbstmord am Ende? Vielleicht nur, daß man in irgendeinem
Augenblick den Tod nicht recht verstanden hat.« (ES I, 895)
Wir müssen jedoch auch noch Stephan von Sala das Wort ertei-
len, der auf die Frage, warum er denn vom Sterben rede, wieder nur eine Frage anbieten kann: »Gibt es denn einen anstän-
digen Menschen, der in irgend einer guten Stunde in tiefster
Seele an etwas anderes denkt?« (DR I, 765)

Experte für Hypochondrie

Am 7. Januar 1919 berichtet das Tagebuch von der Begegnung mit einem Jugendfreund, dem »dichtenden Mediziner«[685] Fritz Kapper: »[…] über den Tod seiner Tochter Lizzie – seine Frau will mich sehen, mit mir sprechen – als eine Art Spezialisten für Tod-Verstehn!«[686] Anscheinend hat ihn die Bitte verdutzt, war er sich über den Nimbus, der ihn längst umgab, nicht im klaren. Aber als Arzt und psychologischer Schriftsteller ist Schnitzler nun einmal Experte gewesen, Experte für Krankheiten aller Art, des Körpers wie des Geistes, auch für die Krankheit zum Tod. »Der Dichter Arthur Schnitzler«, rühmt ihm Heinz Politzer nach, »war ein guter Arzt. Stück um Stück, Buch um Buch stellte er die tragikomische Verwirrung fest, die über die Menschheit hereingebrochen war. […] An ihren Betten, welche Betten der Liebe und des Todes waren, verweilte er lange und litt.«[687]

Obwohl Schnitzler den erlernten Beruf, da er ihm Pflicht war, geringschätzte und verabscheute, vermag er sich, nachdem er seine wahre Berufung gefunden hat, nicht von ihm zu verabschieden. Populär wurde sein – von Gattin Olga kolportierter – Ausspruch: »Wer je Mediziner war, kann nie aufhören, es zu sein. Denn Medizin ist eine Weltanschauung.«[688] Unzweifelhaft ist auch hier Vorsicht am Platz, weil der Dramatiker Schnitzler ein ähnliches Diktum – im *Professor Bernhardi* – ausgerechnet einem jovialen Opportunisten in den Mund legt, dem Unterrichtsminister Flint: »Lieber Professor«, beteuert dieser dem Chirurgen Ebenwald, »daß ich Arzt und Lehrer bin, habe ich nicht vergessen. Nämlich, alles kann man aufhören zu sein, Arzt – nie.« (DR II, 450) Dem Journalisten und Lektor Paul Wiegler beschied Schnitzler noch 1930: »[…] ich habe bis über mein 40. Jahr, und eigentlich auch später immer wieder ›praktizirt‹ – und ich habe die Praxis officiell nie zurückgelegt.«[689]

Das spätere Praktizieren beschränkt sich jedoch auf einen kleinen, exklusiven Kreis. Gern bittet ihn Hofmannsthal, unter Berufung auf Schnitzlers »zufällige Arzt-eigenschaft und unsere Freundschaft«[690], um fachlichen Rat, er ernennt ihn sogar zu seinem »eigentliche[n] Hausarzt«[691], und in der Korrespondenz mit Otto Brahm firmiert der Dramatiker als dessen »Leibdoktor«[692]. Schnitzler sagt es selbst – seiner geschiedenen Gemahlin: »[…] ich behandle auch brieflich.«[693] Er kümmert sich, menschlich wie medizinisch, um den jungen Poeten Albert Ehrenstein während einer schweren Nervenkrise[694] und erntet im nachhinein für seine Zuwendung nichts als groben Undank, was ihn in dem Vorsatz bestärkt: »Man lasse niemanden zur Thür herein. Besonders keine Literaten.«[695] Er berät bei Bedarf die Brüder Gustav und Emil Schwarzkopf[696], begleitet Beer-Hofmann nach einem »›Zusammenbruch‹ (physisch-hypochondrisch!)«[697] ins Sanatorium, er wird wegen »Migraine« von Madame Heinrich Mann, Mimi, »consultirt«[698]. Hansi von Landesberger, die zweite Frau des Präsidenten der Anglo-Österreichischen Bank, hypnotisiert er, »um ihr die lampenfiebrische Stimmbandschwäche zu nehmen. Stephi [Bachrach] dabei, schläft auch beinah ein.«[699] Und als der von ihm bis zur Idolatrie geschätzte Privatgelehrte und Philosoph Arthur Kaufmann 1917 von heftiger Sinnesverwirrung befallen wird, das Welträtsel gelöst zu haben glaubt, schenkt Schnitzler den Fachärzten keinen Glauben, da sie den Fall unter Paranoia klassifizieren: »Was bei einem Schuster Größenideen wären – braucht es bei einem Denker vom Rang Kfm.s eben nicht zu sein.« Von seiner Ansicht, »daß es sich um Genialität handelt, und der Wahnsinn nur als Beigabe betrachtet werden muß«, ist er nicht abzubringen. Er studiert psychiatrische Literatur, von Meynert bis Krafft-Ebing, und zieht den Neurologen Emil Redlich bei, der

sich seiner Meinung anschließt und bloß »acute Manie« feststellen will.[700]

Am hartnäckigsten verfolgt Schnitzler ein bekannterer literarischer Patient: Leopold Reichsfreiherr von Andrian-Wer-
burg, der im k.u.k. diplomatischen Dienst stehende Enkel
Giacomo Meyerbeers und als ›Mitglied‹ des »Jungen Wien« ein
Lieblingsspottobjekt von Karl Kraus. Andrian könnte als
Nachfahre von Molières *Le malade imaginaire* in die Kultur-
geschichte eingehen, so ist er zumindest in Schnitzlers Journal
eingegangen.

Alarmiert von Beer-Hofmann – der Verdacht auf Zungen-
krebs[701] schwebt drohend im Raum –, eilt Dr. Schnitzler im
Dezember 1909 herbei und kann den guten »Poldi«, wie er im
Freundeszirkel heißt, von seinem »hypochondrische[n] Anfall« befreien, »insbesondre nachdem ich ihn noch in meiner
Wohnung mit Reflector und Kehlkopfspiegel untersucht.«[702]
Damit hat Schnitzler Andrians Vertrauen gewonnen – ein Gewinn, der anstrengende Folgen zeitigt. Bei der nächsten Attacke verlangt der eingebildete Kranke, Schnitzler möge mit
ihm umgehend den Chirurgen Anton von Eiselsberg aufsu-
chen[703], eine Berühmtheit der Wiener Medizinischen Schule.
Schnitzler verweigert den Freundschaftsdienst – er hätte sich
vor dem großen Gelehrten dadurch nur bloßgestellt. Mehrfach erwähnt das Tagebuch 1910 Zweck und – allzu kurzfristi-
ges – Ergebnis von Schnitzlers therapeutischem Bemühen:
den Überängstlichen zu kalmieren.[704] Am 11. März 1911 hält er
wieder einmal Privatordination: Andrian »fürchtet, wegen
auftretender dédoublement-Gefühle, wahnsinnig zu werden,
läßt sich fürs erste leicht beruhigen.«[705]

An der Wende 1912/13 scheint Leibdoktor Schnitzler dann
am Ende seiner Weisheit und Geduld angelangt zu sein: »Ihre
Temperaturen«, bleut er dem »lieben Poldi« ein, »die von 36.5
bis gegen 37 zu schwanken, als Krankheitssymptome aufzufassen, das geht doch beim besten Willen nicht an«; es handle
sich vielmehr eindeutig um ein »eklatant neurasthenisches

Symptom«[706]. Da die Stimme seiner wissenschaftlichen Vernunft ungehört verhallt, versucht er es mit Strenge: »Über Ihre Temperaturen, die kaum je 37 erreichen, noch ein Wort zu verlieren, muß ich endgiltig ablehnen.«[707] Doch solange der Angstdruck währt, fruchtet auch pädagogische Härte nichts. Am 15. Februar 1913 malt das Diarium Schlimmes an die Wand: »Ausgesprochene Psychose bei Andrian.«[708] Kein Grund zur Besorgnis: Der von imaginären Krankheiten Gehetzte sollte Schnitzler um zwei Jahrzehnte überleben. Er starb 1951 im gesegneten Alter von 76 Jahren in Fribourg.

Das – nur an der Oberfläche komische – Schicksal des Freiherrn von Andrian dürfte Arthur Schnitzler nicht fremd gewesen sein, er hätte darin die Karikatur des eigenen erblicken können. Denn auch er war, nicht im organischen Sinn, ein kranker, ein schwer leidender Mann. Hofmannsthal hat ihn 1906, sozusagen aus heiterem Himmel, auf den wienerisch-kolloquialen Begriff gebracht: »Überhaupt: sollte ich ein Wort auf Sie prägen – so wäre es: Nervenkasperle.«[709] Die Definition ist ebenso nett wie verharmlosend. Fast naturgemäß versagt in diesem Fall Schnitzlers ärztliche Kunst, nicht einmal psychologisches Wissen vermag ihm grundlegend zu helfen oder ihn gar zu kurieren.

»Es war eine Rieseneselei von mir – Mediziner zu werden, und es ist leider eine Eselei, die nicht mehr gut zu machen ist«[710], redet sich Schnitzler im Mai 1886 ein. Eine Hauptursache der Selbstbezichtigung liegt darin, daß er seiner Ausbildung schuld an allerlei Verdruß gibt: »[…] die schändliche Hypochondrie, in die mich dies jämmerliche Studium – jämmerlich in Beziehung auf das, wo es hinweist und was es zeigt – gebracht hat.«[711] Wie ein roter Faden ziehen sich Klagen über solche Beeinträchtigung durchs Tagebuch: »werde oft tagelang durch Gedanken an alle möglichen Krankheiten gequält«, »meine Hypochondrie, die zuweilen wie ein schwerer schmerzlicher Nebel über dem ganzen Grund meines Wesens liegt«, der »Herbst und die Hypochondrieen sind wieder da«.

die »Hypochondrie kommt wieder in Todesangst-Anfäl-
len«[712]. Am 24. Dezember 1904 notiert er: »Verbrachte den Tag
beinah ganz in den düstersten, mit der Macht von unentrinn-
baren Zwangsvorstellungen auftretenden Hypochondrien.
Diese Hypochondrien erschweren mir jedes geordnete Nach-
denken, jedes Arbeiten.«[713] Konkret beim Namen nennt der
Arzt Schnitzler seine Befürchtungen – mit wenigen Ausnah-
men – aber nicht: einmal läßt er die »Augen untersuchen. Beruhigt (nach lang andauernden Hypochondrien).«[714] Und
auch die Schuldzuweisung an die Medizin, die ihn zu fortwäh-
rendem Umgang mit Kranken zwingt, ist nichts als eine Ra-
tionalisierung; sie stellt einen Begründungszusammenhang
her, der das Übel maskiert. Philosophische Erwägungen des
Problems tragen zur Lösung ebensowenig bei. Im Dialog mit
Arthur Kaufmann sagt Schnitzler: »Hypochondrie ist eigentlich ein unmoralisches Verhältnis zur Wahrscheinlichkeits-
rechnung«[715], was pointierter klingt als der Aphorismus aus
dem Nachlaß: »Hypochondrie beruht auf der zwanghaft falschen Einschätzung der Zahl von Wahrscheinlichkeiten gegenüber der Zahl von Möglichkeiten.« (AuB, 270)

Arthur Schnitzlers hypochondrische Disponiertheit ist bloß
Teil einer umfänglicheren Malaise. Bereits im Oktober 1881,
der Student hat gerade ein Rigorosum mit gutem Erfolg abgelegt, lesen wir im Journal: »Fange an zu verzweifeln. Aber in
aller Stille. An nichts Freude! – ... Melancholie – wahre, wahr-
hafftige Melancholie ... Liebe ...? Wäre Liebe etwas ...? [...]
Ich sage nicht: Weltschmerz. Die Welt schmerzt mich nicht –
Ich schmerze mich selber – ein ganz gewöhnlicher Egoist ...
[...] ... ein unruhiger nervöser – Mensch ... dem nun einmal
dies Nichtslieben – dieses Nichtserleben ... diese verzweifelt
todtenstille Existenz nicht behagt ... Es ist als ob man in
einem zugenagelten gläsernen Sarg durchs Dasein getragen
würde ... – Im freien begraben! ...«[716]

Olga Waissnix wird im Dezember 1893 zur Klagemauer:
»Und die Leere, die ewige, unerträgliche Leere! Das idioti-

sche, weinerliche ›Wozu? Wozu? Wozu?‹ – Meine Seele kümmert sich einfach nicht um die Erlebnisse meines Körpers; – das sind geschiedene Leute. – Sich selber fremd werden – das ist doch wohl das letzte …«[717] Viele Elemente des depressiven Syndroms sind in beiden Schilderungen aufgehoben: das monadische Ich-Bewußtsein, die dumpfe Freudlosigkeit und die Empfindungen der Zerrissenheit; die Furcht, das wirkliche Leben zu versäumen, und die Unfähigkeit, sich an Außenwelt und Menschen zu binden, weil man sich dabei verlieren könnte; vor allem aber die Kombination von Lebensangst und Todeswunsch.[718] Theodor Reik führte die »abnorm gesteigerte Todesangst der Personen Schnitzlerscher Dichtungen« auf »Unheilserwartungen« zurück, »welche wieder verdrängten, grausamen und feindseligen Wünschen entstammten.«[719] Wäre es übertrieben, die Deutung auf den Schöpfer der Kunstpersonen zu übertragen?

Fast auf den Tag genau ein Jahr nach Johann Schnitzlers Sterben, von dem sich der Sohn, wie er behauptet, »nicht erholen« kann, wird er wörtlich seine »Monomanie Krankheit und Tod«[720] bejammern. Anno 1894, am 30. Januar, hat er zudem schon den Ohrenarzt Benjamin Gomperz konsultiert[721], im Herbst desselben Jahres unterhält er sich mit dem ihm bekannten Mediziner Oscar Kraus über beider »Gehörshallucinationen«, in denen die Stimmen der verstorbenen Väter auftauchten.[722] Im Juni 1895 folgt die Journaleintragung: »Nervös. Ohrenbehandlung«[723], und im November 1896: »Seit ein paar Tagen Ohrenklingen. – «[724] Auch das ist unzweifelhaft keine gefährliche Erkrankung, aber die »quälenden Geräusche«[725] senken Schnitzlers subjektive Lebensqualität bis unter das Existenzminimum, er verfällt zeitweise in einen »Zustand chronischer Verzweiflung«[726]. Sein rechtes Ohr beginnt sehr langsam, jedoch ohne Aussicht auf Besserung, zu ertauben. 1910, somit vierzehn Jahre nach dem ersten »Tinnitus aurium«, hört er mit dem affizierten Organ bei einem von Professor Gomperz durchgeführten Versuch eine Flüsterstimme immerhin noch aus sechs Meter Entfernung.[727] So unablässig ihn das Leiden bedrängt – auf den abertausenden Seiten seines Diariums wird Dr. med. Arthur Schnitzler den diagnostischen Fachterminus verschweigen, als könnte ein Niederschreiben das Verhängnis vergrößern. In Olga Schnitzlers *Spiegelbild der Freundschaft* fehlt die – postume – Zurückhaltung, die traurigen Tatsachen auszusprechen. Ihre Darstellung ist aus Erzählungen ihres Mannes und triftiger Auslegung gemengt: »Schnitzler war eines Tages allein gewesen, im behaglichen Schein der Studierlampe lesend und schreibend. Es war still um ihn, und doch auch nicht. Die Stille hatte mit einemmal angefangen zu hauchen, zu summen, unheimlich dumpf zu rauschen. Dazwischen fiel, so schien es, wie ein schwerer metallischer Tropfen ein hoher Ton herab, immer wieder, immer schneller – bis es zu einem ununterbrochen dünnen Klingen zusammenrinnt – es wurde ein Schrillen, ein Zwitschern wie von tausend Vogelstimmen, das nicht mehr verstummen wollte, ihn nicht mehr verließ, ihn störte, ihn quälte bis in den Schlaf hinein.

Die Diagnose des zu Rate gezogenen Arztes bestätigte ihm nur, was er selbst gefürchtet hatte: Otosklerose – und das bedeutet den unaufhaltsam fortschreitenden Verlust des Gehörs, eine Erkrankung, die geheimnisvoll auch das Gemüt erreicht, den Menschen in sich zurückscheucht, ihm das Bild der Welt verdüsternd, ihn den Menschen entfremdend, wie sie Beethoven einsam und argwöhnisch gemacht hat.«[728]

1916 tritt im linken Ohr ein »neues Geräusch« auf, »eine Art Celloton. Rechts Pfeifen, Klingen und Gezwitscher.« Sarkastisch kommentiert Schnitzler das mißtönende Konzert: »Wunderbar, was man aushält, wenn's nicht zu ändern ist.«[729] Ein Gedicht, mit dem endgültigen Titel *Gespensterstimmen*, entsteht im Sommer 1911 auf dem Semmering. Während der Wanderer auf einer Waldesbank ausruht, schreit plötzlich ein Vogel, hierauf herrscht wieder Stille: »Doch in mir die Stimmen, die bleiben nicht stumm. / Sie schrillen und zwitschern

noch heller auf. / Als freuten Gespenster sich zu Hauf. / [...]
Uns wirst du noch hören, wenn rings in der Welt / Kein Laut
dir mehr tönt – und kein Schrei'n dir gellt. / Wir bleiben – in
stummgewordenem Raum / von fernen Lenzen ein höhnender
Traum.«[730]

Es ist eine Sonderform der Tücke des Objekts, die den wan-
dernden Dichter narrt – das zu boshaften Rachegeistern per-
sonifizierte Entschwinden der Jugend[731]; die Schwerhörigkeit
gilt ihm nicht zuletzt als Schreckenssymbol des Alterns, vor
dem ihm schon in Jünglingstagen gegraut hat. Gewiß war die –
in der Fachliteratur oft als hereditär beschriebene – Otosklerose keineswegs der alleinige Grund für Schnitzlers zuneh-
mende Verdüsterung, den Rückzug in sich selbst, sein Mißtrauen von manchmal paranoiden Ausmaßen; aber wenn sie
natürlich auch nicht von unbewältigten Konflikten hervorgerufen wurde, so paßt sie doch dem seelischen Symptomenkom-
plex wie angegossen. In kristalliner Klarheit drücken die
Krankheit und ihre Konsequenzen Schnitzlers beschädigtes
Wesen aus, dessen pathologische Tendenzen sie reliefartig her-
vorheben.

Schnitzler neigt dazu, seine Behinderung in der Öffentlichkeit – vor allem vor Frauen – zu verheimlichen, als ob er sich
ihrer zu schämen hätte. Nach längerer vertrauterer Bekanntschaft erst spricht er etwa mit Hedy Kempny und Alma Mahler
darüber, wie ihm selbst auffällt: »Sonderbarer Weise«[732]. 1925
wird er Georg Brandes, den er relativ früh über seine
Beschwerden auf dem laufenden gehalten hat, mitteilen:
»[...] es gibt doch Stunden, ja Tage, an denen mir diese Geräusche, – so continuirlich sie immer (seit bald dreißig Jahren!) kaum zu Bewußtsein kommen«[733] – ein Umstand, der
zumindest auf eine starke psychische Komponente hinweist.
Als Remedium gegen das Vor-sich-hin-Brüten und die Nieder-
gedrücktheit verordnet sich Schnitzler schriftstellerische Disziplin (»Ich müßte in eine intensive Arbeit hinein, um mich
vor der Melancholie zu retten, die mich tiefer durchschauert

als irgendwer ahnt. — «⁷³⁴), »physische Bewegung, vielleicht
sogar Abmattung, um mich aus einer unerträglichen Dumpf-
heit des Seelischen zu retten«⁷³⁵, und — in späterer Epoche —
ausgedehnte »Spaziergänge im Wiener Wald [...]. Im übrigen
arbeite ich — es ist — neben dem Spazierengehen, die einzige
Art, über das Grauen, die Sinnlosigkeit und die Abge-
schmacktheit dieser Zeit gelegentlich wegzukommen.«⁷³⁶

Linderung verschaffen ihm außerdem Abwesenheiten von
Wien, so die Frühlings-Wochen 1897 mit Marie Reinhard in Paris: »[...] ich bin beinah gänzlich erlöst von den Bangigkeiten
und Hypochondrien, die mir das Leben zu Hause oft so heftig
stören«⁷³⁷, sowie Sexualverkehr, insbesondere wenn dieser —
wie bei Marie Reinhard — mit Liebesregungen einhergeht.
»Den ganzen Tag von meiner Krankheitsangst gequält«, heißt
es am 23. Dezember 1895, »in ihren Armen wird mir immer
wohl, das dauert auch nachher noch ein paar Stunden an. —
Ganz regelmäßig. — Offenbar ein metaphys.[ischer] Grund:
die eigene Vernichtung hat keinen Schrecken mehr, indem
man im Sinne der Natur für die Fortdauer des Geschlechts ge-
sorgt hat. — «⁷³⁸ Auch das ist ein mitbestimmendes Motiv für
Schnitzlers zählebige erotische Umtriebigkeit bis hin zum
Suchtverhalten, für jene Unrast des urbanen Fauns, wie sie in
Franz Schuberts und Wilhelm Müllers *Winterreise* gleichsam
als Gesetz der melancholischen Verfassung statuiert wird: Die
Liebe liebt das Wandern, vom einen zu dem andern, so hat sie
Gott gemacht.

»Im wesentl.[ichen]«, meint Schnitzler im Januar 1898,
»verbring ich mein Leben in einer steten Angst; bald leise,
bald entsetzlich — nur zeitweilig unterbrochen durch Arbeit,
Geselligkeit, Theater, Liebe.«⁷³⁹ Im Februar 1903, er liest eben
Freuds und Breuers »Studien über Hysterie« und hat zufällig
seinen Ohrenarzt Gomperz in einem Konzert gesehen, rafft
sich Doktor Schnitzler das erste und einzige Mal zu einem Bul-
letin in eigener Sache auf: »Chronische psych.[ische] Depres-
sion: auf erblicher Grundlage, gefördert durch ein störendes

als unheilbar erkanntes Ohrenleiden, mit intercurrenten sehr
häufigen mäßigen bis krampfartigen Anfällen von Klein-
heits-, Verfolgungs-, Eifersuchtswahn; mit Erhaltung des
Bewußtseins aber gelegentlichem Verlust der Correctionsfä-
higkeit. —«[740] Etwas altmodisch beharrt er auch in der Folge
auf der »erbliche[n] Grundlage«, schlägt die »Angst- und
Zwangsvorstellungen« einem »daemonische[n] Erbtheil [sei-
ner] Seele«[741] zu, und zwar von der mütterlichen Linie her.

Die bohrende Angst als Urheberin der »irgendwie ans epi-
leptoide gemahnende[n]«[742] Störungen zu erkennen und Ver-
mutungen über »Auto-intoxication?«[743] anzustellen, scheint
ihm zu genügen. Es bringt ihn kaum weiter. Sich selbst mit
jener Radikalität zu erforschen, die er seinen Phantasiegestal-
ten angedeihen läßt, erlaubt sich Schnitzler nicht. Er beschränkt sich auf die Rolle des pedantisch genauen Chroni-
sten seiner Seelenpein, deren somatische Manifestationen er
bekümmert protokolliert: »Organgefühle des Herzens«[744],
»Herzstillstände, am Puls controlirbar«[745], eine »Art Stimm-
ritzenkrampf [...] unter heftigem Erstickungsgefühl«[746], den
»fast constante[n] Kopfdruck«[747]. Als er, nach dem Scheitern
seiner Ehe, beinah täglich unter hysterischen Tränenausbrü-
chen erwacht, überlegt er: »Ich spüre auch das pathologische
in diesen morgendlichen fast anfallsartigen Stimmungen, mit
ihren Weinkrämpfen — aber ›kann ich was dafür‹? Wär mir
nicht tausendmal wohler wenn es anders wäre. ›Will‹ ich
nicht, daß es anders sei —?«[748] Eine heikle Frage. Denn etwas
in ihm will ohne Zweifel Unglück und Elend, fordert Vergeltung für unbewußte Schuld, verdammt ihn zum Zwangsauf-
enthalt in einer Strafkolonie. Immer ist die panische Angst vor
Krankheit und Tod auch ein verkapptes Verlangen nach Auflösung, nach Erlösung. Der echte Hypochonder wird erst durch
echte Krankheit ›geheilt‹, dann ist er am Ziel seiner verbotenen, geheimen Wünsche, er kann endlich Sühne leisten, der
Leidensdruck fällt von ihm ab. Und eins läßt sich nicht leug-
nen: Wenn Arthur Schnitzler als alter Mann wirklich vom Tod

gezeichnet, das Menetekel kommender Vernichtung nicht zu übersehen ist, hat sich seine Hypochondrie mehr oder minder verflüchtigt, und die Anzeichen realer Hinfälligkeit werden bagatellisiert.

Richard Tausenau, einer von Schnitzlers engsten und ärgsten Kumpanen aus frühen Tagen[749] – da man ihresgleichen als »Lebegreise« charakterisierte, was von Hofmannsthal in »Sterbejünglinge«[750] korrigiert wurde –, sprach zu ihm einst Denkwürdiges: »›Zwei Menschen kenn' ich, die sich bestimmt nicht umbringen werden – einer bin ich, der andre du. –‹«[751] Tausenau sollte sich 1893 in Nizza erschießen.

Daß Schnitzler trotz Depressionen und latenter Todesbesessenheit dieser Gefahr entronnen ist, hat wohl auch mit seiner Kreativität zu tun, mit jener Kunst, die man seiner Überzeugung nach im allgemeinen »als Resultat einer Angstneurose auffassen« könne. (AuB, 367) Während er sich am *Einsamen Weg* abplagte, 1902, schrieb er Otto Brahm: »Ich verurteile mich gewissermaßen zum Tode – um mich außerhalb des Stückes um so sicherer begnadigen zu können.«[752] Wenn Schnitzlers Œuvre nicht selten an ein literarisches ›entreprise de pompe funèbre‹ erinnert, so scheint es damit eine unschätzbare Entlastungsaufgabe erfüllt zu haben. Heide Tarnowski-Seidel erwägt mit stichhaltigen Argumenten eine »quasi-therapeutische Funktion des Schreibens für Schnitzler, die im Grenzfall lebenserhaltend wird: dann nämlich, wenn in Texten stellvertretend selbstzerstörerische Empfindungen zu Ende geführt werden, wenn sich fiktive Gestalten anstelle des schreibenden Ich töten müssen und können, um dem Autor ein Weiterleben zu ermöglichen. Die Vorwegnahme des eigenen Todes in der Phantasie wird zur Bedingung des Lebens.«[753]

Nur das Kind

An einem schönen Frühlingstag des Jahres 1919 spaziert Arthur Schnitzler mit seiner zehnjährigen Tochter Lili durch den Wienerwald – von Pötzleinsdorf bis Salmannsdorf: »Ich empfand das Glück dieses wunderbare Kind neben mir zu haben so unendlich tief, daß es fast schon wieder Angst war.«[754] Auch sein Gedicht *Freunde* gerät ihm zum Hymnus auf jenes prekäre Glück: »Was ich als Schönstes mir erfand / Von allen Einsamkeiten? / Das ist's: an meines Kindes Hand / Durch Wies und Wald zu schreiten. [...] Nur das Kind. Aus seinen Pulsen strömt Ewigkeit in dich, / es ist die einzige Einsamkeit ohne Grauen.« (AuB, 299f.) Zu Lilis siebzehntem Geburtstag gratuliert und dankt er daher auch der Mutter: »Die Kinder aber sind die einzig sichre, – die einzig wesentliche Unsterblichkeit – «[755].

Wie ungemein wichtig ihm seine Tochter ist, wissen alle in seiner Umgebung, am besten weiß es Olga. Die hat ihm schon 1916 gesagt: »›Du liebst eigentlich nur ein Wesen wirklich – Lili, weil sie unbewußt ist. – ‹«[756] Als er Lili in den ersten Gymnasialklassen fragt, ob sie denn »Freunde oder Freundinnen habe, ob ihr so was nicht abgehe«, bekommt er Schmeichelhaftes zu hören: »›du genügst mir vollkommen‹, und hatte Thränen im Aug.«[757] Im Verlauf eines Gesprächs »über ihr Wesen« versichert er ihr: »›Vergiss nicht, dass du mir alles erzählen kannst und nichts erzählen musst.‹ Sie – mit Thränen. ›Das empfind ich als mein Glück, dass man dir nichts sagen muss und du doch alles weißt u[nd] verstehst.‹«[758] Von der Sekretärin »Kolap« werden ihm 1925 gleichlautende Äußerungen über sich hinterbracht, zusätzlich jedoch auch die folgende: »»Er leidet, wenn er mit der Mutter zusammen ist. –

und ich kann den Vater nicht leiden sehn.‹ ›Ich weiss, dass mich niemals irgend ein Mensch so lieben wird wie der Vater.‹« Dieser ist darüber »froh und ergriffen.«[759] Schnitzler hat offenbar verdrängt, was er zwei Jahre zuvor über das familiäre Klima, die Scheidung und deren Auswirkungen, zu Papier brachte: »Ich bin nur froh, daß *die Kinder unter der ganzen Sache auch seelisch nicht zu leiden haben* – daß sie gewissermaßen, – das *Bild einer ›guten Ehe‹ haben* – in der die Eltern allerdings nicht zusammenleben.«[760] Reines Wunschdenken: Fraglos wurde vor allem Lili von den Auseinandersetzungen und der hochspannungsgeladenen Atmosphäre, den elterlichen Rivalitäten außerordentlich belastet.

So entgeht dem liebenden, fürsorglichen Vater manches, und bemerkt er eventuelle Verhaltensauffälligkeiten, trachtet er danach, sie vor sich herunterzuspielen. 1917 plappert die Achtjährige munter drauf los: »›Wenn die Eltern wüßten, daß ich schon einen Selbstmordversuch gemacht habe ... Ich hab mich von der Terrasse herunterstürzen wollen, um zu probiren wie das ist.‹« Davon in Kenntnis gesetzt, ordnet Schnitzler die bedenkliche Eröffnung automatisch ihrem »phantastischen Gemüt« zu – »im übrigen ist sie, wohl sehr sensibel, aber nie verstimmt oder schlecht aufgelegt, und lacht ungeheuer gern; wundervoll ihre äußere und innere Grazie. –«[761] In Lili Schnitzlers Tagebuch wird der Vater nach ihrem Tod unter dem Datum vom 25. September 1922 lesen können, lesen müssen: »Es gab eine Zeit, wo ich mich wahnsinnig unglücklich fühlte, weil ich kein Mann bin. Ich beneidete jedes männliche Wesen – auch wenn es noch so bedauernswert war. Jetzt ist das anders! Ich denke mir höchstens manchmal: Wenn ich nicht ich wäre, möchte ich der sein. Ich gestehe es, wenn ich *so* unglücklich war, hatte ich manchmal ernste Selbstmordgedanken. Ich dachte mir, ich wollte in die Apotheke gehen und ein schnell und schmerzlos [genossenes – gestrichen, der Verf.] tötendes Gift verlangen.«[762]

1921, Lili durchläuft nach »kindliche[r] Schwärmerei für

den Kronprinzen, der sie oft ›selber‹ ist«[763], eine Phase katholischer Flausen, atmet Schnitzler stolz und erleichtert
auf: »Kluges klares Kind, vom Leben, vom Eros noch unver-
wirrt.«[764] Aber im fünfzehnten Lebensjahr zeigt der ›Back-
fisch‹ besorgniserregendes Benehmen. Eines Tages im Januar
1924 kehrt Lili mit kurzen Haaren heim, bezichtigt einen my-
steriösen Unbekannten, ihr auf der Straße den Zopf abge-
schnitten zu haben. Anfänglich will und kann sich Schnitzler
nicht vorstellen, daß seine Tochter die aberwitzige Geschichte
einfach erfunden hat, und erstattet polizeiliche Anzeige: »[…]
niemals noch hab ich oder ein andrer [sie] auf einer Lüge er-
tappt; es liegt auch gar nicht in ihrem Wesen.«[765] Schließlich
wird Lili in dem »wahre[n] kleine[n] Criminalfall« als »›Thä-
terin‹« enttarnt: »Zu erklären psychologisch nur als isolirte
Zwangsvorstellung«, urteilt Schnitzler, »denn weder an ihrer
Intelligenz, noch an ihrer vollkommenen Aufrichtigkeit (bisher) ist ein Zweifel denkbar.«[766]

Allein, die absonderlichen Vorfälle häufen sich: »Ein Kleid
für Lili kommt an – sie muß zugeben, es selbst gekauft und
Olga gebeten zu haben, dafür einzustehen. Dann wieder er-
schwindelt sie sich eine Einladung zu einer Mädchengesell-
schaft, zu der sie nicht gebeten war.«[767] Außerdem erwirbt sie
hinter dem Rücken des Vaters eine »Manicurecassette«. Die
Summe der Vorkommnisse mobilisiert in Schnitzler den Arzt
und Psychologen: »Das ganze wäre […] fast als ganz *leichte*
rudimentäre Hebephrenie, mit ihren Entwicklungsjahren
zusammenhängend – aufzufassen; – auf dem *Boden ihrer Ver-*
gnügungssucht und Eitelkeit entstanden. –«[768] Mit dem Zu-
weisen in die wissenschaftliche Begriffswelt, bei möglichst eu-
phemistischer Färbung, ist Schnitzlers analytischer Elan aber
auch bereits befriedigt, er selbst halbwegs beruhigt. Noch im
Sommer 1926 – das »geliebte Wesen« hat inzwischen seine Ma-
gersucht überwunden, laut Schnitzler eine »physiologisch-
psychologische kleine Krise«[769] – wird er bloß von »leicht
pathologischen Begleiterscheinungen der Entwicklungsvor-

gänge«[770] sprechen. »Zu beruhigen, war seine Kunst, fast sein Genie«, hat Schnitzler dem eigenen Vater im ›Theater-Roman‹-Fragment nachgesagt.

Daß sich Lili – vor der Mutter – rechtfertigt, »ihre erotische Anlage stamme« von ihm[771], erträgt er gefaßt, er ärgert sich nur, wenn Olga daraus einen Vorwurf konstruiert. Unterdessen ist das kluge, klare Kind »vom Leben, vom Eros« recht verwirrt, wobei Lilis Entflammbarkeit in erster Linie Schauspielern und Filmstars gilt, wie dem auf dämonisch getrimmten Conrad Veidt. Im Sommer 1925 trägt sie in ihr Tagebuch ein: »Ich brauche dringend einen Mann.«[772] Den Mann ihrer Träume entdeckt sie im Herbst in Venedig: »[...] ein unbeschreiblich fabelhafter Faschist bei Florian, den ich schon neulich sah. Er ist gross und mager und unbeschreiblich energisch. Er schaute wahnsinnig.«[773] In der folgenden Woche sucht sie immer wieder einen Blick auf das Phantom zu erhaschen, es gelingt – der »Faschist«, so Lili, »schaut wie ein Verrückter«[774], »schaut wie ein Irrsinniger«[775]. Am 10. Oktober ahnt sie, was sie will: »[...] was ganz Perverses – Schminke, Cocain, Conrad Veidt oder so. Ganz vage Dinge nur. Oder ich möchte von dem Faschisten vergewaltigt und ganz roh behandelt werden.«[776] Auch nach der Abfahrt vergißt sie ihn nicht, im nächsten Spätsommer ist sie wieder in Venedig. Erstmals kann sie mit dem Erwählten reden, dem Miliz-Hauptmann Arnoldo Cappellini. Unumwunden erklärt sie ihm, daß sie sich »für Faschismus und Mussolini überhaupt sehr interessiere«[777], und auf solch kindlich-ideologischem Umweg erobert sie ihn. Tags darauf zieht Arnoldo sie in einer stillen Gasse an sich und küßt sie auf die Stirn.[778] Lili ist hingerissen und überglücklich: »Das Ganze erscheint mir absolut wie ein Märchen – jetzt ist ›mein Faschist‹ wirklich in mich verliebt – und ist doch noch eine Märchenfigur. Ich liebe ihn irrsinnig.«[779]

Lili Schnitzler hat in ihrem Irrsinnsmärchen eine mächtige Verbündete: Olga findet den Capitano gleichfalls großartig und ihr Kind kühn: »Sie wird kaum einen bürgerlichen Menschen wählen«, triumphiert sie, »und lieber in ein minder leichtes abenteuerliches Schicksal gehen. Sie ist meine Tochter.‹« Der Vater, kein Wunder, ist durch den venezianischen Liebesfall und die Begeisterung der Mutter »mehr als enervirt«[780]. Lilis dringliche Bitte, unbeschränkt in Venedig bleiben zu dürfen, weist er entschlossen zurück: »[…] erst in einer zeitweiligen Trennung wird sich herausstellen, was *du* willst, – und insbesondre was *er* will. Es ist doch geradezu toll von dir, gerade im gegenwärtigen Moment zu verlangen, dass ich dich, nach dreimonatlicher Abwesenheit von Wien […] nun noch weiter dort lasse – solang es dir eben beliebt.« Mit diplomatischer Konzilianz bemüht er sich, der Siebzehnjährigen seinen Vaterstandpunkt nahezubringen – er nehme ja an, Cappellini »sei ein in jeder Hinsicht außerordentlicher Mensch, nach Erscheinung, Seele, Geist. Es wird dich nicht in Erstaunen setzen wenn ich dir sage, dass ich trotzdem mehr von ihm wissen möchte … Den Beruf – äußrer oder innrer? – Faschismus ist doch keiner (weder innerlich noch äußerlich!)«[781].

In Richtung Kindsmutter schlägt Schnitzler unsanftere, bitterere Töne an – sie ist ja auch kein frühreifes Mädchen mehr. Er ist so verärgert, daß er »einige der Bilder O.'s von den Wänden«[782] entfernt: »Aus deinem Brief entnehm ich an thatsächlichem, dss C Faschist, früherer Gardeoffizier, aus alter Familie (wer ist es nicht) sehr gut aussehend ist […], dass er von edler Rasse auch im seelisch geistigen scheint, sich ritterlich zart gegenüber Lili benimmt u, dss Lili ihn liebt (oder zu lieben glaubt, was natürlich praktisch auf dasselbe hinauskommt) dass du aber auch Abgründe in ihm vermutest (die in den Beziehungen zwischen Mann und Weib leider bedeutungs- u verhängnisvoller zu sein pflegen als edle Rasse und Faschismus).«[783]

Doch sein Widerstand wird von Lilis Beharrlichkeit gebrochen, sie hat sich ›ihren Faschisten‹ in den Kopf gesetzt, und im Grunde kann Schnitzler ihr nie etwas verwehren. Oben-

drein hinterläßt der siebenunddreißigjährige Capitano bei
seinem Anstandsbesuch in Wien – im März 1927 – einen vorzüglichen Eindruck. »Er gefiel mir sehr gut«, so das Journal,
»sieht älter aus als er ist; ein durchgearbeitetes Colleonegesicht, mit etwas melancholischen Augen. Gespräch über den
Fascismus (er hat den Marsch nach Rom mitgemacht. – Glaubensstark ohne Pathos; anscheinend wahr [...].« Bedenken
hegt der Schwiegervater in spe »›nur‹ – wegen der Ferne und
materieller Bedingungen.«[784] Im April mietet Schnitzler für
das Paar eine Wohnung in San Polo, unweit der Casa Mahler.
Die Hochzeit findet am 30. Juni 1927 im Wiener Rathaus
statt.[785] Am 20. Dezember 1926, als er Lili und Olga zur Bahn
begleitete, da sie nach Venedig fuhren, war er in traurige
Nachdenklichkeit verfallen: »Es könnte heute die Generalprobe zu einem bedeutungsvollern Abschied gewesen sein.«[786]

Nach außen hin scheint alles – abgesehen von finanziellen
Schwierigkeiten, die Schnitzler zu beheben sucht – in Ordnung. Im Frühjahr 1928 begeben sich Arthur Schnitzler, Lili
und Arnoldo Cappellini als seine Gäste auf eine ausgedehnte
Mittelmeerreise. Auch in seinem Sprachgebrauch ist Arnoldo
»der Fascist«, er versteht das jedoch gar nicht pejorativ. Vom
Kreuzfahrtschiff ›Stella d'Italia‹ aus schickt er Olga ein Stimmungsbild: »Heute gab es hier um 11 Uhr Früh eine patriotische Feier: Mussolini hatte Geburtstag (glaub ich), Arnoldo
strahlte in Stiefeln und Schwarzhemd; Lili schwarz und fascistisch sah wie eine Herzogin oder wie die Mutter der Gracchen
aus. Der Capitän hielt zitternd eine Rede, die Marcia reale
wurde 2mal, die Giovanezza dreimal gespielt; – überdies gab
es für in- und ausländische Patrioten Sandwiches und Wermut. Nicht Wermutstropfen – sondern ganze Gläser. Am Ufer
der Dardanellen liegen 300 000 Engländer begraben. Das sind
so die Zusammenhänge der Geschichte.«[787] Obwohl Schnitzler keineswegs in Opposition zum faschistischen Italien der
Zwanzigerjahre steht, sind ihm die politisch-historischen Zusammenhänge, in die er durch Lilis abenteuerliche erotische

Laune geraten ist, ein bißchen unheimlich. Kurz vor seinem Brief an die geschiedene Gefährtin hat er nämlich seine ständige Wiener Begleiterin Clara Pollaczek, die vergebens hofft, die einzige zu sein, informiert: »In Corfu kam der italienische Consul an Bord [...] – – er hatte gehört, dass Arnoldo mit der Ueberwachung eines an Bord befindlichen Socialisten betraut sei!!!«[788]

Hinter der Fassade strahlend-schwarz faschistischer Harmonie dürfte das junge Glück bald in Brüche gegangen sein. Streit um Geld, Arnoldos Reizbarkeit und Lilis innere Hektik sind Garanten für Unfrieden im Hause Cappellini, noch dazu bereitet der Vermieter Schwierigkeiten. Am 20. Juni 1928 ereignet sich eine mittlere Ehe-Explosion. Da Arnoldo Lili im Zorn anfährt:» ›Vai via, vai via‹«, hat sie »wirklich ganz ernstlich vor«, sich zu erschießen und verläßt den Raum. Die Szene ist in Lilis Diarium festgehalten: »Er kommt mir also in sein Zimmer nach, nimmt mir die Pistole aus der Hand und teilt mir mit, dass er daraufhin nicht mehr mit mir leben könne, dass ich meinem Vater schreiben solle, mich abzuholen, oder, dass er ihm das telegraphieren würde. Als ich sagte, dass ich nicht ohne ihn leben könne, ›Ma io non posso piu vivere con te.‹«[789]

Man versöhnt sich, nicht für lange. Auf Lilis Beteuerung, sie sei »durchaus ›felice‹« mit ihm, erhält sie Arnoldos niederschmetternde Antwort, er hingegen sei »infelicissimo per colpa tua«, durch ihre Schuld der Unglücklichste. Und abermals will er sie vom Vater holen lassen. Sie repliziert, sie sei keine Sklavin.[790]

Obgleich sie sich auf die gegenteilige Behauptung versteift, bereut Lili Cappellini ihren Schritt längst, wie ein Irrtum veranschaulicht: Zweimal setzt sie im Journal die falsche Jahreszahl hin, 1927, und verlegt somit ihren Kummer unbewußt in die Zeit vor der Ehe, als könnte sie diese annullieren. Der 30. Juni, der erste Hochzeitstag, beschert wieder große Enttäuschung. Lili kauft »ein grosses Blumenbuket und Ziga-

retten [...]. Mein Stubenmädchen brachte mir Blumen. A. −
nichts! Nicht eine Rose!«[791] Das Flirten vermag die flatter-
hafte Lili übrigens auch als Ehefrau nicht aufzugeben. »Es ist
merkwürdig«, wundert sie sich am 18. Juli, »ich sehe überall
schöne Männer, dabei liebe ich A. masslos, aber diese Dinge haben gar nichts damit zu tun.«[792] Am 24. Juli 1928 hat Lili einer
Bekannten aufgetragen: »›Sagen Sie Vater, er soll herkommen
es ist so schön hier ...‹ Dann, sich noch einmal umwendend −
›Nein − sagen Sie ihm nur, dass ich ihn liebe−‹−«.[793] Am 26.
erreicht Arthur Schnitzler ein Telegramm Arnoldos, daß »›Lili
malade‹« sei, »›pas grave mais elle desire sa presence‹«. Unter
»ungeheure[r] Erschütterung« bereitet er seine Reise vor.[794]
Am 27. fliegt er mit Olga, die aus Berlin eintrifft, nach Venedig.
Was dort geschehen ist, erzählt ihm der Schwiegersohn, und
diese sehr einseitige Fassung des Dramas gibt er Clara Pollaczek weiter: »[...] nach einem völlig unbeträchtlichen Wort-
wechsel, der nebstbei erledigt war − sie wollten eben beide,
9 Uhr Abends spazieren gehen; sie war völlig angezogen zum
Ausgehn − zieht sie sich auf ein paar Augenblicke ins Badezim-
mer zurück − ein Schuss; − sie hat mit Arnoldos Pistole sich ins
Herz geschossen. Doch nicht genug; − anfangs schien es eine
leichte Verwundung; sie war überzeugt zu genesen; − Spital,
früh 6 (am 26.) Operation; Nachmittag Verschlimmerung, hohes Fieber, andre Symptome; − um ¼11 Abends Tod. − (Während ich in meinem Zimmer ihr Bild in Händen hielt und küss-
te.) −«[795] Bei einem »›Localaugenschein‹« in der Wohnung,
am 30. Juli, befragt Schnitzler das Dienstmädchen Rita, ob
Lili irgendeine Begründung für ihre Tat vorgebracht habe − es
war nicht allzuviel: »›Un momento de [!] nervosismo‹«[796]. Das
väterliche Beschwichtigen (»völlig unbeträchtlich«) hatte sie
jedenfalls verinnerlicht. Auf der letzten Seite ihres Tagebuchs
steht der Todeswunsch »Vorrei morir«.[797]

Brieflich mahnt Schnitzler Clara: »Bleibe bitte vorläufig bei
der Version: Unvorsichtigkeit (wenns auch niemand glauben
wird.)«[798] Mit Ausnahme der dem Dichter gewogenen *Neuen*

Freien Presse, die ihren Lesern das Märchen vom »unvorsichtige[n] Hantieren«[799] mit der Waffe auftischt, glaubt niemand daran. Etwas anderes wird dafür um so bereitwilliger geglaubt und verbreitet: »Und nun erfährt man plötzlich«, schreibt die *Wiener Sonn- und Montags-Zeitung*, »daß eines der Hauptmotive ihres Selbstmordes – Heimweh gewesen sein soll: die unstillbare Sehnsucht nach ihrem wirklichen Vaterland, nach Wien, nach der Nähe des Vaterhauses.«[800] Mehrere Gazetten führen es im Untertitel ihrer groß aufgemachten Artikel an: »Selbstmord infolge Heimwehs«, »Motiv des Selbstmordes: Heimweh«[801]. Der in seiner Phraseninnigkeit peinlichste Nekrolog stammt von einem Dr. Oskar Maschek in der Prager *Bohemia*: »Als die Blätter deinen Freitod kündeten, da flogen unsere Gedanken mit deinem greisen Vater, unserem Artur Schnitzler, hin durch das weite Land fern nach Süden in die Stadt der Lagunen am blauen Meer, wo du an gebrochenem Herzen starbst ... Aus Heimweh. [...] Du folgtest dem Zuge ewigen deutschen Sehnens und büßtest die Untreue zur Heimat mit dem Leben ... Erst jetzt begreifen wir den Dichter der ›Dämmerseelen‹, des ›Einsamen Wegs‹ und ›Sterbens‹ ganz. Mit dem Opfer deiner selbst, seines Liebsten, kröntest du die Dichtung des Leids. [...] Aber die Tränen, die wir, Vater, mit dir um Lilli weinen, glitzern wie Diamanten auf dem steinigen Weg, den wir alle gehen ...«[802]

Sentimentale Sensationsberichterstattung und penetranter Schwachsinnskitsch lassen sogar den klugen Anton Kuh[803] in der *Weltbühne* zur Feder greifen: »War es nicht auch eine Tragödie des Schweigens, was der Dichter jetzt in seinem Haus erlebte? Er hätte der Tochter, die den Fascisten-Capitano zum Gatten wollte, viel vorhersagen – sie hätte ihm nach einjähriger Ehe viel erzählen können. Sie redeten beide nichts, und die Zeitung preßt jetzt die Summe dieser stummen Verständigungen in das Wort: Heimweh. [...] Heimweh? Schnitzler selber wird, weise deutend und andeutend das Wort gesprochen haben, in seinem eigentlichen Sinn: Weh nach dem Heim. [...]

Man liest: Lilly Schnitzlers Gatte, Hauptmann der Fascisten-
armee, schwöre so heilig auf das Evangelium Mussolinis, daß
er seine junge Frau dazu bekehren wollte: die seelische und
wahrscheinlich auch: die erotische Nase der Armen habe sich
dagegen gesträubt. Man braucht beides nicht schwarz auf
weiß zu haben. Denn der Inhalt der Fascistenerotik ist Fascismus; und umgekehrt: gibt es einen gründlichern, schmerzhaf-
tern Schnellsiedekurs über das Wesen des Fascismus, als ihn
eine Frau via Eros erleben kann?«[804]

In der sexualpolitischen Auslegung des Falles hat Kuh übertrieben – Lili mußte nicht bekehrt werden, die morbide Faszination durch die schwarze »Märchenfigur« des Capitano
reichte vollauf. Eben daß er Gewalt und Tod repräsentierte,
war der Nervenkitzel, der sie in die Arme ›ihres Faschisten‹
trieb. Die Annahme freilich, die Legende vom Heimweh als
Todesursache sei aus Schnitzlers nächstem Umkreis oder von
ihm selbst in die Welt gesetzt worden, ist schwerer zu entkräf-
ten. Das wohltönend romantische Erklärungsmuster, es geht
so gut ins Ohr, gehört zur Schnitzlerschen Familientradition.
Über den jüngsten Bruder von Schnitzlers Mutter, Julius
Markbreiter, erfahren wir in *Jugend in Wien*, er habe sich als
»Siebzehnjähriger in Schachendorf bei Rechnitz angeblich
aus Heimweh« erschossen.[805]

In den Erinnerungen der ebenso maliziös scharfzüngigen
wie scharfsichtigen Alma Mahler-Werfel schwingt unüberhör-
bar ein Unterton von Verdacht gegen den Witwer Cappellini
mit: »Ich fand einen gelben erloschenen Greis und eine
schwarz gekleidete Mutter. Der schöne düstere Schwiegersohn sprach unausgesetzt, als hätte er eine Schuld zu vertu-
schen.«[806] Schnitzler jedoch, in seiner wahrhaft unendlichen
Trauer, äußert keinerlei Vorwurf wider Arnoldo, nicht einmal
nachdem er Lilis Notizen diktierend durchgesehen hat: »›Verwirrung‹? Nein. Nebeneinander.«[807] Für ihn zählt allein sein
Schmerz – »nun weiss ich, dass ich das erste Mal erlebe, was
Gott damit gemeint hat. [...] Fort ist sie – mit ihren 18 Jahren,

aus der Welt — dieses himmlische einzige Wesen — nie nie kommt sie wieder — und aus diesen Tiefen der Verzweiflg gibt es kein hinauf.«[808] Eine Stelle in Lilis Tagebuch erschüttert ihn besonders — »wie ›alles sich erhellt; wenn sie mit (mir) ›Vater‹ spricht …‹ — Warum war ich nicht da! — Warum hat sie nicht gesprochen. — Sehnsucht bis zum Wahnsinn. — «[809] Als einzigen Trost akzeptiert er Heinrich: »In seiner Haltung, seinem Verstehn, seiner Klugheit welch ein Glück in diesem Unglück. Ich danke dir mein geliebter Sohn.«[810]

Nicht kleinlich ist die eifersüchtige Clara Katharina Pollaczek im Zumessen von Verantwortung für den Selbstmord. Einerseits sei Olga, »dieses Weib«, an »allem schuld«. Andererseits kann sie ihre Wut auf Schnitzler nicht bezähmen, als ihr dieser — »während er meine Hände küsst und sie streichelt« — beiläufig erzählt, er wolle »mit Heini in die Berge gehen«, und Olga komme im übrigen auch mit: »Diese Schwäche, diese Feigheit! Irgendwie fühle ich mich bei all dem grenzenlosen Mitleid mit ihm angeekelt. All dieses Lawieren [!] mit Gefühlen, Erotik, falschen Einstellungen, kein grades Empfinden. Darüber ist auch dieses Kind zugrunde gegangen.«[811]

Woran Lili zugrunde gegangen ist — ob etwa »nicht nur die Text-Kinder das Unterbewußtsein ihres Vaters realisiert« haben, »sondern darüber hinaus auch das lebende«[812] — hätte am ehesten eine von Schnitzlers dunkel-klaren Novellen erhellen können: nach dem Beispiel von *Fräulein Else* oder *Flucht in die Finsternis*, auf ihre »fürchterlich behutsame Art, in der bei Schnitzler Vernichtungsprozesse vor sich gehen.«[813] Diese Geschichte aber, nicht zuletzt eine tragische Liebesgeschichte zwischen Arthur und Lili Schnitzler, hat der Dichter nicht gestaltet, er hat sie durchlitten, als Vater und Arzt hilflos, ohnmächtig. Schon 1927 wurde im *Buch der Sprüche und Bedenken* die apodiktisch formulierte Einsicht veröffentlicht: »Die Liebe zu den Kindern ist immer eine unglückliche, im Grunde die einzige, die diese Bezeichnung mit Recht verdient.

Haben wir doch nur den Mut, uns zu erinnern. Auch in unserer Liebe den Eltern gegenüber, so groß sie war, – war in ihr nicht auch ein wenig Mitleid, vielleicht sogar etwas Widerwillen, war nicht am Ende in dieser Liebe etwas vorhanden, das dem Grauen verwandt ist?« (AuB, 55) Am 3. Oktober 1929 wird Schnitzler feststellen: »Mit jenem Julitag war mein Leben doch zu Ende. Die andern wissens nicht – und manchmal ich selber auch nicht.«[814]

Der letzte Akt

Als Autorin wurde sie Bestandteil der Literaturgeschichte hauptsächlich durch Verse eines genialen Lyrikers, die dieser für eines ihrer Frühwerke schrieb: Hugo von Hofmannsthal verfaßte 1897 den Prolog zu *Mimi. Schattenbilder aus einem Mädchenleben. Von Bob*, der mit den Zeilen anhebt: »Merkt auf, merkt auf! Die Zeit ist sonderbar, / Und sonderbare Kinder hat sie: Uns.« Als Frau ist Clara Katharina Pollaczek, geborene Loeb, in die Literaturgeschichte dank ihrer neun Jahre andauernden Verbindung mit Arthur Schnitzler verwoben.[815] Der soll ihr gesagt haben, man »könnte seiner Liebe zu [ihr] den schönen Titel der Tschechow-Novelle ›Im Schatten des Todes‹ geben.«[816]

»Im Schatten des Todes« stimmt, »Liebe« stimmt – genauer besehen – nicht. In Kenntnis ihrer Aufzeichnungen *Arthur Schnitzler und ich* und in Unkenntnis von Schnitzlers Parallelaufzeichnungen fällte die Forschung einst ein herbes, ein ungerechtes Urteil über Clara: »Ihre aggressive Selbstsucht steht im scharfen Kontrast zu der verständnisvollen Menschlichkeit Schnitzlers.«[817] Aber die offiziöse Gefährtin seines Alters – im Herbst 1928 gelingt es nur mit Mühe, das Gerücht von einer bevorstehenden Vermählung im *Neuen Wiener Journal* zu unterdrücken[818] – hat reichlich Veranlassung, verbittert zu sein. Nach gemeinsamen Schweizer Tagen im Sommer 1926 lobte Schnitzler sie ausdrücklich: »C. P.s Anhänglichkeit. Fügsamkeit; ihr kluges braves Wesen machen sie zu einer vortrefflichen Reisegefährtin; und es ist sehr viel ›Jugend‹ in dieser Beziehung.«[819] Mit der »Jugend« der Beziehung umschreibt er vornehm deren vornehmlich sexuelle Orientierung. So weiß die vierundfünfzigjährige Clara am 8. September 1929 nicht recht, ob sie sich darüber beklagen oder freuen soll: »Ich bin schon etwas müde. 99 % seiner Liebe ist ›s.‹, aber auch das ist schön. [...] Manchmal nervöser Widerstand in mir gegen diese übertriebene Zärtlichkeit, die fast etwas Ungesundes hat.«[820]

Schon ziemlich früh, 1925, sah Schnitzler ein, daß die ständig mäkelnde Unzufriedenheit Claras mit Defekten seines Charakters zusammenhing: »*Wo eine Beziehung in der Tiefe nicht wahr ist, – thut man in allen Dingen unrecht, wie immer man sich beträgt.* Auch hier mein (oder einer meiner) Grundfehler – Egoismus bis zur Härte, und Mitleid in Ambivalenz.«[821] Und 1930, nach zahllosen Zänkereien und Verstimmungen: »[...] wie ungeduldig und ungerecht machen die Thränen einer Frau, die man nicht liebt; und die Tragik entwickelt nur ›Langeweile‹. –«[822] Doch ändert die Erkenntnis nichts an seiner Zielvorstellung: »Immer alles haben können und immer alles wegwerfen dürfen, das wär schön.«

Nie will er sich in seine erotischen Karten blicken lassen, alles hat sauber getrennt zu bleiben. Er allein bestimmt, wem er gerade seine Zuneigung schenkt, und zugleich kann er nichts und niemanden aufgeben. Wie ein Puppenspieler glaubt er, sämtliche Fäden in der Hand zu halten. Daß sie sich verwirren, durcheinandergeraten müssen, ist sein auch ihn belastendes Schicksal.

Mit der erfrischend amoralischen Hedy Kempny fühlt er sich »fast am ›befreundetsten‹ [...], in unsrer Beziehung steckt etwas von *Complicenthum.*«[823] Mit der unglücklichen Gemahlin des Urologen Robert Lichtenstern, einem Haupthaßobjekt Claras, pflegt er bis zu deren grausigem Ende eine »amitié très amoureuse«.[824] – »Auch eine, die mich für ›gütig‹ hält. Ich klärte sie auf«[825], hat er 1919 notiert. Zu Pfingsten 1927 kommt Vilma Lichtenstern bei einem Autounfall – ihr Mann chauffiert den Wagen – ums Leben. Sie ist sofort tot: »[...] das Vorderglas hatte ihr die Kehle durchgeschnitten.«[826] Im Spätherbst von Lilis Todesjahr 1928 tritt dann die Übersetzerin Suzanne Clauser (Dominique Auclères) auf den Plan.[827]

Wenngleich Germanisten an der Qualität der Folgen ihrer »geschäftlich-literarischen Beziehungen«[828], am »Elend der Übersetzung«[829], im nachhinein abschätzige Kritik üben werden, macht sie den Menschen Arthur Schnitzler so glücklich und zufrieden, wie er es in den »– sagen wir spätern Nachmittagsstunden«[830] seines Daseins zu sein vermag. »Seltsam, wie der Schwerpunkt eines Lebens sich innerhalb einiger Wochen verschieben kann«[831], denkt er ein Jahr nach dem Kennenlernen, und sechs Monate darauf: »Dieses Gefühl ›es will mir das Herz zersprengen‹ – seit dreißig Jahren nicht.«[832] Manchmal wird mehrmals täglich telephoniert, und seine zartesten, selbstironischesten Briefe dieser Zeit sind an sie gerichtet, die »Verehrte gnädige und (einzig) maßgebliche Frau Suzanne«[833]. Sie hat das Geheimnis von Schnitzlers letzter herzbewegenden Leidenschaft zeitlebens gehütet.[834]

Clara Pollaczek kommt ihm indes irgendwann auf alle seine Schliche. Im Sommer 1931 erfaßt sie das Ausmaß von Schnitzlers Neigung zu seiner »Übersetzerin« und bricht – ohnehin nervlich zerrüttet – zusammen. Schnitzler weist ihre Eifersuchtsanfälle böse zurück, schlägt ihr »Freundschaft und Freiheit«, als »einzig würdige Lösung«, für ihr erkaltetes Verhältnis vor. Am 26. August nimmt Clara »Schlafmittel in Abondanz«, erholt sich jedoch rasch, nachdem man ihr den Magen ausgepumpt hat. Schnitzler, davon benachrichtigt, reagiert frostig: »Meine Erschütterung gering, wenn ich auch froh bin, dass so viel Unechtheit in dem Versuch steckte.«[835]

Er selbst ist lange schon gesundheitlich angeschlagen. Anfang Mai 1929 hat sich in der Nacht wieder einmal ein »schmerzhafter Wadenkrampf« eingestellt, beim Aufstehen verspürt er eine »Lähmung des rechten Unterschenkels« und wird durch »ataktische Erscheinungen« [Störung der Koordination von Bewegungsabläufen] irritiert. Bruder Julius, den die Sekretärin heimlich verständigt hat, schaut wie »zufällig« in der Sternwartestraße vorbei – »es könne nur functionell sein«, beschwichtigt er den Kranken. Er möge sich doch der

Obhut seines Schwiegersohns, des Internisten und Herzspezialisten Ferdinand (»Ferry«) Donath, anvertrauen. Bruder und angeheirateter Neffe untersuchen ihn am folgenden Tag neuerlich, da sich die Beschwerden wiederholen: »Beide schließen organisches aus, ohne mich zu überzeugen«[836], mißtraut der Patient Schnitzler den verwandten Ärzten im Tagebuch. Er befürchtet »eine Rückenmarkssache, Tumor etc.«, Claras Eindruck nähert sich der Wahrheit mehr an: »[…] ein leichter Schlaganfall oder eine fixe Idee auf Basis einer beginnenden Arteriosklerose«[837]. Auf jeden Fall seien Vorsicht und Schonung geboten, schärft ihr Donath in seiner Ordination ein, Schnitzler sei »organisch vollkommen gesund, nur psychisch sehr labil.«[838]

Als Hugo von Hofmannsthal im Juli 1929 – am Selbstmord seines Sohnes Franz – stirbt, sagt Schnitzler zu Clara, man stehe »eigentlich in einem fortwährenden Kugelregen, jeden Augenblick [könne] man tödlich getroffen werden.«[839] Ende Oktober wird Claras Verdacht in bezug auf die Arteriosklerose von Ferry Donath bestätigt, und im Januar 1931 muß er ihr eröffnen, Arthur Schnitzler werde »nicht sehr alt werden [...] nur Diät, Entziehung von Flüssigkeiten, keine Aufregungen, sonst gebe es nichts.«[840]

Im August 1931 begegnet Olga Schnitzler ihrem geschiedenen Mann zum letzten Mal, in Gmunden: »[...] der Körper, schwer geworden, gleichsam kleiner, sah aus, als wüchse er in die Erde.«[841] Ab September registriert der Mediziner Schnitzler verstärkt seine Symptome: »mit leicht[en] Herzschmerzen und Beklemmungen (seit ein paar Tagen.)«, »sonderbarer Anfall von Scotom« [Gesichtsfeldausfall], »Beklemmung und Angstgefühl arger Art«, »übles Befinden«, »eine sonderbare Parakusie«[842] [falsche akustische Wahrnehmung]. Er nimmt sie beinah gelassen ad notam. »Mir ist nicht übermäßig wohl«, teilt er damals Hedy Kempny mit, »aber wir wollen hoffen, daß es wieder einmal Übergänge sind – wenn man nur wüßte, wohin – (oder lieber nicht) –.«[843] Suzanne Clauser hat er seinerzeit geschrieben: »Nichts vorher wissen – das ist das einzige sichere Glück. – Das einzige –? das einzige sichere –??«[844]

Am 5. Oktober ruft Schnitzler Clara an, es sei »so herrliches Wetter«, er wolle mit ihr ausfahren. Vom Sommerhaidenweg wandern sie bis Dornbach. »Der Himmel strahlend blau die Bäume alle wie vergoldet. Ich sagte ihm dass ich seit langer Zeit einmal ein bischen froh bin. Er streichelte meine Wange. Später sassen wir auf einer Bank. Ich nahm seine Hand Thränen kamen mir in die Augen. Um uns fiel leise das Laub zu Boden –«.[845] Hedy Kempny gegenüber äußert er in jenen Tagen Düsteres: »Daß ich in einer so grauenhaften Zeit zu Grunde gehen muß, ist kaum zu ertragen. Du wirst ja den Aufstieg noch erleben – aber für mich ist es das Ende.«[846]

Mit dem 19. Oktober bricht Arthur Schnitzlers Tagebuch ab. Es vermerkt unter anderem, daß die erste Kritik über *Flucht in die Finsternis* erschienen ist – »sehr enthusiastisch« – und: »Ein übler Nachmittag«. Täglich ist er mit Clara beisammen, er geht mit ihr ins Kino, ins Theater oder nachtmahlen, so auch am 20. Oktober. Beim Essen wirkt er gut aufgelegt: »Das Leben ist doch schön und interessant – ich möchte um der schönen Stunden gleich noch einmal leben.«[847] Ist es das, was er an Thomas Manns Roman *Der Zauberberg* bewundert hat: »[...] der Humor des Sterbens und des Todes«?[848] Am Vormittag des 21. Oktober 1931 findet seine Sekretärin Frieda Pollak Schnitzler besinnungslos am Boden liegen. »Um $^1/_4$7 Uhr abends verschied er, ohne das Bewußtsein wieder erlangt zu haben. Der Tod dürfte auf Gehirnschlag zurückzuführen sein.«[849] Clara hält »seinen Kopf in [ihren] Händen bis zu seinem letzten Athemzug.«[850] An seiner Bahre reichen einander zumindest drei ›Witwen‹ die Hand: Olga Schnitzler, Clara Katharina Pollaczek[851] und Suzanne Clauser.

Arthur Schnitzlers »Bestimmungen« vom 29. April 1912, die er nach seinem »Ableben zu erfüllen« bat:

»Herzstich!

Keine Kränze!

Keine Parte! Auch in den Zeitungen nicht!

Begräbnis letzter Klasse.

Das durch Befolgung dieser Bestimmungen erübrigte Geld ist Spitalszwecken zuzuwenden.

Keine Reden!

Vermeidung alles rituellen Beiwerks. (Insbesondere Leichenwächter u. dergl.)

Keine Trauer tragen nach meinem Tode, absolut keine. – «[852]

Ein paar Tage nach Schnitzlers Beerdigung auf dem jüdischen Teil des Zentralfriedhofs erscheint in der Wiener *Arbeiter-Zeitung* folgende Kurznachricht: »Aus Budapest wird gemeldet: Aus Gram über den Tod Arthur Schnitzlers hat ein junges Mädchen aus Nagy-Kanizsa, Irma Nagel, einen Selbstmord durch Vergiften versucht. Sie konnte gerettet werden. – Fräulein Nagel stand in freundschaftlichen Beziehungen zu dem verstorbenen Dichter. Sie besuchte ihn häufig und stand auch mit ihm in reger Korrespondenz. Der Tod ihres großen Freundes hat sie seelisch so erschüttert, daß sie das Leben nicht mehr ertragen zu können glaubte.«[853] Eine Irma Nagel taucht zwar weder im Tagebuch Schnitzlers noch in seinem Briefnachlaß auf, aber: Se non è vero, è ben trovato. Als wär's ein Stück von ihm.

ANMERKUNGEN

1 Arthur Schnitzler: Tagebucheintragung vom 21.11.1925.

2 Klaus Mann: Tagebücher 1936 bis 1937. Hg. von Joachim Heimanns-berg, Peter Laemmle und Wilfried F. Schoeller. München 1990, S.91.

3 Sigmund Freud: Briefe an Arthur Schnitzler. Hg. von Henry Schnitzler. In: Die neue Rundschau. 1955 (66/1), S.95–106, S.97.

4 Georg Brandes und Arthur Schnitzler: Ein Briefwechsel. Hg. von Kurt Bergel. Bern 1956, S.91.

5 Ebda., S.92f.

6 Jean Améry: Inmitten des alten Österreich – Arthur Schnitzler. In: Literatur und Kritik. Österreichische Monatsschrift. Nr. 151, Februar 1981, S.37–45, S.39.

7 Claudio Magris: Arthur Schnitzler und das Karussell der Triebe. In: Hartmut Scheible (Hg.): Arthur Schnitzler in neuer Sicht. München 1981, S.71–80, S.76.

8 Heinz Politzer: Diagnose und Dichtung. Zum Werk Arthur Schnitzlers. In: Heinz Politzer: Das Schweigen der Sirenen. Studien zur deutschen und österreichischen Literatur. Stuttgart 1968, S.110–141, S.140.

9 Arthur Schnitzler an Miriam M. Cohen, 21.11.1929. In: Arthur Schnitzler: Briefe 1913–1931. Hg. von Peter Michael Braunwarth, Richard Miklin, Susanne Pertlik und Heinrich Schnitzler. Frankfurt am Main 1984, S.633f.

10 Arthur Schnitzler an Suzanne Clauser, 14.7.1931. In: Arthur Schnitzler: Briefe 1913–1931. A.a.O., S.795.

11 Arthur Schnitzler: Tagebuch 1917–1919. Unter Mitwirkung von Peter Michael Braunwarth, Richard Miklin, Susanne Pertlik und Reinhard Urbach hg. von Werner Welzig. Wien 1985, S.173.

12 Ursula Keller: Böser Dinge hübsche Formel. Das Wien Arthur Schnitzlers. Berlin – Marburg 1984, S.207.

13 Hans Weigel: Zu berühmt und zu wenig gekannt. Endlich liegt die erste Arthur-Schnitzler-Biographie vor. Zit. nach Hans-Ulrich Lindken: Arthur Schnitzler: Aspekte und Akzente. Materialien zu Leben und Werk. Frankfurt am Main 1987, S.488ff., S.489.

14 Siehe vor allem: Renate Wagner: Frauen um Arthur Schnitzler. Frankfurt am Main 1983.

15 Arthur Schnitzler: Tagebuch 1917–1919. A. a. O., S. 282.

16 Arthur Schnitzler: Frühe Gedichte. Hg. und eingeleitet von Herbert Lederer. Berlin 1969, S. 72.

17 Erstmals verwendete Schnitzler diese Formulierung im Sommer 1889. Siehe: Arthur Schnitzler: Tagebuch 1879–1892. Unter Mitwirkung von Peter Michael Braunwarth, Susanne Pertlik und Reinhard Urbach hg. von Werner Welzig. Wien 1987, S. 262.

18 Bernhard Blume: Das nihilistische Weltbild Arthur Schnitzlers. Stuttgart 1936, S. 15.

19 Theodor Reik: Der Tod und die Liebe (In memoriam Arthur Schnitzler). In: Almanach der Psychoanalyse 1934. Wien 1934, S. 78–84, S. 84.

20 Heinrich Mann: Gedenken an Schnitzler. Zit. nach Hans-Ulrich Lindken. A. a. O., S. 432–436. Vgl. auch: Heinrich Mann: Ein Zeitalter wird besichtigt. Reinbek bei Hamburg 1976, S. 165–169.

21 Arthur Schnitzler: Briefe 1875–1912. Hg. von Therese Nickl und Heinrich Schnitzler. Frankfurt am Main 1981, S. 1.

22 Ebda., S. 2.

23 Arthur Schnitzler: Jugend in Wien. Eine Autobiographie. Hg. von Therese Nickl und Heinrich Schnitzler. Mit einem Nachwort von Friedrich Torberg. Wien – München – Zürich 1968, S. 45.

24 Arthur Schnitzler: Tagebuch 1879–1892. A. a. O., S. 57.

25 Renate Wagner: Arthur Schnitzler. Eine Biographie. Frankfurt am Main 1984, S. 16.

26 Arthur Schnitzler: Jugend in Wien. A. a. O., S. 59f.

27 Arthur Schnitzler: Tagebuch 1903–1908. Unter Mitwirkung von Peter Michael Braunwarth, Susanne Pertlik und Reinhard Urbach hg. von Werner Welzig. Wien 1991, S. 222.

28 Arthur Schnitzler: Jugend in Wien. A. a. O., S. 30.

29 Ebda., S. 215.

30 Ebda., S. 202f.

31 Arthur Schnitzler: Tagebuch 1879–1892. A. a. O., S. 9.

32 Arthur Schnitzler: Jugend in Wien. A. a. O., S. 86.

33 Arthur Schnitzler: Tagebucheintragung vom 1. 9. 1923.

34 Arthur Schnitzler: Jugend in Wien. A. a. O., S. 88.

35 Ebda., S. 287.

36 Arthur Schnitzler: Tagebuch 1879–1892. A. a. O., S. 336f.

37 Arthur Schnitzler: Jugend in Wien. A. a. O., S. 267.

38 Ebda., S. 269.

39 Vgl. Renate Wagner: Arthur Schnitzler. A. a. O., S. 51.

40 Arthur Schnitzler: Tagebuch 1879–1892. A. a. O., S. 333.

41 Ebda., S. 358.

42 Arthur Schnitzler: Tagebuch 1903–1908. A. a. O., S. 237.

43 Arthur Schnitzler: Tagebuch 1913–1916. Unter Mitwirkung von Peter Michael Braunwarth, Richard Miklin, Susanne Pertlik, Walter Ruprechter und Reinhard Urbach hg. von Werner Welzig. Wien 1983, S. 313.

44 Arthur Schnitzler: Tagebuch 1917–1919. A. a. O., S. 177.

45 Vgl. Theodor Reik: Arthur Schnitzler als Psycholog. Minden 1913, S. 171–201.

46 Ebda., S. 200 f.

47 Ebda., S. 189.

48 Arthur Schnitzler: Roman-Fragment. Hg. von Reinhard Urbach. In: Literatur und Kritik. Heft 13, April 1967, S. 135–183, S. 137 f.

49 Ebda., S. 174.

50 Arthur Schnitzler: Tagebuch 1893–1902. A. a. O., S. 30.

51 Ebda., S. 76.

52 Arthur Schnitzler: Tagebuch 1913–1916. A. a. O., S. 336.

53 Arthur Schnitzler: Tagebuch 1893–1902. A. a. O., S. 96.

54 Ebda., S. 69.

55 Arthur Schnitzler: Tagebuch 1893–1902. A. a. O., S. 31.

56 Arthur Schnitzler: Tagebuch 1909–1912. Unter Mitwirkung von Peter Michael Braunwarth, Richard Miklin, Maria Neyses, Susanne Pertlik, Walter Ruprechter und Reinhard Urbach hg. von Werner Welzig. Wien 1981, S. 60.

57 Arthur Schnitzler: Tagebuch 1893–1902. A. a. O., S. 40.

58 Ebda., S. 93.

59 Arthur Schnitzler: Tagebuch 1903–1908. A. a. O., S. 309 f.

60 Ebda., S. 176 f.

61 Arthur Schnitzler: Tagebuch 1913–1916. A. a. O., S. 242.

62 Arthur Schnitzler: Tagebuch 1917–1919. A. a. O., S. 37.

63 Arthur Schnitzler: Tagebuch 1903–1908. A. a. O., S. 28.

64 Arthur Schnitzler: Tagebuch 1913–1916. A. a. O., S. 273.

65 Arthur Schnitzler: Tagebuch 1909–1912. A. a. O., S. 301.

66 Arthur Schnitzler: Tagebuch 1913–1916. A. a. O., S. 157.

67 Ebda., S. 65 und S. 336.

68 Arthur Schnitzler: Tagebucheintragung vom 2. 5. 1923.

69 Arthur Schnitzler: Tagebuch 1920–1922. Unter Mitwirkung von Peter Michael Braunwarth, Susanne Pertlik und Reinhard Urbach hg. von Werner Welzig. Wien 1993, S. 285.

70 Ebda., S. 250.

71 Arthur Schnitzler: Tagebucheintragung vom 9. 2. 1927.

72 Arthur Schnitzler: Entworfenes und Verworfenes. Aus dem Nachlaß hg. von Reinhard Urbach. Frankfurt am Main 1977, S. 461.

73 Arthur Schnitzler: Tagebuch 1879–1892. A. a. O., S. 389.

74 Arthur Schnitzler: Tagebucheintragung vom 16. 1. 1923.

75 Theodor Reik: Arthur Schnitzler als Psycholog. A. a. O., S. 179.

76 Arthur Schnitzler: Jugend in Wien. A. a. O., S. 37.

77 Ebda., S. 44.

78 Ebda., S. 313.

79 Ebda., S. 132.

80 Reinhard Urbach: Schnitzler-Kommentar zu den erzählenden Schriften und dramatischen Werken. München 1974, S. 19.

81 Hartmut Scheible: Arthur Schnitzler in Selbstzeugnissen und Bilddokumenten. Reinbek bei Hamburg 1976, S. 13.

82 Arthur Schnitzler: Tagebuch 1879–1892. A. a. O., S. 380.

83 Arthur Schnitzler: Roman-Fragment. A. a. O., S. 177.

84 Zit. nach Hans-Ulrich Lindken: Arthur Schnitzler: Aspekte und Akzente. A. a. O., S. 14.

85 Arthur Schnitzler: Tagebuch 1879–1892. A. a. O., S. 269 f.

86 Arthur Schnitzler: Tagebuch 1909–1912. A. a. O., S. 37.

87 Arthur Schnitzler: Tagebuch 1903–1908. A. a. O., S. 255.

88 Arthur Schnitzler: Tagebuch 1893–1902. A. a. O., S. 178.

89 Arthur Schnitzler: Briefe 1875–1912. A. a. O., S. 428.

90 Arthur Schnitzler: Tagebuch 1909–1912. A. a. O., S. 237.

91 Ebda., S. 262 f.

92 Arthur Schnitzler: Tagebuch 1913–1916. A. a. O., S. 186.

93 Ebda., S. 29.

94 Arthur Schnitzler: Tagebuch 1920–1922. A. a. O., S. 389.

95 Siehe: Reinhard Urbach: Schnitzler-Kommentar ... A. a. O., S. 126.

96 Zit. nach Hans-Ulrich Lindken: Arthur Schnitzler: Aspekte und Akzente. A. a. O., S. 90.

97 Stefan Zweig an Arthur Schnitzler, 23. v. 13. In: Stefan Zweig: Briefwechsel mit Hermann Bahr, Sigmund Freud, Rainer Maria Rilke und Arthur Schnitzler. Hg. von Jeffrey B. Berlin, Hans-Ulrich Lindken und Donald A. Prater. Frankfurt am Main 1987, S. 376.

98 Heide Tarnowski-Seidel: Arthur Schnitzler: Flucht in die Finsternis. Eine produktionsästhetische Untersuchung. München 1983, S. 26.

99 Hanns Sachs: Arthur Schnitzler als Psychologe. Von Dr. Theodor Reik. In: Imago. Zeitschrift für Anwendung der Psychoanalyse auf die Geisteswissenschaften, III (3), 1914, S. 302 f., S. 303.

100 Arthur Schnitzler: Tagebuch 1913–1916. A. a. O., S. 280.

101 Arthur Schnitzler an Cyril Clemens, 19.1.1931. In: Arthur Schnitzler: Briefe 1913–1931. A.a.O., S.749f.

102 Vgl. Michaela L. Perlmann: Arthur Schnitzler. Stuttgart 1987, S.122f.

103 Josef Körner: Arthur Schnitzlers Probleme und Gestalten. Zürich – Leipzig – Wien 1921, S.163.

104 Hugo von Hofmannsthal – Arthur Schnitzler: Briefwechsel. Hg. von Therese Nickl und Heinrich Schnitzler. Frankfurt am Main 1983, S.145f.

105 Theodor Reik: Arthur Schnitzler als Psycholog. A.a.O., S.206.

106 Ebda., S.214.

107 Arthur Schnitzler: Jugend in Wien. A.a.O., S.44f.

108 Arthur Schnitzler: Tagebuch 1879–1892. A.a.O., S.238.

109 Arthur Schnitzler: Jugend in Wien. A.a.O., S.309.

110 Arthur Schnitzler: Tagebuch 1879–1892. A.a.O., S.91.

111 Arthur Schnitzler: Jugend in Wien. A.a.O., S.39.

112 Arthur Schnitzler: Tagebuch 1879–1892. S.27.

113 Arthur Schnitzler: Medizinische Schriften. Hg. und mit einem Vorwort von Horst Thomé. Wien – Darmstadt 1988, S.209.

114 Arthur Schnitzler: Jugend in Wien. A.a.O., S.319.

115 Ebda., S.324.

116 Zit. nach Hans-Ulrich Lindken: Arthur Schnitzler: Aspekte und Akzente. A.a.O., S.55.

117 Theodor Reik: Arthur Schnitzler als Psycholog. A.a.O., S.208f.

118 Arthur Schnitzler: Tagebuch 1879–1892. A.a.O., S.269.

119 Arthur Schnitzler: Tagebuch 1893–1902. A.a.O., S.80.

120 Ebda., S.81.

121 Arthur Schnitzler: Tagebuch 1879–1892. A.a.O., S.220.

122 Arthur Schnitzler: Tagebuch 1893–1902. A.a.O., S.81.

123 Arthur Schnitzler: Tagebuch 1909–1912. A.a.O., S.37.

124 Ebda., S.66.

125 Vgl. Arthur Schnitzler: Tagebuch 1903–1908. A.a.O., S.10.

126 Arthur Schnitzler: Tagebucheintragung vom 8.6.1928.

127 Ebda., S.148.

128 Hugo von Hofmannsthal – Arthur Schnitzler: Briefwechsel. A.a.O., S.268 (Brief vom 5.8.1912).

129 Heide Tarnowski-Seidel: Arthur Schnitzler: Flucht in die Finsternis. A.a.O., S.75f.

130 Arthur Schnitzler: Tagebuch 1917–1919. A.a.O., S.109.

131 Arthur Schnitzler: Tagebuch 1893–1902. A.a.O., S.164.

132 Arthur Schnitzler: Tagebuch 1909–1912. A.a.O., S.136.

133 Arthur Schnitzler: Tagebuch 1903–1908. A.a.O., S.124.

134 Ebda., S.221.

135 Arthur Schnitzler: Tagebuch 1913–1916. A. a. O., S. 209.

136 Arthur Schnitzler: Tagebuch 1903–1908. A. a. O., S. 270.

137 Arthur Schnitzler: Tagebuch 1913–1916. A. a. O., S. 22.

138 Ebda., S. 52.

139 Ebda., S. 33.

140 Ebda., S. 278.

141 Theodor Reik: Arthur Schnitzler als Psycholog. A. a. O., S. 202.

142 Egon Schwarz: Das Ende einer Sommerlüge. In: Marcel Reich-Ranicki (Hg.): Romane von gestern heute gelesen. Bd. 1. 1900–1918. Frankfurt am Main 1989, S. 73.

143 Arthur Schnitzler: Tagebuch 1917–1919. A. a. O., S. 168.

144 Arthur Schnitzler: Tagebuch 1903–1908. A. a. O., S. 302 f.

145 Arthur Schnitzler: Tagebuch 1909–1912. A. a. O., S. 134. Zu weiteren »Porträts« siehe Tagebuch 1903–1908. A. a. O., S. 196, S. 339.

146 Arthur Schnitzler: Tagebuch 1893–1902. A. a. O., S. 269.

147 Theodor Reik: Arthur Schnitzler als Psycholog. A. a. O., S. 205.

148 Arthur Schnitzler: Tagebuch 1893–1902. A. a. O., S. 304.

149 Arthur Schnitzler: Tagebuch 1913–1916. A. a. O., S. 253.

150 Theodor Reik: Arthur Schnitzler als Psycholog. A. a. O., S. 204.

151 Zit. nach William H. Rey: Arthur Schnitzler. Die späte Prosa als Gipfel seines Schaffens. Berlin 1968, S. 155.

152 Arthur Schnitzler: Tagebuch 1909–1912. A. a. O., S. 313.

153 Ebda.

154 Arthur Schnitzler: Jugend in Wien. A. a. O., S. 71.

155 Arthur Schnitzler: Tagebuch 1879–1892. A. a. O., S. 44.

156 Vgl. Reinhard Urbach: Arthur Schnitzler – Notizen zu Lektüre und Theaterbesuchen (1879–1927). In: Modern Austrian Literature. Journal of the International Arthur Schnitzler Research Association, Vol. 6, Nrs. 3/4, 1973, S. 7–39, S. 30 und S. 32.

157 Zit. nach Heide Tarnowski-Seidel: Arthur Schnitzler: Flucht in die Finsternis. A. a. O., S. 159.

158 Ebda., S. 89.

159 Jens Malte Fischer: Psychoanalytische Literaturinterpretation. Aufsätze aus ›Imago. Zeitschrift für Anwendung der Psychoanalyse auf die Geisteswissenschaften‹ (1912–1937). Tübingen 1980, S. 104.

160 Arthur Schnitzler: Tagebuch 1909–1912. A. a. O., S. 315.

161 Ebda., S. 339.

162 Ebda., S. 354.

163 Arthur Schnitzler: Tagebuch 1913–1916. A. a. O., S. 36.

164 Ebda., S. 65.

165 Ebda., S. 78.

166 Ebda., S.88.

167 Ebda., S.143.

168 Ebda., S.175.

169 Ebda., S.185.

170 Ebda., S.186.

171 Ebda., S.247.

172 Ebda., S.258.

173 Ebda., S.326.

174 Ebda., S.329.

175 Arthur Schnitzler: Tagebuch 1917–1919. A. a. O., S.29.

176 Ebda., S.59.

177 Ebda., S.95.

178 Vgl. Heide Tarnowski-Seidel: Arthur Schnitzler: Flucht in die Finsternis. A. a. O., S.82.

179 Siehe: Michaela L. Perlmann: Der Traum in der literarischen Moderne. Untersuchungen zum Werk Arthur Schnitzlers. München 1987, S.168f.

180 Clara Katharina Pollaczek: Arthur Schnitzler und ich. Bd. III, S.119. Typoskript der Handschriftensammlung der Wiener Stadt- und Landesbibliothek Ic. 149.392.

181 Samuel Fischer an Arthur Schnitzler, 11. Dezember 1930. Dokument der University Library Cambridge, Schnitzler Papers, Oo.

182 Arthur Schnitzler an Samuel Fischer, 13.12.1930. Ebda. Siehe auch: Heide Tarnowski-Seidel: Arthur Schnitzler: Flucht in die Finsternis. A. a. O., S.136.

183 Siehe: Reinhard Urbach: Schnitzler-Kommentar. A. a. O., S.136.

184 Freiexemplare »Flucht in die Finsternis«. Dokument der University Library Cambridge, Schnitzler Papers, Oo.

185 Arthur Schnitzler: Tagebuch 1879–1892. A. a. O., S.56.

186 Arthur Schnitzler: Jugend in Wien. A. a. O., S.60.

187 Arthur Schnitzler: Tagebucheintragung vom 9.8.1928.

188 Ebda., S.23.

189 Anonym: Hitlers Niederlage. Die Selbstbesinnung des deutschen Volkes. Von Thomas Mann (Aus einem Gespräch). In: Neue Freie Presse (Wien), Nr. 24248, 16.3.1932.

190 Michaela L. Perlmann: Der Traum in der literarischen Moderne. A. a. O., S.16f.

191 Josef Körner: Arthur Schnitzler und Siegmund Freud. In: Das literarische Echo 19 (1916/17), Heft 13, 1.4.1917, Sp. 802–805, Sp. 803.

192 Jean Améry: Inmitten des alten Österreich – Arthur Schnitzler. A. a. O., S.37.

193 Michael Worbs: Nervenkunst. Literatur und Psychoanalyse im Wien der Jahrhundertwende. Frankfurt am Main 1983, S. 206.

194 Ernest Jones: Sigmund Freud. Leben und Werk. Hg. und gekürzt von Lionel Trilling und Steven Marcus. Mit einer Einführung von Lionel Trilling. Frankfurt am Main 1969, S. 571.

195 Friedrich Hacker: Im falschen Leben gibt es kein richtiges. In: Literatur und Kritik, 163/164, April/Mai 1982, S. 36–44, S. 38.

196 Luigi Reitani: Besser sublimiert als verdrängt. In Cambridge entdeckt: Ein unbekannter Brief von Arthur Schnitzler an Sigmund Freud. In: Die Presse (Wien), 3.10.1992, Spectrum S. X. Siehe ferner: Luigi Reitani: In geziemender Schüchternheit. Freud und Schnitzler – ein Doppelgängerproblem. In: Lesezirkel. Literaturmagazin der »Wiener Zeitung«, Nr. 62, April 1993, S. 7 ff.

197 Sigmund Freud: Gesammelte Werke. Chronologisch geordnet. Fünfter Band. Werke aus den Jahren 1904–1905. Frankfurt am Main 1960 ff., S. 203.

198 Sigmund Freud: Briefe an Wilhelm Fließ 1887–1904. Ungekürzte Ausgabe. Hg. von Jeffrey Moussaieff Masson. Bearbeitung der deutschen Fassung von Michael Schröter. Transkription von Gerhard Fichtner. Frankfurt am Main 1985, S. 381.

199 Siehe: Reinhard Urbach: Schnitzler-Kommentar. A. a. O., S. 168.

200 Sigmund Freud: Die Traumdeutung. (Studienausgabe Band II). Frankfurt am Main 1982, S. 175.

201 Sigmund Freud: Gesammelte Werke. Chronologisch geordnet. Sechster Band: Der Witz und seine Beziehung zum Unbewußten. Frankfurt am Main 1960 ff., S. 37.

202 Sigmund Freud an Arthur Schnitzler, 8.5.06. In: Sigmund Freud: Briefe an Arthur Schnitzler. A. a. O., S. 95.

203 Zu Freud und Kokain siehe: Robert Byck (Hg.): Cocaine Papers – Sigmund Freud. Notes by Anna Freud. New York 1975.

204 Ernest Jones: Sigmund Freud. Leben und Werk. A. a. O., S. 103.

205 Felix Salten: Schnitzler. In: Der Merker. Österreichische Zeitschrift für Musik und Theater, III (9), 1. Mai-Heft 1912, S. 324–330, S. 325.

206 Siehe: Arthur Schnitzler: Medizinische Schriften. A. a. O., S. 144. Siehe auch: Michael Worbs: Nervenkunst. A. a. O., S. 206.

207 Ebda., S. 82.

208 Arthur Schnitzler: Medizinische Schriften. A. a. O., S. 93, S. 172, S. 215, S. 292, S. 298.

209 Valeria Hinck: Träume bei Arthur Schnitzler (1862–1931). Köln 1986, S. 21.

210 Michael Worbs: Nervenkunst. A. a. O., S. 212.

211 Sigmund Freud: Briefe an Arthur Schnitzler. A. a. O., S. 95.

212 Ebda., S. 96.

213 Sigmund Freud an Arthur Schnitzler. 14. Mai 1922. In: Sigmund Freud: Briefe an Arthur Schnitzler. A. a. O., S. 96 f.

214 Ebda., S. 97.

215 Otto Erich Deutsch: Aus Schnitzlers Vorzeit. In: Neues Wiener Tagblatt, Nr. 294, 25. 10. 1931, S. 6 f., S. 6.

216 George S. Viereck: The World of Arthur Schnitzler. In: Modern Austrian Literature. Journal of the International Arthur Schnitzler Research Association, Vol. 5, Nrs. 3/4, 1972. S. 7–17, S. 10.

217 Siehe: Arthur Schnitzler: Briefe 1913–1931. A. a. O., S. 1020.

218 Siehe: Arthur Schnitzler an George Sylvester Viereck, 29. 3. 1928. Ebda., S. 536 ff.

219 Herbert I. Kupper and Hilda S. Rollman-Branch: Freud and Schnitzler – (Doppelgänger). In: Journal of the American Psychoanalytic Association, Vol. VII, Nr. 1, January 1959, S. 109–126, S. 120. Bis dato hat sonst nur Nata Minor auf diese Parallele hingewiesen. Siehe: Nata Minor: Capitales de non-lieu: Vienne, Freud, Schnitzler. In: Critique. Revue générale des publications françaises et étrangères, Août-Septembre 1975, Tome XXXI, Nos. 339–340, S. 837–845, S. 843.

220 Anna Freud an Jeffrey Bennett Berlin, 11. VII. 1971. Zit. nach: Hans-Ulrich Lindken: Arthur Schnitzler: Aspekte und Akzente. A. a. O., S. 147.

221 Michael Worbs: Nervenkunst. A. a. O., S. 180.

222 Siehe: Murray H. Sherman: Reik, Schnitzler, Freud and »The Murderer«. The Limits of Insight in Psychoanalysis. In: Modern Austrian Literature. Special Arthur Schnitzler Issue, Vol. 10, Nrs. 3/4, 1977, S. 195–216, S. 207.

223 Theodor Reik: Fragment of a Great Confession. A Psychoanalytic Autobiography. New York 1949, S. 430.

224 Heinz Politzer: Diagnose und Dichtung. Zum Werk Arthur Schnitzlers. A. a. O., S. 111.

225 Michael Worbs: Nervenkunst. A. a. O., S. 179.

226 Sigmund Freud an Arthur Schnitzler. 8. Juni 1922. In: Sigmund Freud: Briefe an Arthur Schnitzler. A. a. O., S. 98.

227 Ebda.

228 Arthur Schnitzler: Tagebuch 1920–1922. A. a. O., S. 66.

229 Ebda., S. 164.

230 Ebda., S. 318.

231 Ebda., S. 183.

232 Ebda., S. 257.

233 Ebda., S. 318 f.

234 Ebda., S.321.

235 Ebda., S.343.

236 Ebda., S.343f.

237 Ebda., S.344.

238 Arthur Schnitzler an Heinrich Schnitzler, 19.8.22. In: Arthur Schnitzler: Briefe 1913–1931. A.a.O., S.284f.

239 Arthur Schnitzler: Tagebuch 1920–1922. A.a.O., S.370. Siehe auch: Bernd Urban: Arthur Schnitzler und Sigmund Freud: Aus den Anfängen des »Doppelgängers«. Zur Differenzierung dichterischer Intuition und Umgebung der frühen Hysterieforschung. In: Germanisch-Romanische Monatsschrift. Neue Folge, Bd. XXIV, 1974, S.193–223.

240 Arthur Schnitzler: Tagebuch 1920–1922. A.a.O., S.395.

241 Arthur Schnitzler: Tagebucheintragung vom 14.1.1923.

242 Siehe: Max Schur: Sigmund Freud. Leben und Sterben. Frankfurt am Main 1982, S.431f.

243 Luigi Reitani (Hg.): Arthur Schnitzler sulla psicoanalisi. Con in appendice il carteggio Schnitzler-Reik e le lettere di Freud a Schnitzler. Milano 1987, S.64.

244 Arthur Schnitzler: Tagebucheintragung vom 18.11.1923.

245 Siehe: Luigi Reitani: Freud, Schnitzler und die ÖNB. In: Die Presse (Wien), 7./8.3.1987.

246 Siehe: Sigmund Freud: Briefe an Arthur Schnitzler. A.a.O., S.104.

247 Sigmund Freud an Arthur Schnitzler, 8.3.26. Ebda., S.99.

248 Arthur Schnitzler: Tagebucheintragung vom 9.3.1926.

249 Sigmund Freud an Arthur Schnitzler, 8.3.26. A.a.O., S.99.

250 Arthur Schnitzler: Tagebucheintragung vom 12.3.1926.

251 Sigmund Freud an Arthur Schnitzler, 24.III.26. In: Sigmund Freud: Briefe an Arthur Schnitzler. A.a.O., S.99.

252 Arthur Schnitzler: Tagebucheintragung vom 26.3.1926.

253 Sigmund Freud an Arthur Schnitzler, 24.5.26. In: Sigmund Freud: Briefe an Arthur Schnitzler. A.a.O., S.100.

254 Arthur Schnitzler: Tagebucheintragung vom 27.12.1926.

255 Arthur Schnitzler: Tagebucheintragung vom 28.6.1927. Zit. nach: Valeria Hinck: Träume bei Arthur Schnitzler. A.a.O., S.23.

256 Arthur Schnitzler an Lili Cappellini, 29.10.927. In: Arthur Schnitzler: Briefe 1913–1931. A.a.O., S.501f.

257 Sigmund Freud an Arthur Schnitzler, 7.5.1928. In: Sigmund Freud: Briefe an Arthur Schnitzler. A.a.O., S.100.

258 Arthur Schnitzler: Tagebucheintragung vom 4.10.1928.

259 Siehe: Sigmund Freud: Briefe an Arthur Schnitzler. A.a.O., S.106.

260 Sigmund Freud: Das Unbehagen in der Kultur. In: Sigmund Freud:

Gesammelte Werke. Chronologisch geordnet. Vierzehnter Band. Werke aus den Jahren 1925–1931. Frankfurt am Main 1960 ff., S.419–506, S.434.

261 Sigmund Freud an Arthur Schnitzler, Mai 1931. In: Sigmund Freud: Briefe an Arthur Schnitzler. A.a.O., S.100.

262 Sigmund Freud an Richard Beer-Hofmann, 10. Juli 1936. In: Sigmund Freud: Briefe 1873–1939. Zweite, erweiterte Auflage. Ausgewählt und hg. von Ernst und Lucie Freud. Frankfurt am Main 1968, S.446.

263 Sigmund Freud an Josef Popper-Lynkeus, 4. August 1916. Ebda., S.329f., S.330.

264 Sigmund Freud: Meine Berührung mit Josef Popper-Lynkeus. In: Sigmund Freud: Gesammelte Werke. Chronologisch geordnet. Sechzehnter Band. Werke aus den Jahren 1932–1939. Frankfurt am Main 1960 ff., S.261–266, S.265. Siehe auch: Jacques Le Rider: La signification de Josef Popper-Lynkeus pour Sigmund Freud. In: Austriaca. Cahiers universitaires d'information sur l'Autriche: Vienne et la psychanalyse, Novembre 1985, numéro 21, S.27–33.

265 Bernd Urban: Kein »Literatengeschwätz« – »ins tiefere deutend«. Anmerkungen zu Arthur Schnitzlers und Hanns Sachs' Traumdeutung und Interpretationsarbeit. In: Wolfram Mauser, Ursula Renner, Walter Schönau (Hg.): Phantasie und Deutung. Psychologisches Verstehen von Literatur und Film. Frederick Wyatt zum 75. Geburtstag. Würzburg 1986, S.128–137, S.131.

266 Frederick J. Beharriell: Schnitzler: Freuds Doppelgänger. In: Literatur und Kritik, 1967, Bd. 2, S.546–555, S.555.

267 Zit. nach Bernd Urban: Arthur Schnitzler und Sigmund Freud. Aus den Anfängen des »Doppelgängers«. A.a.O., S.203.

268 Siehe: Michael Worbs: Nervenkunst. A.a.O., S.253 und S.229.

269 Vgl. Valeria Hinck: Träume bei Arthur Schnitzler. A.a.O., S.80.

270 Arthur Schnitzler: Tagebuch 1893–1902. A.a.O., S.289.

271 Siehe: Arthur Schnitzler: Tagebuch 1913–1916. A.a.O., S.117.

272 Arthur Schnitzler: Träume. Typoskript der Österreichischen Akademie der Wissenschaften, S.115.

273 Sigmund Freud: Beiträge zur Psychologie des Liebeslebens. In: Sigmund Freud: Gesammelte Werke. Chronologisch geordnet. Zwölfter Band. Werke aus den Jahren 1917–1920. Frankfurt am Main 1960 ff., S.178.

274 Sigmund Freud: Das Unheimliche. Ebda., S.266.

275 Arthur Schnitzler: Tagebuch 1917–1919. A.a.O., S.237.

276 Arthur Schnitzler: Tagebuch 1913–1916. A.a.O., S.215.

277 Arthur Schnitzler: Tagebuch 1917–1919. A.a.O., S.103.

278 Arthur Schnitzler: Träume. A. a. O., S. 337.

279 Arthur Schnitzler: Träume. A. a. O., S. 251.

280 Michaela L. Perlmann: Der Traum in der literarischen Moderne. A. a. O., S. 28 f.

281 Alle Zitate stammen aus dem Tagebuchband 1913–1916, und zwar von den Seiten: 9, 40, 46, 47, 52, 59, 62 und 87.

282 Ebda., S. 291 und S. 303.

283 Arthur Schnitzler: Tagebuch 1917–1919. A. a. O., S. 65 sowie Tagebucheintragung vom 7. 6. 1923.

284 Arthur Schnitzler: Tagebucheintragung vom 6. 1. 1924.

285 Arthur Schnitzler: Tagebuch 1909–1912. A. a. O., S. 359 f. und Tagebuch 1913–1916. A. a. O., S. 264.

286 Daß sich Schnitzler dem aufgeklärt-liberalen Kampf gegen den diskriminierenden Homosexuellenparagraphen anschloß, hat damit nicht allzuviel zu tun, es steht auf einem anderen, einem bewußten Blatt. Siehe: Anonym: Ein Appell an den Strafrechtsausschuß. Wegen der Aufhebung des Homosexuellenparagraphen. In: Arbeiter-Zeitung (Wien), 16. 5. 1930, S. 2.

287 Ulrich K. Goldsmith (Hg.): Der Briefwechsel Fritz von Unruhs mit Arthur Schnitzler. In: Modern Austrian Literature. Special Arthur Schnitzler Issue, Vol. 10, Nrs. 3/4, 1977, S. 69–127, S. 121.

288 Arthur Schnitzler: Tagebuch 1917–1919, S. 290.

289 Arthur Schnitzler: Tagebucheintragung vom 21. 12. 1926.

290 Hartmut Scheible: Diskretion und Verdrängung. Zu Schnitzlers Autobiographie. In: Hartmut Scheible (Hg): Arthur Schnitzler in neuer Sicht. A. a. O., S. 207–215, S. 214.

291 Arthur Schnitzler: Tagebuch 1917–1919. A. a. O., S. 29.

292 Carl Furtmüller: Schnitzler's Tragikomödie »Das weite Land«. Ein Versuch psychologischer Literaturbetrachtung. In: Zentralblatt für Psychoanalyse und Psychotherapie. Medizinische Monatsschrift für Seelenkunde, IV. Jahrgang, 1914, S. 28–40, S. 30.

293 Zit. nach Reinhard Urbach: »Nicht einmal seine Träume erläßt er uns ...«. In: Arthur Schnitzler (1862–1931). Materialien zur Ausstellung der Wiener Festwochen 1981. Wien 1981, S. 7–12, S. 11.

294 Zit. nach Michael Worbs: Nervenkunst. A. a. O., S. 8.

295 Arthur Schnitzler: Über Psychoanalyse. Hg. von Reinhard Urbach. In: protokolle, 1976/2, S. 277–284, S. 280.

296 Arthur Schnitzler: Tagebuch 1920–1922. A. a. O., S. 11.

297 Arthur Schnitzler: Tagebucheintragung vom 7. 1. 1923.

298 Arthur Schnitzler: Tagebuch 1913–1916. A. a. O., S. 300.

299 Arthur Schnitzler: Über Psychoanalyse. A. a. O., S. 281 f.

300 Lou Andreas-Salomé: In der Schule bei Freud. Tagebuch eines Jahres (1912/1913). Aus dem Nachlaß hg. von Ernst Pfeiffer. Berlin 1983.

301 Arthur Schnitzler an Richard Beer-Hofmann. 31.5.1894. In: Arthur Schnitzler – Richard Beer-Hofmann: Briefwechsel 1891–1931. Hg. von Konstanze Fliedl. Wien – Zürich 1992. S.55.

302 Lou Andreas-Salomé an Arthur Schnitzler, Paris 15.v.94. Autograph der University Library Cambridge, Schnitzler Papers, Box File Aa. Siehe auch: Barbara Gutt: Emanzipation bei Arthur Schnitzler. Berlin 1978, S.113f.

303 Lou Andreas-Salomé an Arthur Schnitzler. 28.iv.1895. Autograph der University Library Cambridge, Schnitzler Papers, Box File Aa.

304 Arthur Schnitzler: Tagebuch 1893–1902. A.a.O., S.140.

305 Marianne Wintersteiner: Lou von Salomé. München 1988, S.189.

306 Arthur Schnitzler: Tagebuch 1893–1902. A.a.O., S.141.

307 Zit. nach: Ursula Welsch und Michaela Wiesner: Lou Andreas-Salomé. Vom »Lebensurgrund« zur Psychoanalyse. München – Wien 1988, S.153.

308 Arthur Schnitzler: Tagebuch 1893–1902. A.a.O., S.141.

309 Arthur Schnitzler an Richard Beer-Hofmann, 7.6.1895. In: Arthur Schnitzler – Richard Beer-Hofmann: Briefwechsel 1891–1931. A.a.O., S.73.

310 Siehe Anmerkung zum Brief vom 10.9.1895. In: Arthur Schnitzler – Richard Beer-Hofmann: Briefwechsel 1891–1931. A.a.O., S.267. Am ausführlichsten über das Verhältnis Lou Andreas-Salomé – Richard Beer-Hofmann informiert das vorzügliche Buch von Rudolph Binion: Frau Lou. Nietzsche's Wayward Disciple. With a Foreword by Walter Kaufmann. Princeton 1968.

311 Arthur Schnitzler: Tagebuch 1893–1902. A.a.O., S.140.

312 Lou Andreas-Salomé an Arthur Schnitzler, Montag Abend [25/11 95]. Autograph der University Library Cambridge, Schnitzler Papers, Box File Aa.

313 Arthur Schnitzler: Tagebuch 1893–1902. A.a.O., S.164.

314 Lou Andreas Salomé an Arthur Schnitzler, 22.4.1901. Ebda.

315 Arthur Schnitzler an Olga Gussmann, 26. März 1901. In: Arthur Schnitzler: Briefe 1875–1912. A.a.O., S.404.

316 Arthur Schnitzler: Tagebuch 1909–1912. A.a.O., S.368.

317 Vgl. Elke Mühlleitner unter Mitarbeit von Johannes Reichmayr: Biographisches Lexikon der Psychoanalyse. Die Mitglieder der Psychologischen Mittwoch-Gesellschaft und der Wiener Psychoanalytischen Vereinigung 1902–1938. Tübingen 1992. S.260. Die Buchfassung trug den Titel »Flaubert und seine ›Versuchung des heiligen Antonius‹. Ein Beitrag zur Künstlerpsychologie« (Minden 1912).

318 Arthur Schnitzler: Tagebuch 1909–1912. A. a. O., S. 308.

319 Ebda., S. 339.

320 Theodor Reik: Arthur Schnitzler vor dem »Anatol«. In: Pan, II (32), 27. 6. 1912, S. 899–905, S. 905.

321 Arthur Schnitzler: Tagebuch 1909–1912. A. a. O., S. 337 f.

322 Siehe: Die Fackel, XIV (354/355/356), 29. August 1912, S. 52 f.

323 Zit. nach Hans-Ulrich Lindken: Arthur Schnitzler: Aspekte und Akzente. A. a. O., S. 156 f., S. 156.

324 Arthur Schnitzler: Tagebuch 1909–1912. A. a. O., S. 354.

325 Siehe: Bernd Urban: Vier unveröffentlichte Briefe Arthur Schnitzlers an den Psychoanalytiker Theodor Reik. In: Modern Austrian Literature, Vol. 8, Nrs. 3/4, 1975, S. 236–247, S. 236 f.

326 Arthur Schnitzler an Theodor Reik, 25. 5. 1913. Ebda., S. 237.

327 Arthur Schnitzler: Tagebuch 1913–1916. A. a. O., S. 45.

328 Arthur Schnitzler an S. Fischer, 2. 6. 1913. Autograph der Cambridge University Library, Schnitzler Papers, Box File Oo.

329 Arthur Schnitzler: Tagebuch 1913–1916. A. a. O., S. 50.

330 Arthur Schnitzler: Der Fall Jacobsohn. In: Arthur Schnitzler: Medizinische Schriften. A. a. O., S. 328–333.

331 Siehe: Die Schaubühne, IX (50), 11. 12. 1913, S. 1239.

332 Theodor Reik an Arthur Schnitzler, Wien, am 11. XII. 1913. Autograph der University Library Cambridge. Misc. Schnitzler Papers, Box 5 of 5.

333 Siegfried Jacobsohn in: Die Schaubühne, IX (51), 18. 12. 1913, S. 1264.

334 Arthur Schnitzler: Tagebuch 1913–1916. A. a. O., S. 91.

335 Arthur Schnitzler an Theodor Reik, 31. 12. 913. In: Arthur Schnitzler: Briefe 1913–1931. A. a. O., S. 35 f.

336 Arthur Schnitzler an Hans Henning, 2. 4. 1914. Ebda., S. 37 f.

337 Zit. nach: Karl Corino: Ödipus oder Orest? Robert Musil und die Psychoanalyse. In: Uwe Baur und Dietmar Goltschnigg (Hg.): Vom »Törless« zum »Mann ohne Eigenschaften«. Grazer Musil-Symposium 1972. München – Salzburg 1973, S. 123–235, S. 124 und S. 125.

338 Robert Musil: Tagebücher. Hg. von Adolf Frisé. Neu durchgesehene und ergänzte Auflage. Reinbek bei Hamburg 1983, S. 845.

339 Konstanze Fliedl: »Über mein Unbewußtes weiß ich aber immer noch mehr als Sie«: Schnitzler – Freud – Reik, S. 9. Für die Überlassung dieses noch unveröffentlichten Vortragstyposkripts danke ich der Verfasserin herzlich. Auch in die Neuausgabe von Theodor Reiks »Arthur Schnitzler als Psycholog« (Frankfurt am Main 1993, S. 217) ist diese Fehlleistung eingegangen.

340 Theodor Reik an Arthur Schnitzler, 4. Januar 1914. In: Jeffrey B. Berlin

und Hans-Ulrich Lindken: Theodor Reiks unveröffentlichte Briefe an Arthur Schnitzler. Unter Berücksichtigung einiger Briefe Reiks an Richard Beer-Hofmann. In: Literatur und Kritik, 173/174, April/Mai 1983, S. 182–197, S. 188.

341 Theodor Reik: Der Krieg bei Arthur Schnitzler. In: Der Zeitgeist Nr. 36, Beiblatt zum Berliner Tageblatt, 7. 9. 1914.

342 Arthur Schnitzler: Tagebuch 1913–1916. A. a. O., S. 156.

343 Ebda., S. 166.

344 Ebda., S. 196.

345 Arthur Schnitzler: Tagebuch 1917–1919. A. a. O., S. 223.

346 Arthur Schnitzler: Tagebuch 1920–1922. A. a. O., S. 175.

347 Theodor Reik an Arthur Schnitzler, Reichenau, 3. VII. 1923. In: Jeffrey B. Berlin und Hans-Ulrich Lindken: Theodor Reiks unveröffentlichte Briefe an Arthur Schnitzler. A. a. O., S. 193.

348 Arthur Schnitzler: Tagebucheintragung vom 8. 12. 1923.

349 Arthur Schnitzler an Olga Schnitzler, 9. 12. 1923. In: Arthur Schnitzler: Briefe 1913–1931. A. a. O., S. 334.

350 Siehe: Elke Mühlleitner: Biographisches Lexikon der Psychoanalyse. A. a. O., S. 261.

351 Bernd Urban: Einleitung zu Theodor Reik: Arthur Schnitzler als Psycholog. Mit einer Einleitung und Anmerkungen hg. von Bernd Urban. Frankfurt am Main 1993, S. 7–25, S. 9.

352 Theodor Reik: Das Verlangen, geliebt zu werden. The Need to be Loved. München 1974, S. 64 f.

353 Laut Tagebuchaufzeichnung vom 16. 7. 1931.

354 Arthur Schnitzler an Suzanne Clauser, 18. 7. 1931. In: Arthur Schnitzler: Briefe 1913–1931. A. a. O., S. 796.

355 Murray H. Sherman: Reik, Schnitzler, Freud and »The Murderer«. A. a. O., S. 199.

356 Theodor Reik: Der Tod und die Liebe (In memoriam Arthur Schnitzler). A. a. O., S. 80.

357 Siehe: Elke Mühlleitner: Biographisches Lexikon der Psychoanalyse. A. a. O., S. 366 ff., S. 366, sowie Paul Emödi (Hg.): »Wer ist wer«. Lexikon österreichischer Zeitgenossen. Wien 1937, S. 381.

358 Arthur Schnitzler: Tagebuch 1903–1908. A. a. O., S. 226.

359 Ebda., S. 262.

360 Hugo von Hofmannsthal an Arthur Schnitzler, Montag Frühj. 1909. In: Hugo von Hofmannsthal – Arthur Schnitzler: Briefwechsel. A. a. O., S. 243.

361 Alfred von Winterstein: Der Stundenzeiger. In: Die Fackel, XI (285/286), 27. Juli 1909, S. 17 ff.

362 Elke Mühlleitner: Biographisches Lexikon der Psychoanalyse. A. a. O., S. 366.

363 Arthur Schnitzler: Tagebuch 1909–1912. A. a. O., S. 55.

364 Ebda., S. 76.

365 Patrizia Giampieri-Deutsch: Alfred von Winterstein und die Rolle der Philosophie in den Diskussionen der Mittwoch-Gesellschaft. In: Ernst Federn und Gerhard Wittenberger (Hg.): Aus dem Kreis um Sigmund Freud. Zu den Protokollen der Wiener Psychoanalytischen Vereinigung. Frankfurt am Main 1992, S. 69–95, S. 76.

366 Siehe: Arthur Schnitzler: Tagebuch 1909–1912. A. a. O., S. 134.

367 Ebda., S. 341.

368 Arthur Schnitzler: Tagebuch 1913–1916. A. a. O., S. 22.

369 Arthur Schnitzler: Tagebuch 1909–1912. A. a. O., S. 292.

370 Ebda., S. 377.

371 Arthur Schnitzler: Tagebuch 1913–1916. A. a. O., S. 153.

372 Theodor Reik an Arthur Schnitzler, Berlin, 7. IX. 1914. In: Jeffrey B. Berlin und Hans-Ulrich Lindken: Theodor Reiks unveröffentlichte Briefe an Arthur Schnitzler. A. a. O., S. 189.

373 Arthur Schnitzler: Tagebuch 1920–1922. A. a. O., S. 325.

374 Arthur Schnitzler: Tagebucheintragung vom 1. 2. 1926.

375 Arthur Schnitzler: Tagebucheintragung vom 16. 11. 1923.

376 Alfred von Winterstein an Arthur Schnitzler, Wien, am 14. Mai 1922. Autograph des Deutschen Literaturarchivs Marbach am Neckar.

377 Alfred von Winterstein an Arthur Schnitzler, 6. Dezember 1924. Autograph der University Library Cambridge. Misc. Schnitzler Papers, Box 5 of 5.

378 Richard A. Bermann an Arthur Schnitzler, Wien, 9. Dez. 1924. Autograph der University Library Cambridge. Schnitzler Papers, Box File Aa.

379 Alfred von Winterstein an Arthur Schnitzler, 29. April 1927. Autograph der University Library Cambridge. Misc. Schnitzler Papers, Box 5 of 5.

380 Karl Kraus in: Die Fackel, XXIV (601–607), November 1922, S. 99.

381 Arthur Schnitzler: Tagebucheintragung vom 13. 5. 1927.

382 Alfred Winterstein: Was der Dichter nicht weiß. Zur Analyse von Schnitzlers Novelle »Spiel im Morgengrauen«. In: Chronikbeilage der Neuen Freien Presse (Wien), Nr. 22.522, 28. 5. 1927.

383 Alfred von Winterstein an Arthur Schnitzler, Wien, 30. Dezember 1927. Autograph der University Library Cambridge. Misc. Schnitzler Papers, Box 5 of 5.

384 Alfred von Winterstein an Arthur Schnitzler, Wien, 12. Mai 1928. Ebda.

385 Alfred Winterstein: Arthur Schnitzler und sein Werk. In: Neue Freie Presse (Wien), Nr. 20.964, 21. 1. 1923.

386 Thomas Mann: Brief an Alfred Freiherr von Winterstein, 6. Dezember 1947. In: Thomas Mann: Freud und die Psychoanalyse. Reden, Briefe, Notizen, Betrachtungen. Hg. von Bernd Urban. Frankfurt am Main 1991. S. 104.

387 Johannes Reichmayr: Fritz Wittels (1880–1950). In: Ernst Federn und Gerhard Wittenberger (Hg.): Aus dem Kreis um Sigmund Freud. A. a. O., S. 166–169, S. 166.

388 Edward Timms: The ›Child-Woman‹: Kraus, Freud, Wittels, and Irma Karczewska. In: Edward Timms und Ritchie Robertson: Vienna 1900. From Altenberg to Wittgenstein (= Austrian Studies 1). Edinburgh 1990, S. 87–107, S. 88.

389 Leo A. Lensing: »Geistige Väter« & »Das Kindweib«. Sigmund Freud, Karl Kraus & Irma Karczewska in der Autobiographie von Fritz Wittels. In: FORVM, Oktober/November 1989, S. 62–71, S. 69.

390 Zit. nach Albin Waldvogel: Karl Kraus und die Psychoanalyse. Eine historisch-dokumentarische Untersuchung. In: Psyche. Zeitschrift für Psychoanalyse und ihre Anwendungen, 44. Jahrgang, Nr. 5, Mai 1990, S. 412–444, S. 432.

391 Zit. nach Leo A. Lensing: »Geistige Väter« & »Das Kindweib«. A. a. O., S. 67.

392 Siehe: Ebda., S. 68 f. Siehe auch: Sigurd Paul Scheichl: Der Berliner Prozeß Wittels – Kraus (1910/11). Prager Zeitungsberichte. In: Kraus Hefte, Heft 65, Januar 1993, S. 1–8.

393 Arthur Schnitzler: Tagebuch 1903–1908. A. a. O., S. 258.

394 Arthur Schnitzler: Tagebuch 1909–1912. A. a. O., S. 179.

395 Ebda., S. 189.

396 Ebda.

397 Fritz Wittels an Arthur Schnitzler, 2. XI. 1910. Autograph der University Library Cambridge. Misc. Schnitzler Papers, Box 3 of 5.

398 Arthur Schnitzler: Tagebuch 1909–1912. A. a. O., S. 190.

399 Siehe: Reinhard Urbach: Karl Kraus und Arthur Schnitzler. Eine Dokumentation. In: Literatur und Kritik, Heft 49, 1970, S. 513–530.

400 Arthur Schnitzler: Tagebuch 1913–1916. A. a. O., S. 222.

401 Fritz Wittels an Arthur Schnitzler, 14. X. 15. Autograph der University Library Cambridge. Misc. Schnitzler Papers, Box 3 of 5.

402 Fritz Wittels an Arthur Schnitzler, 30. X. 15. Ebda.

403 Arthur Schnitzler: Tagebuch 1913–1916. A. a. O., S. 273.

404 Für Information und Zitat danke ich Prof. Leo A. Lensing (Middletown, Connecticut) herzlich. Das Originalzitat aus Wittels' in der Abraham A. Brill-Library des New York Psychoanalytic Institute verwahrter Autobiographie lautet: »You know how much I hate almost everything

in Austria, yet when I heard that the danger of a Russian invasion was over, I felt like kneeling down and kissing this soil of ours!«

405 Helmut Gröger: Rudolf Urbantschitsch (1879–1964). In: Ernst Federn und Gerhard Wittenberger (Hg.): Aus dem Kreis um Sigmund Freud. A. a. O., S. 137–140, S. 138.

406 Arthur Schnitzler: Tagebuch 1917–1919. A. a. O., S. 152.

407 Ebda., S. 314.

408 Arthur Schnitzler: Tagebuch 1920–1922. A. a. O., S. 15.

409 Ebda., S. 323.

410 Ebda., S. 325.

411 Arthur Schnitzler: Tagebucheintragung vom 14. 1. 1923.

412 Arthur Schnitzler: Tagebucheintragung vom 28. 12. 1923.

413 Fritz Wittels an Arthur Schnitzler, Wien, 27. IV. 27. Autograph der University Library Cambridge. Misc. Schnitzler Papers, Box 3 of 5.

414 Fritz Wittels an Arthur Schnitzler, Baden, 1. 1. 28. Autograph der University Library Cambride.

415 Siehe: Helmut Gröger: Rudolf Urbantschitsch (1879–1964). In: Ernst Federn und Gerhard Wittenberger (Hg.): Aus dem Kreis um Sigmund Freud. A. a. O., S. 137–140, S. 137.

416 Siehe: Johannes Reichmayr: Rudolf von Urbantschitsch [Rudolf von Urban] (1879–1964). In: Revue Internationale d'histoire de la psychanalyse, 4/1991, S. 647–658, S. 648.

417 Helmut Gröger: Rudolf Urbantschitsch. A. a. O., S. 139.

418 Auch sein Sohn, Hans Urbantschitsch, hat sich – 1925 im vierundzwanzigsten Lebensjahr – umgebracht.

419 Zum Verhältnis Arthur Schnitzlers zu Stephi Bachrach siehe auch: Renate Wagner: Arthur Schnitzler. Eine Biographie. A. a. O., S. 278 f.

420 Auguste Beranek (Hg.): Geliebtes Herz ... Briefe von Jakob Wassermann. Wien 1948.

421 Siehe: Rudolf von Urban: Myself not least. A Confessional Autobiography of a Psychoanalyst and some Explanatory History Cases. London 1958, S. 132.

422 Arthur Schnitzler: Tagebuch 1913–1916. A. a. O., S. 299.

423 Ebda., S. 300.

424 Ebda., S. 327.

425 Arthur Schnitzler: Tagebuch 1917–1919. A. a. O., S. 10.

426 Ebda., S. 52.

427 Ebda., S. 43. Mit Datum vom 13. Mai 1917 wandelt sich Schnitzlers Schriftbild im Diarium abrupt: Er fällt aus der Kurrentschrift in die Lateinschrift, verwendet statt Tinte Bleistift. Siehe: Tagebuch 1917–1919. A. a. O., Illustration zwischen S. 42 und S. 43.

428 Ebda., S.47.

429 Ebda., S.46f.

430 Ebda., S.52.

431 Ebda., S.59.

432 Ebda., S.119.

433 Siehe: Rudolf von Urban: Myself not least. A.a.O., S.176.

434 Ebda., S.179.

435 Arthur Schnitzler: Tagebuch 1920–1922. A.a.O., S.66.

436 Arthur Schnitzler: Tagebucheintragung vom 24.2.1925.

437 Siehe: Reinhard Urbach: Arthur Schnitzler – Notizen zu Lektüre und Theaterbesuchen (1879–1927). A.a.O., S.31.

438 Arthur Schnitzler: Tagebucheintragung vom 9.3.1925.

439 Anonym: »Julia« im Aerzteklub. Ein ehrenrätliches Verfahren gegen Dr. Rudolf Urbantschitsch. In: Wiener Sonn- und Montags-Zeitung, 4.11.1925.

440 Anonym: »Oberarzt und Nymphe«. »Julia«, ein Roman aus der Wiener Gesellschaft mit tragischen Folgen – Dämon Urbantschitsch. In: Die Stunde (Wien), 12.11.1925, S.5f.

441 Siehe: Deux lettres inédites de Freud concernant l'exercice de la psychanalyse par les non-médecins. In: Revue Internationale d'histoire de la psychanalyse, 3/1990, S.13–19, S.14 und 16.

442 Siehe: Elke Mühlleitner: Biographisches Lexikon der Psychoanalyse. A.a.O., S.349.

443 Zit. nach Johannes Reichmayr: Epilogue aux remarques de Sigmund Freud sur Rudolf von Urbantschitsch dans sa lettre non datée à un destinataire inconnu. In: Revue Internationale d'histoire de la psychanalyse, 4/1991, S.652–656, S.654.

444 Sigmund Freud an Wilhelm Stekel, 13. Januar 1924. In: Sigmund Freud: Briefe 1873–1939. A.a.O., S.365.

445 Sigmund Freud an C.G. Jung, 11. Nov. 09. In: Sigmund Freud – C.G. Jung: Briefwechsel. Hg. von William McGuire und Wolfgang Sauerländer. Gekürzt von Alan McGlashan. Frankfurt am Main 1984, S.124.

446 Vgl. Bernd Nitzschke: Wilhelm Stekel, ein Pionier der Psychoanalyse – Anmerkungen zu ausgewählten Aspekten seines Werkes. In: Ernst Federn und Gerhard Wittenberger (Hg.): Aus dem Kreis um Sigmund Freud. A.a.O., S.176–191, S.184.

447 Siehe: Sigmund Freud: Die Traumdeutung (= Studienausgabe, Bd. II), S.25.

448 Wilhelm Stekel: The Autobiography of Wilhelm Stekel. The Life Story of a Pioneer Psychoanalyst. Edited by Emil A. Gutheil. New York 1950, S.106.

449 Wilhelm Stekel: Nervöse Angstzustände und ihre Behandlung. (2. Auflage) Wien 1912, S. 5.

450 Arthur Schnitzler: Tagebuch 1909–1912. A. a. O., S. 356.

451 Wilhelm Stekel: Die Träume der Dichter. Eine vergleichende Untersuchung der unbewußten Triebkräfte bei Dichtern, Neurotikern und Verbrechern. München 1912, S. 26.

452 Arthur Schnitzler: Tagebucheintragung vom 16.10.1925.

453 Arthur Schnitzler: Tagebuch 1917–1919. A. a. O., S. 123.

454 Arthur Schnitzler: Tagebuch 1879–1892. A. a. O., S. 165.

455 Arthur Schnitzler: Tagebuch 1920–1922. A. a. O., S. 247, S. 246, S. 227.

456 Arthur Schnitzler: Tagebucheintragung vom 21.5.1926.

457 Zit. nach Paul Roazen: Sigmund Freud und sein Kreis. Eine biographische Geschichte der Psychoanalyse. Bergisch Gladbach 1976, S. 224.

458 Sigmund Freud an Wilhelm Stekel, 13. Januar 1924. In: Sigmund Freud: Briefe 1873–1939. A. a. O., S. 365.

459 Zit. nach Albin Waldvogel: Karl Kraus und die Psychoanalyse. A. a. O., S. 439.

460 Fritz Wittels: Sigmund Freud. Der Mann – Die Lehre – Die Schule. Leipzig – Wien – Zürich 1924, S. 201.

461 Zit. nach Paul Roazen: Sigmund Freud und sein Kreis. A. a. O., S. 220.

462 Dieses und die folgenden Zitate stammen aus: Hermann Nunberg † und Ernst Federn (Hg.): Protokolle der Wiener Psychoanalytischen Vereinigung. Band IV. 1912–1918. Frankfurt am Main 1981, S. 161–164.

463 Lou Andreas-Salomé: In der Schule bei Freud. A. a. O., S. 112 f.

464 Arthur Schnitzler: Tagebuch 1893–1902. A. a. O., S. 139.

465 Arthur Schnitzler: Tagebuch 1879–1892. A. a. O., S. 133.

466 Arthur Schnitzler: Jugend in Wien. A. a. O., S. 110 und S. 111.

467 Arthur Schnitzler: Frühe Gedichte. A. a. O., S. 66.

468 Arthur Schnitzler: Tagebuch 1920–1922. A. a. O., S. 236 f.

469 Ferdinand von Saar an Arthur Schnitzler. Wien-Döbling, 19/6.1901. Autograph der University Library Cambridge, Schnitzler Papers.

470 Hugo von Hofmannsthal an Arthur Schnitzler, Jänner 1901. In: Hugo von Hofmannsthal – Arthur Schnitzler: Briefwechsel. A. a. O., S. 145.

471 Ebda., S. 178 f.

472 Arthur Schnitzler: Tagebuch 1879–1892. A. a. O., S. 31.

473 Ebda., S. 32.

474 Ebda., S. 86.

475 Arthur Schnitzler: Jugend in Wien. A. a. O., S. 83.

476 Arthur Schnitzler: Frühe Gedichte. A. a. O., S. 16.

477 Franziska Reich Lawner an Arthur Schnitzler. Bielitz, 29/3 99. Auto-

graph des Deutschen Literaturarchivs Marbach am Neckar, Nachlaß
Schnitzler.

478 Franziska Reich Lawner an Arthur Schnitzler. Bielitz, 9/4 99. Ebda.

479 Arthur Schnitzler: Tagebuch 1893–1902. A. a. O., S. 306.

480 Franziska Reich Lawner an Arthur Schnitzler. Bielitz, 13/5 99. Autograph des Deutschen Literaturarchivs Marbach am Neckar, Nachlaß
Schnitzler.

481 Arthur Schnitzler: Tagebuch 1893–1902. A. a. O., S. 305.

482 Ebda., S. 307.

483 Franziska Reich Lawner an Arthur Schnitzler. Bielitz, 31/5 99. Autograph des Deutschen Literaturarchivs Marbach am Neckar, Nachlaß
Schnitzler.

484 Arthur Schnitzler: Tagebuch 1893–1902. A. a. O., S. 339 f.

485 Siehe: Todesanzeige Franziska Lawner. Dokument des Deutschen Literaturarchivs Marbach am Neckar, Nachlaß Schnitzler.

486 Heinrich Lawner an Arthur Schnitzler. Wien, 18. Sept. 1930. Ebda.

487 Arthur Schnitzler: Tagebuch 1920–1922. A. a. O., S. 80.

488 Ebda., S. 396.

489 Arthur Schnitzler: Tagebuch 1879–1892. A. a. O., S. 252.

490 Ebda., S. 192 f., S. 263.

491 Arthur Schnitzler: Jugend in Wien. A. a. O., S. 222.

492 Ebda., S. 254.

493 Marcel Reich-Ranicki: Eine Liebe per Sie. In: Marcel Reich-Ranicki:
Nachprüfung. Aufsätze über deutsche Schriftsteller von gestern. Erweiterte Neuausgabe. München 1990, S. 29–35, S. 32.

494 Arthur Schnitzler – Olga Waissnix: Liebe, die starb vor der Zeit.
Ein Briefwechsel. Mit einem Vorwort von Hans Weigel. Hg. von The-
rese Nickl und Heinrich Schnitzler. Wien – München – Zürich 1970,
S. 127.

495 Ebda., S. 168.

496 Ebda., S. 295.

497 Ebda., S. 297.

498 Arthur Schnitzler: Tagebuch 1893–1902. A. a. O., S. 130.

499 Ebda., S. 177.

500 Ebda., S. 230.

501 Ebda., S. 265.

502 Ebda., S. 269.

503 Ebda., S. 269 f.

504 Arthur Schnitzler: Frühe Gedichte. A. a. O., S. 72. Dort, und auch im
Motto des Briefwechsels, heißt es »liebt« statt »lebt«. Die korrekte Version ist in dem von Robert O. Weiss herausgegebenen Band »Aphoris-

men und Betrachtungen« (AuB, 294f.) abgedruckt. Siehe auch das Original im Cambridger Nachlaß, »Sprüche in Versen«, Mappe 2.

505 Arthur Schnitzler: Zug der Schatten. Drama in neun Bildern (unvollendet). Aus dem Nachlaß hg. und eingeleitet von Françoise Derré. Frankfurt am Main 1970, S. 52.

506 Arthur Schnitzler: Tagebuch 1879–1892. A. a. O. , S. 249.

507 Ebda., S. 281.

508 Ebda., S. 282.

509 Arthur Schnitzler: Tagebuch 1913–1916. A. a. O., S. 167.

510 Arthur Schnitzler: Tagebuch 1917–1919. A. a. O., S. 163.

511 Siehe vor allem: Renate Wagner: Frauen um Arthur Schnitzler. A. a. O., S. 52–59.

512 Arthur Schnitzler: Tagebuch 1879–1892. A. a. O., S. 219.

513 Arthur Schnitzler: Jugend in Wien. A. a. O., S. 282.

514 Arthur Schnitzler: Tagebuch 1879–1892. A. a. O., S. 288.

515 Arthur Schnitzler: Briefe 1875–1912. A. a. O., S. 25f.

516 Arthur Schnitzler: Tagebuch 1879–1892. A. a. O., S. 248. Siehe auch: Arthur Schnitzler: Jugend in Wien. A. a. O., S. 317f.

517 Arthur Schnitzler: Tagebuch 1879–1892. A. a. O., S. 283.

518 Arthur Schnitzler an Jeanette Heeger, Ende 89. In: Arthur Schnitzler: Briefe 1875–1912. A. a. O., S. 78.

519 Arthur Schnitzler: Tagebuch 1879–1892. A. a. O., S. 299.

520 Im autobiographischen ›Theater-Roman‹ teilt Hulrig der Hauptfigur Rudolf Forlan mit, er habe am Abend eine gewisse »Annette und ihre ältere Schwester in Begleitung zweier ›ziemlich minderer Herren‹ über den Graben schlendern gesehen« – die Paare seien in einem »übel beleumundeten Hotel« verschwunden. Siehe: Arthur Schnitzler: Roman-Fragment. Hg. von Reinhard Urbach. A. a. O., S. 156.

521 Arthur Schnitzler: Tagebuch 1893–1902. A. a. O., S. 51.

522 Arthur Schnitzler: Tagebucheintragung vom 17. 11. 1925.

523 Arthur Schnitzler: Tagebuch 1879–1892. A. a. O., S. 251f.

524 Ebda., S. 253.

525 Ebda., S. 259.

526 Ebda., S. 264.

527 Ebda., S. 273.

528 Ebda., S. 283.

529 Arthur Schnitzler an Marie Glümer, 8/10 89? In: Arthur Schnitzler: Briefe 1875–1912. A. a. O., S. 72.

530 Arthur Schnitzler: Tagebuch 1879–1892. A. a. O., S. 317.

531 Arthur Schnitzler: Frühe Gedichte. A. a. O., S. 67.

532 Arthur Schnitzler: Tagebuch 1879–1892. A. a. O., S. 330.

533 Arthur Schnitzler: Tagebuch 1920–1922. A.a.O., S.275. In der Sekundärliteratur ist auch die gegenteilige Meinung anzutreffen: »Einige
ihrer Züge hat Schnitzler der literarischen Gestalt des süßen Mädels ge-
liehen, ohne daß sich darum in einem der Werke Marie Glümer erkennen ließe; auch nicht im *Märchen*, in dem sich Schnitzler über seine Beziehung zu Marie Glümer Rechenschaft gibt.« Siehe: Rolf-Peter Janz/
Klaus Laermann: Arthur Schnitzler. Zur Diagnose des Wiener Bürgertums im Fin de siècle. Stuttgart 1977, S.51.

534 Arthur Schnitzler: Tagebuch 1903–1908. A.a.O., S.292.

535 Siehe auch: Gespräch, welches in der Kaffeehausecke nach Vorlesung
der »Elixiere« geführt wird. In: Arthur Schnitzler: Entworfenes und
Verworfenes. Aus dem Nachlaß. Hg. von Reinhard Urbach. Frankfurt
am Main 1977, S.38 f.

536 Arthur Schnitzler: Tagebuch 1893–1902. A.a.O., S.33.

537 Ebda., S.18 f.

538 Arthur Schnitzler: Briefe 1875–1912. A.a.O., S.182.

539 Ebda., S.187.

540 Ebda., S.190.

541 Ebda., S.191.

542 Arthur Schnitzler: Tagebuch 1893–1902. A.a.O., S.24.

543 Ebda., S.33.

544 Ebda., S.188.

545 Siehe: Renate Wagner: Frauen um Arthur Schnitzler. A.a.O., S.81.

546 Arthur Schnitzler: Tagebuch 1909–1912. A.a.O., S.138.

547 Marie Glümer an Arthur Schnitzler. Bad Gastein, 12/5 25. Autograph des
Deutschen Literaturarchivs Marbach am Neckar, Nachlaß Schnitzler.

548 Marie Glümer an Arthur Schnitzler. 3/11 925. Ebda.

549 Mimi Mann an Arthur Schnitzler. München, den 19./11.25. Autograph
der University Library Cambridge, Schnitzler Papers.

550 Arthur Schnitzler: Briefe 1875–1912. A.a.O., S.89.

551 Zit. nach Renate Wagner (Hg.): Adele Sandrock und Arthur Schnitzler.
Dilly. Geschichte einer Liebe in Briefen, Bildern und Dokumenten.
Wien–München 1975, S.332.

552 Arthur Schnitzler: Tagebuch 1893–1902. A.a.O., S.59.

553 Siehe: Renate Wagner (Hg.): Adele Sandrock und Arthur Schnitzler.
A.a.O., S.27, und Arthur Schnitzler: Tagebuch 1893–1902. A.a.O.,
S.59.

554 Ebda., S.60.

555 Renate Wagner (Hg.): Adele Sandrock und Arthur Schnitzler. A.a.O.,
S.45.

556 Arthur Schnitzler: Tagebuch 1893–1902. A.a.O., S.60.

557 Ebda., S.60f.

558 Jutta Ahlemann: »Ich bleibe die große Adele«. Die Sandrock. Düsseldorf 1988, S.271.

559 Renate Wagner (Hg.): Adele Sandrock und Arthur Schnitzler. A.a.O., S.49.

560 Ebda., S.57f.

561 Ebda., S.50.

562 Arthur Schnitzler: Tagebuch 1893–1902. A.a.O., S.63.

563 Renate Wagner (Hg.): Adele Sandrock und Arthur Schnitzler. A.a.O., S.69.

564 Arthur Schnitzler: Tagebuch 1893–1902. A.a.O., S.65.

565 Ebda., S.69.

566 Renate Wagner (Hg.): Adele Sandrock und Arthur Schnitzler. A.a.O., S.95 und S.94.

567 Arthur Schnitzler: Tagebuch 1893–1902. A.a.O., S.68.

568 Marcel Reich-Ranicki: Ein Verhältnis mit Folgen. In: Marcel Reich-Ranicki: Nachprüfung. A.a.O., S.35–46, S.44.

569 Arthur Schnitzler: Tagebuch 1893–1902. A.a.O., S.72.

570 Ebda., S.88.

571 Arthur Schnitzler: Zug der Schatten. A.a.O., S.96.

572 Renate Wagner (Hg.): Adele Sandrock und Arthur Schnitzler. A.a.O., S.209.

573 Arthur Schnitzler: Tagebuch 1893–1902. A.a.O., S.103f.

574 Ebda., S.115.

575 Ebda., S.122.

576 Renate Wagner (Hg.): Adele Sandrock und Arthur Schnitzler. A.a.O., S.260.

577 Ebda., S.286.

578 Arthur Schnitzler: Tagebuch 1893–1902. A.a.O., S.106.

579 Arthur Schnitzler: Tagebuch 1879–1892. A.a.O., S.344.

580 Siehe: Karl Abraham: Die Spinne als Traumsymbol. In: Karl Abraham: Gesammelte Schriften in zwei Bänden. Hg. von Johannes Cremerius. Frankfurt am Main 1982, Bd. 1, S.240–246.

581 Siehe: Arthur Schnitzler: Tagebuch 1893–1902. A.a.O., S.118.

582 Ebda., S.129.

583 Ebda., S.132.

584 Ebda., S.168.

585 Ebda., S.178.

586 Ebda., S.182.

587 Ebda., S.185.

588 Ebda., S.230.

589 Ebda., S. 242.

590 Hugo von Hofmannsthal und Richard Beer-Hofmann an Arthur Schnitzler, 15/2 903. In: Hugo von Hofmannsthal – Arthur Schnitzler: Briefwechsel. A. a. O., S. 167.

591 Arthur Schnitzler: Tagebuch 1893–1902. A. a. O., S. 245.

592 Ebda., S. 246.

593 Arthur Schnitzler – Richard Beer-Hofmann: Briefwechsel 1891–1931. Hg. von Konstanze Fliedl. Wien – Zürich 1992, S. 110.

594 Arthur Schnitzler: Tagebuch 1893–1902. A. a. O., S. 257.

595 Ebda., S. 256.

596 Ebda., S. 257.

597 Ebda., S. 261.

598 Ebda., S. 262.

599 Ebda., S. 264.

600 Ebda., S. 265.

601 Siehe auch: Reinhard Urbach: Schnitzler-Kommentar. A. a. O., S. 118.

602 Georg Brandes und Arthur Schnitzler: Ein Briefwechsel. A. a. O., S. 97.

603 Arthur Schnitzler: Tagebuch 1920–1922. A. a. O., S. 282.

604 Arthur Schnitzler: Tagebuch 1893–1902. A. a. O., S. 280.

605 Ebda., S. 293.

606 Ebda., S. 298.

607 Siehe: Arthur Schnitzler: Tagebuch 1913–1916. A. a. O., S. 324.

608 Arthur Schnitzler: Tagebuch 1893–1902. A. a. O., S. 304.

609 Arthur Schnitzler: Tagebuch 1920–1922. A. a. O., S. 34.

610 Arthur Schnitzler an Hugo von Hofmannsthal, 22. 3. 99. In: Hugo von Hofmannsthal – Arthur Schnitzler: Briefwechsel. A. a. O., S. 119 f.

611 Arthur Schnitzler: Tagebuch 1893–1902. A. a. O., S. 316.

612 Ebda., S. 320.

613 Ebda., S. 313.

614 Ebda., S. 318.

615 Ebda., S. 327 f.

616 Olga Schnitzler: Spiegelbild der Freundschaft. Salzburg 1962, S. 22.

617 Arthur Schnitzler: Briefe 1875–1912, A. a. O., S. 371.

618 Arthur Schnitzler: Tagebuch 1893–1902. A. a. O., S. 329.

619 Hugo von Hofmannsthal – Arthur Schnitzler: Briefwechsel. A. a. O., S. 141.

620 Olga Schnitzler: Spiegelbild der Freundschaft. A. a. O., S. 33.

621 Ebda., S. 38.

622 Arthur Schnitzler: Tagebuch 1893–1902. A. a. O., S. 337.

623 Ebda.

624 Ebda., S. 340.

625 Ebda.

626 Ebda., S. 349.

627 Ebda., S. 351.

628 Ebda.

629 Ebda., S. 352.

630 Arthur Schnitzler: Briefe 1875–1912. A. a. O., S. 424.

631 Arthur Schnitzler: Tagebuch 1909–1912. A. a. O., S. 37.

632 Arthur Schnitzler: Tagebuch 1893–1902. A. a. O., S. 390.

633 Arthur Schnitzler: Tagebuch 1903–1908. A. a. O., S. 13 f.

634 Ebda., S. 250.

635 Siehe ebda., S. 255.

636 Arthur Schnitzler: Tagebuch 1909–1912. A. a. O., S. 174.

637 Arthur Schnitzler: Tagebuch 1893–1902. A. a. O., S. 352.

638 Arthur Schnitzler: Tagebuch 1917–1919. A. a. O., S. 131.

639 Ebda., S. 176.

640 Ebda.. S. 255.

641 Ebda., S. 274.

642 Arthur Schnitzler: Tagebuch 1920–1922. A. a. O., S. 126.

643 Ebda., S. 164.

644 Ebda., S. 278.

645 Theodor Reik: Arthur Schnitzler als Psycholog. A. a. O., S. 140.

646 Arthur Schnitzler: Tagebuch 1920–1922. A. a. O., S. 201.

647 Arthur Schnitzler: Tagebucheintragung vom 21. 8. 1924.

648 Arthur Schnitzler: Tagebucheintragung vom 26. 8. 1928.

649 Arthur Schnitzler: Tagebuch 1920–1922. A. a. O., S. 347.

650 Siehe: Hedy Kempny / Arthur Schnitzler: »Das Mädchen mit den dreizehn Seelen«. Eine Korrespondenz ergänzt durch Blätter aus Hedy
Kempnys Tagebuch sowie durch eine Auswahl ihrer Erzählungen. Hg.
und mit einem Nachwort versehen von Heinz P. Adamek. Reinbek bei
Hamburg 1984.

651 Siehe: Hans Roelofs: »Man weiß eigentlich wenig von einander«. Arthur Schnitzler und die Niederlande 1895–1940. Amsterdam – Atlanta
1989, S. 21–82.

652 Arthur Schnitzler: Tagebuch 1920–1922. A. a. O., S. 208.

653 Gerhart Baumann: Arthur Schnitzler. Die Welt von Gestern eines Dichters von Morgen. Frankfurt am Main – Bonn 1965, S. 17.

654 Arthur Schnitzler – Olga Waissnix: Liebe, die starb vor der Zeit.
A. a. O., S. 320.

655 Siehe auch: Bruce Thompson: Schnitzler's Vienna. Image of a Society.
London – New York 1990, S. 83: »It is apparent, for example, that in his

younger days at least he led a life very similar to that led by male chauvinist types whom he treats critically in his works.«

656 Nike Wagner: Geist und Geschlecht. Karl Kraus und die Erotik der Wiener Moderne. Frankfurt am Main 1982, S. 137.

657 Klara Blum: Arthur Schnitzler, ein Pionier des Frauenrechtes. In: Arbeiter-Zeitung (Wien), Nr. 302, 2. 11. 1931.

658 Carl Furtmüller: Schnitzler's Tragikomödie »Das weite Land«. Ein Versuch psychologischer Literaturbetrachtung. A. a. O., S. 31.

659 Arthur Schnitzler: Tagebuch 1893–1902. A. a. O., S. 32.

660 Ebda., S. 72.

661 Ebda., S. 84. Siehe ähnlich auch ebda., S. 105.

662 Ebda., S. 99.

663 Ebda., S. 136.

664 Ebda., S. 120.

665 Arthur Schnitzler: Tagebuch 1917–1919. A. a. O., S. 283.

666 Siehe: Arthur Schnitzler: Tagebucheintragung vom 31. 12. 1923.

667 Andere »Duft«-Stellen in diesem Text: ES II, 55; ES II, 102.

668 Fritz sagt zu Christine auch: »In deinem Zimmer müssen wirkliche Blumen stehn, die duften und frisch sind.« (DR I, 251)

669 Heinrich Mann schrieb Schnitzler: »Ich bewundere tief, dass in einer Welt, die Erotik so leicht nimmt, das Haupt-Schicksal sich durch ihr Schwernehmen vollzieht. Erlebnisse, die wirksam werden und sittliche Probleme zeitigen! Das Fremdeste dieser leergeborenen Zeit.« In: Heinrich Mann an Arthur Schnitzler. Bad Gastein, 17. Juli 1924. Autograph der University Library Cambridge, Schnitzler Papers.

670 Ernst L. Offermanns: Arthur Schnitzler. Das Komödienwerk als Kritik des Impressionismus. München 1973, S. 134.

671 Siehe: Claudio Magris: Arthur Schnitzler und das Karussell der Triebe. A. a. O.

672 Siehe: Arthur Schnitzler: Briefe 1913–1931. A. a. O., S. 231. Siehe auch: Arthur Schnitzler: Tagebuch 1920–1922. A. a. O., S. 135.

673 Lev Trockij: Über Arthur Schnitzler. In: Lev Trockij: Literaturtheorie und Literaturkritik. Ausgewählte Aufsätze zur Literatur. Hg. und eingeleitet von Ulrich Mölk. Übersetzt von Thomas Kunke und Ulrich Mölk. München 1973. S. 62–74, S. 71 und S. 74.

674 Ebda., S. 74. Siehe auch: Lutz-W. Wolff: »Bürger der Endzeit«. Schnitzler in sozialistischer Sicht. In: Hartmut Scheible (Hg.): Arthur Schnitzler in neuer Sicht. A. a. O., S. 330–359.

675 Alfred Polgar: Arthur Schnitzler: Das weite Land. In: Alfred Polgar: Kleine Schriften. Band 5: Theater 1. Hg. von Marcel Reich-Ranicki in

Zusammenarbeit mit Ulrich Weinzierl. Reinbek bei Hamburg 1985, S. 58–65, S. 61.

676 Hugo von Hofmannsthal an Arthur Schnitzler, Paris, 15. März 1900. In: Hugo von Hofmannsthal – Arthur Schnitzler: Briefwechsel. A. a. O., S. 135.

677 Rudolf Hirsch: »Paracelsus u. Dr. Schnitzler«. In: Modern Austrian Literature. Special Arthur Schnitzler Issue. A. a. O., S. 163–167, S. 164. Zu Arthur Schnitzlers Hofmannsthal-Bild siehe: Arthur Schnitzler: Hugo von Hofmannsthal – ›Charakteristik aus den Tagebüchern‹. Mitgeteilt und kommentiert von Bernd Urban in Verbindung mit Werner Volke. Freiburg im Breisgau 1975.

678 Hans Weigel: Die große Vergeblichkeit. Zum hundertsten Geburtstag Arthur Schnitzlers. In: Hans Weigel: Das tausendjährige Kind. Kritische Versuche eines heimlichen Patrioten zur Beantwortung der Frage nach Österreich. Wien 1965, S. 152–171, S. 156.

679 Arthur Schnitzler: Tagebuch 1909–1912. A. a. O., S. 110. Siehe auch: Siegfried Trebitsch: Chronik eines Lebens. Zürich – Stuttgart – Wien 1951, S. 392.

680 Arthur Schnitzler: Tagebuch 1920–1922. A. a. O., S. 37.

681 Oskar Seidlin (Hg.): Der Briefwechsel Arthur Schnitzler – Otto Brahm. A. a. O., S. 34.

682 Ebda., S. 163.

683 Siehe auch: Josef Körner: Arthur Schnitzlers Gestalten und Probleme. A. a. O., S. 133–155.

684 Zu den Arztfiguren Schnitzlers siehe: Maria P. Alter: Schnitzler's Physician: An Existential Character. In: Modern Austrian Literature. Journal of the International Arthur Schnitzler Research Association, Vol. 4, Nr. 3, 1971, S. 7–23.

685 Arthur Schnitzler: Jugend in Wien. A. a. O., S. 123.

686 Arthur Schnitzler: Tagebuch 1917–1919. A. a. O., S. 217.

687 Heinz Politzer: Diagnose und Dichtung. Zum Werk Arthur Schnitzlers. A. a. O., S. 140.

688 Olga Schnitzler: Spiegelbild der Freundschaft. A. a. O., S. 53.

689 Arthur Schnitzler an Paul Wiegler. Wien, 23/8 930. In: Arthur Schnitzler: Briefe 1913–1931. A. a. O., S. 705.

690 Hugo von Hofmannsthal an Arthur Schnitzler, 15/3 904. In: Hugo von Hofmannsthal – Arthur Schnitzler: Briefwechsel. A. a. O., S. 84.

691 Hugo von Hofmannsthal an Arthur Schnitzler, [13.] Juni 1914. Ebda., S. 275.

692 Oskar Seidlin (Hg.): Der Briefwechsel Arthur Schnitzler – Otto Brahm. A. a. O., S. 265.

693 Arthur Schnitzler: Briefe 1913–1931. A.a.O., S.424.

694 Siehe: Arthur Schnitzler: Tagebuch 1903–1908. A.a.O., S.178ff., S.202.

695 Arthur Schnitzler: Tagebuch 1909–1912. A.a.O., S.217. Siehe auch: Arthur Schnitzler: Briefe 1875–1912. A.a.O., S.656–660.

696 Arthur Schnitzler: Tagebuch 1913–1916. A.a.O., S.318.

697 Ebda., S.24.

698 Arthur Schnitzler: Tagebuch 1920–1922. A.a.O., S.223.

699 Arthur Schnitzler: Tagebuch 1913–1916. A.a.O., S.309.

700 Alle Zitate siehe: Arthur Schnitzler: Tagebuch 1917–1919. A.a.O., S.56ff.

701 Siehe: Arthur Schnitzler – Richard Beer-Hofmann: Briefwechsel 1891–1931. A.a.O., S.196.

702 Arthur Schnitzler: Tagebuch 1909–1912. A.a.O., S.108.

703 Ebda., S.110.

704 Ebda., S.138, S.139, S.141.

705 Ebda., S.225.

706 Arthur Schnitzler: Briefe 1875–1912. A.a.O., S.705.

707 Arthur Schnitzler: Briefe 1913–1931. A.a.O., S.8.

708 Arthur Schnitzler: Tagebuch 1913–1916. A.a.O., S.19.

709 Hugo von Hofmannsthal an Arthur Schnitzler. Montag, 7/5 906. In: Hugo von Hofmannsthal – Arthur Schnitzler: Briefwechsel. A.a.O., S.219.

710 Arthur Schnitzler: Tagebuch 1879–1892. A.a.O., S.196.

711 Ebda., S.179. Siehe auch: Arthur Schnitzler: Jugend in Wien. A.a.O., S.191.

712 Arthur Schnitzler: Tagebuch 1879–1892. A.a.O., S.52, S.63, S.158.

713 Arthur Schnitzler: Tagebuch 1903–1908. A.a.O., S.108f.

714 Arthur Schnitzler: Tagebuch 1893–1902. A.a.O., S.364. 1918 wird ein »(hoffentlich) hypoch. Anfall, wegen einer Axillardrüsenschwellung« erwähnt. Siehe: Tagebuch 1917–1919. A.a.O., S.105.

715 Arthur Schnitzler: Tagebuch 1917–1919. A.a.O., S.49.

716 Arthur Schnitzler: Tagebuch 1879–1892. A.a.O., S.112f.

717 Arthur Schnitzler und Olga Waissnix: Liebe, die starb vor der Zeit. A.a.O., S.285.

718 Siehe vor allem: Heide Tarnowski-Seidel: Arthur Schnitzler: Flucht in die Finsternis. A.a.O., S.39–48.

719 Theodor Reik: Arthur Schnitzler als Psycholog. A.a.O., S.50. W.G. Sebald gibt eine andere Erklärung: »Die im Werk Schnitzlers überall latente und manifeste Todessymbolik ist das Anzeichen einer zwischen Gesetz und Illegitimität operierenden Praxis der Liebe, in der die Söhne des Bürgertums über eine Art von Hasard zur Mannbarkeit gebracht

werden.« Siehe: W. G. Sebald: Das Schrecknis der Liebe. Überlegungen zu Schnitzlers »Traumnovelle«. In: Merkur. Deutsche Zeitschrift für europäisches Denken, XXXIX (2), Februar 1985, S. 120–131, S. 126. Siehe außerdem: Peggy Stamon and Richard H. Lawson: Love-Death Structures in the Works of Arthur Schnitzler. In: Modern Austrian Literature, Vol. 8, Nr. 3/4, 1975, S. 266–281.

720 Arthur Schnitzler: Tagebuch 1893–1902. A. a. O., S. 76.

721 Ebda., S. 69.

722 Ebda., S. 96.

723 Ebda., S. 143.

724 Ebda., S. 226.

725 Arthur Schnitzler: Tagebuch 1909–1912. A. a. O., S. 113.

726 Arthur Schnitzler: Tagebuch 1917–1919. A. a. O., S. 116.

727 Siehe: Arthur Schnitzler: Tagebuch 1909–1912. A. a. O., S. 178.

728 Olga Schnitzler: Spiegelbild der Freundschaft. A. a. O., S. 140. Seine Diagnose läßt sich Schnitzler auch nicht von einem anderen Otologen, Daniel Kaufmann, ausreden, den er am 12.10.1916 aufsucht: »[…] machte einen leisen Versuch meine Diagnose als nicht ›hundertperzentig sicher‹ hinzustellen, womit er bei mir kein Glück hatte.« Siehe: Tagebuch 1913–1916. A. a. O., S. 319.

729 Arthur Schnitzler: Tagebuch 1913–1916. A. a. O., S. 335.

730 Zit. nach: Arthur Schnitzler: Briefe 1875–1912. A. a. O., S. 807 f.

731 Am 6.1.1897 heißt es im Tagebuch: »Die Jugend, die ferne Jugend. – Ohrenklingen. Höchst verzweifelte Stimmung. –« In: Arthur Schnitzler: Tagebuch 1893–1902. A. a. O., S. 232.

732 Arthur Schnitzler: Tagebuch 1920–1922. A. a. O., S. 286 f.

733 Georg Brandes und Arthur Schnitzler: Ein Briefwechsel. A. a. O., S. 148.

734 Arthur Schnitzler: Tagebuch 1913–1916. A. a. O., S. 79.

735 Arthur Schnitzler an Richard Beer-Hofmann. 24. 8. 92, Wien. In: Arthur Schnitzler – Richard Beer-Hofmann: Briefwechsel 1891–1931. A. a. O., S. 38.

736 Arthur Schnitzler an Richard Beer-Hofmann. Wien, 23. 7. 1917. Ebda., S. 225.

737 Arthur Schnitzler: Briefe 1875–1912. A. a. O., S. 319.

738 Arthur Schnitzler: Tagebuch 1893–1902. A. a. O., S. 165.

739 Ebda., S. 276. Siehe auch: Arthur Schnitzler: Tagebuch 1903–1908. A. a. O., S. 260: »Als ›Wurzel‹krankheit der Production und natürlich meines Lebens empfind ich die ›Angst‹, die mehr oder minder hypochondrische; die ›Sorgen‹ sind Stengel- oder Blattkrankheit. –«

740 Arthur Schnitzler: Tagebuch 1903–1908. A. a. O., S. 14.

741 Arthur Schnitzler: Tagebuch 1917–1919. A. a. O., S. 26.

742 Arthur Schnitzler: Tagebuch 1913–1916. A. a. O., S. 145.

743 Arthur Schnitzler: Tagebuch 1909–1912. A. a. O., S. 114.

744 Ebda., S. 153.

745 Arthur Schnitzler: Tagebuch 1913–1916. A. a. O., S. 181.

746 Ebda., S. 234.

747 Arthur Schnitzler: Tagebuch 1920–1922. A. a. O., S. 345.

748 Ebda., S. 265.

749 Siehe vor allem: Arthur Schnitzler: Jugend in Wien. A. a. O., S. 164 ff., S. 270: »Unter den sonstigen Freunden stand mir immer noch Richard Tausenau am nächsten, der mir wie durch sein Wesen so auch durch seine Erlebnisse der merkwürdigste blieb.«

750 Arthur Schnitzler: Tagebuch 1893–1902. A. a. O., S. 219.

751 Ebda., S. 88.

752 Oskar Seidlin (Hg.): Der Briefwechsel Arthur Schnitzler – Otto Brahm. A. a. O., S. 130.

753 Heide Tarnowski-Seidel: Arthur Schnitzler: Flucht in die Finsternis. A. a. O., S. 17.

754 Arthur Schnitzler: Tagebuch 1917–1919. A. a. O., S. 256.

755 Arthur Schnitzler: Briefe 1913–1931. A. a. O., S. 445.

756 Arthur Schnitzler: Tagebuch 1913–1916. A. a. O., S. 323.

757 Arthur Schnitzler: Tagebuch 1920–1922. A. a. O., S. 164.

758 Arthur Schnitzler: Tagebucheintragung vom 21. 12. 1924.

759 Arthur Schnitzler: Tagebucheintragung vom 9. 3. 1925.

760 Arthur Schnitzler: Tagebucheintragung vom 17. 1. 1923.

761 Arthur Schnitzler: Tagebuch 1917–1919. A. a. O., S. 67.

762 Typoskript des Deutschen Literaturarchivs Marbach am Neckar, Nachlaß Schnitzler: Lilis Tagebücher III, S. 23.

763 Arthur Schnitzler: Tagebuch 1917–1919. A. a. O., S. 193.

764 Arthur Schnitzler: Tagebuch 1920–1922. A. a. O., S. 222.

765 Arthur Schnitzler: Tagebucheintragung vom 3. 1. 1924.

766 Arthur Schnitzler: Tagebucheintragung vom 3. und 4. 1. 1924.

767 Renate Wagner: Arthur Schnitzler. Eine Biographie. A. a. O., S. 344.

768 Arthur Schnitzler: Tagebucheintragung vom 6. 3. 1924.

769 Arthur Schnitzler: Briefe 1913–1931. A. a. O., S. 403.

770 Ebda., S. 443.

771 Arthur Schnitzler: Tagebucheintragung vom 29. 6. 1924.

772 Siehe: Lilis Tagebücher. A. a. O. Eintragung vom 24. Juli 1925.

773 Ebda. Eintragung vom 1. Oktober 25. 1/4 10 h Früh.

774 Ebda., 3. 10. 25.

775 Ebda., 8. 10. 25.

776 Ebda., 10. Oktober 25.

777 Ebda., 17. Sept. 26.

778 Laut Eintragung vom 18. September 1926.

779 Ebda., 19. Sept. 26.

780 Arthur Schnitzler: Tagebucheintragung vom 25.9.1926.

781 Arthur Schnitzler an Lili Schnitzler. Wien, 30/9 26. Autograph des
     Deutschen Literaturarchivs Marbach am Neckar, Nachlaß Schnitzler.

782 Clara Katharina Pollaczek: Arthur Schnitzler und ich. Typoskript der
     Wiener Stadt- und Landesbibliothek. A.a.O., I. Teil, S.376.

783 Arthur Schnitzler: Briefe 1913–1931. A.a.O., S.451 f.

784 Arthur Schnitzler: Tagebucheintragung vom 5.3.1927.

785 Siehe Renate Wagner: Arthur Schnitzler. A.a.O., S.360.

786 Arthur Schnitzler: Tagebucheintragung vom 20.12.1926.

787 Arthur Schnitzler: Briefe 1913–1931. A.a.O., S.544.

788 Arthur Schnitzler an Clara Pollaczek, 17.4.1928. Zit. nach: Clara
     Katharina Pollaczek: Arthur Schnitzler und ich. A.a.O., 11. Band,
     S.103. In der Studie von Adrian Clive Roberts: Arthur Schnitzler and
     Politics. Riverside 1989, kommt der Name Mussolini überhaupt nicht
     vor.

789 Lilis grosses Tagebuch. Auf dem Titel: Begonnen 21. Juni 1928. Typo-
     skript des Deutschen Literaturarchivs Marbach am Neckar, Nachlaß
     Schnitzler, S.1 f.

790 Ebda., Eintragungen vom Dienstag 26. Juni und Dienstag 3. Juli.

791 Siehe: Lilis Tagebücher. A.a.O., Eintragung vom 30. Juni 1928.

792 Ebda., Eintragung vom Mittwoch 18. Juli [1928].

793 Arthur Schnitzler: Tagebucheintragung vom 16.8.1928.

794 Arthur Schnitzler: Tagebucheintragung vom 26.7.1928.

795 Arthur Schnitzler: Briefe 1913–1931. A.a.O., S.562 f.

796 Arthur Schnitzler: Tagebucheintragung vom 30.7.1928.

797 Arthur Schnitzler: Tagebucheintragung vom 16.8.1928.

798 Arthur Schnitzler: Briefe 1913–1931. A.a.O., S.563.

799 Anonym: Der tragische Tod der Tochter Schnitzlers. In: Neue Freie
     Presse (Wien), 30.7.1928, S.4.

800 Anonym: Der Selbstmord der Lilly Schnitzler. In: Wiener Sonn- und
     Montags-Zeitung, 30.7.1928, S.1.

801 Anonym: Der tragische Tod Lilli Schnitzlers. Selbstmord infolge
     Heimwehs. In: Deutsche Zeitung Bohemia (Prag), 31.7.1928; anonym:
     Der tragische Tod der Tochter Arthur Schnitzlers. Motiv des Selbst-
     mordes: Heimweh. In: 8 Uhr Abendblatt (Berlin), 30. Juli 1928. Aus-
     schnitte des Deutschen Literaturarchivs Marbach am Neckar, Nachlaß
     Schnitzler.

802 Oskar Maschek: Dämmerseelen. Ein Nachruf für Lilli Schnitzler. In:

Deutsche Zeitung Bohemia (Prag), 4.8.1928. Ausschnitt des Deutschen Literaturarchivs Marbach am Neckar, Nachlaß Schnitzler.

803 Dem Autor Schnitzler steht Kuh durchaus kritisch gegenüber. Siehe unter anderem: Alfred Pfoser/Kristina Pfoser-Schewig/Gerhard Renner (Hg.): Schnitzlers ›Reigen‹. Zehn Dialoge und ihre Skandalgeschichte. Analysen und Dokumente. 2 Bde., Bd. 2: Die Prozesse. Frankfurt am Main 1993, S.109 ff.

804 Anton Kuh: Heimweh. In: Die Weltbühne, XXIV (32), 7.8.1928, S.221 f.

805 Arthur Schnitzler: Jugend in Wien. A.a.O., S.54.

806 Alma Mahler-Werfel: Mein Leben. Frankfurt am Main 1960, S.195. Almas Begegnung mit der Trauerfamilie fand laut Schnitzlers Tagebuch am 7. August 1928 in Wien statt.

807 Arthur Schnitzler: Tagebucheintragung vom 28.8.1928.

808 Arthur Schnitzler: Briefe 1913–1931. A.a.O., S.563.

809 Arthur Schnitzler: Tagebucheintragung vom 15.8.1928.

810 Arthur Schnitzler: Tagebucheintragung vom 5.8.1928.

811 Clara Katharina Pollaczek: Arthur Schnitzler und ich. A.a.O. II. Band. Eintragungen vom 2. und 3.8.1928. S.138 f.

812 Heide Tarnowski-Seidel: Arthur Schnitzler: Flucht in die Finsternis. A.a.O., S.52.

813 Bernhard Blume: Das nihilistische Weltbild Arthur Schnitzlers. A.a.O., S.27.

814 Zit nach: Hartmut Scheible: Arthur Schnitzler in Selbstzeugnissen und Bilddokumenten. A.a.O., S.127.

815 Siehe vor allem: Renate Wagner: Frauen um Arthur Schnitzler. A.a.O., S.127–141.

816 Clara Katharina Pollaczek: Arthur Schnitzler und ich. A.a.O., I. Teil: Einleitung.

817 William H. Rey: »Arthur Schnitzler und ich«: Das Vermächtnis der Clara Katharina Pollaczek. In: The Germanic Review. Vol. XLI, 1966, S.120–135, S.127.

818 Laut Schnitzlers Tagebucheintragung vom 29.10.1928.

819 Arthur Schnitzler: Tagebucheintragung vom 6.9.1926.

820 Clara Katharina Pollaczek: Arthur Schnitzler und ich. A.a.O., II. Teil, S.261.

821 Arthur Schnitzler: Tagebucheintragung vom 30.9.1925.

822 Arthur Schnitzler: Tagebucheintragung vom 23.2.1930.

823 Arthur Schnitzler: Tagebucheintragung vom 8.11.1923.

824 Renate Wagner: Frauen um Arthur Schnitzler. A.a.O., S.128.

825 Arthur Schnitzler: Tagebuch 1917–1919. A.a.O., S.279.

826 Arthur Schnitzler: Tagebucheintragung vom 5.6.1927.

827 Siehe Renate Wagner: »Unsere geschäftlich-literarischen Beziehungen«. Arthur Schnitzler und Suzanne Clauser. In: Neue Zürcher Zeitung, 17.3.1989.

828 Arthur Schnitzler: Briefe 1913–1931. A.a.O., S.575.

829 Elsbeth Dangel: Das Elend der Übersetzung. Bemerkungen zu Dominique Auclères' Schnitzlerübersetzungen. In: Modern Austrian Literature, Vol. 17, Nr. 1, 1984, S.49–57.

830 Arthur Schnitzler: Briefe 1913–1931. A.a.O., S.806.

831 Arthur Schnitzler: Tagebucheintragung vom 30.11.1929.

832 Arthur Schnitzler: Tagebucheintragung vom 1.5.1930.

833 Arthur Schnitzler: Briefe 1913–1931. A.a.O., S.806.

834 Siehe: Dominique Auclères: Arthur Schnitzler tel que je l'ai connu. In:
Journal of the International Arthur Schnitzler Research Association,
Vol. 2, Nr. 2, Summer 1963, S.4–34.

835 Alle Zitate aus: Arthur Schnitzler: Tagebucheintragung vom 26.8.1931.

836 Alle Zitate aus: Arthur Schnitzler: Tagebucheintragung vom 9. und
10.5.1929.

837 Clara Katharina Pollaczek: Arthur Schnitzler und ich. A.a.O., II. Teil,
S.236.

838 Ebda., S.239.

839 Ebda., S.250.

840 Clara Katharina Pollaczek:Arthur Schnitzler und ich. A.a.O., III. Teil,
S.136.

841 Zit. nach Renate Wagner: Arthur Schnitzler. Eine Biographie. A.a.O.,
S.377.

842 Alle Zitate aus Schnitzlers Tagebucheintragungen: 18.9., 20.9., 28.9.,
3.10. und 9.10.1931.

843 Arthur Schnitzler an Hedy Kempny, 5. Sept. 1931. In: Hedy Kempny/
Arthur Schnitzler: »Das Mädchen mit den dreizehn Seelen«. A.a.O.,
S.360.

844 Arthur Schnitzler: Briefe 1913–1931. A.a.O., S.681.

845 Clara Katharina Pollaczek: Arthur Schnitzler und ich. A.a.O., III. Teil,
S.248.

846 Hedy Kempny/Arthur Schnitzler: »Das Mädchen mit den dreizehn
Seelen«. A.a.O., S.361.

847 Clara Katharina Pollaczek: Arthur Schnitzler und ich. A.a.O., III. Teil,
S.253.

848 Hertha Krotkoff (Hg.): Arthur Schnitzler – Thomas Mann: Briefe. In:
Modern Austrian Literature, Vol. VII, Nrs. 1/2, 1974, S.1–33, S.23.

849 Anonym: Der Tod Artur Schnitzlers. Der Dichter einem Gehirnschlag
erlegen. In: Neues Wiener Tagblatt, 22.10.1931, S.5.

850 Clara Katharina Pollaczek: Arthur Schnitzler und ich. A. a. O., III. Teil, S. 253.

851 Clara Katharina Pollaczek hat ihr »Witwentum« durch mehrere Gedichte betont, die sie zu Gedenktagen – ob anläßlich der Totenfeier im Burgtheater –, zu Geburts- oder Todestagen – vor allem in der »Neuen Freien Presse« publizierte; so am 15. II. 1931, S. 27; 15. 5. 1932, S. 42; 22. 10. 1933, S. 29; 21. 10. 1934, S. 9.

852 Zit nach: Heinrich Schnitzler, Christian Brandstätter und Reinhard Urbach (Hg.): Arthur Schnitzler. Sein Leben und seine Zeit. Frankfurt am Main 1981, S. 136.

853 Anonym: Aus Gram über den Tod Artur Schnitzlers. In: Arbeiter-Zeitung (Wien), 2. II. 1931, S. 2.

QUELLEN UND LITERATUR

Ungedruckte Quellen

Österreichische Akademie der Wissenschaften

Arthur Schnitzler: Tagebuch 1923–1931. Zitiert wird nach der diplomatischen Abschrift der Kommission für literarische Gebrauchsformen.
Arthur Schnitzler: Träume. Typoskript.

University Library Cambridge
Schnitzler Papers

Briefe an Arthur Schnitzler von Lou Andreas-Salomé, Richard Arnold Bermann, Samuel Fischer, Heinrich Mann, Mimi (Maria) Mann, Theodor Reik, Ferdinand von Saar, Alfred von Winterstein, Fritz Wittels. Briefe Arthur Schnitzlers an Samuel Fischer.

Deutsches Literaturarchiv
Schiller-Nationalmuseum Marbach am Neckar
Nachlaß Schnitzler

Briefe an Arthur Schnitzler von Marie Glümer, Franziska Reich, Heinrich Lawner, Alfred von Winterstein und von Arthur Schnitzler an Lili Schnitzler. Tagebücher Lili Schnitzlers.

Handschriftensammlung der Wiener Stadt- und Landesbibliothek

Clara Katharina Pollaczek: »Arthur Schnitzler und ich«. Typoskript in drei Bänden mit insgesamt 909 Seiten. Ic 149.392.

Gedruckte Quellen

Texte Arthur Schnitzlers
(Werke, Tagebücher, Briefe)

Arthur Schnitzler: Gesammelte Werke:

Die Erzählenden Schriften. Erster Band.
    Frankfurt am Main 1961. (ES I)
Die Erzählenden Schriften. Zweiter Band.
    Frankfurt am Main 1961. (ES II)
Die Dramatischen Werke. Erster Band.
    Frankfurt am Main 1962. (DR I)
Die Dramatischen Werke. Zweiter Band.
    Frankfurt am Main 1962. (DR II)
Aphorismen und Betrachtungen.
    Hg. von Robert O. Weiss. Frankfurt am Main 1967. (AuB)
Entworfenes und Verworfenes.
    Aus dem Nachlaß. Hg. von Reinhard Urbach. Frankfurt am Main 1977.

Das Wort.
    Tragikomödie in fünf Akten. Fragment. Aus dem Nachlaß hg. und einge-
    leitet von Kurt Bergel. Frankfurt am Main 1966.
Zug der Schatten.
    Drama in neun Bildern (unvollendet). Aus dem Nachlaß hg. und eingelei-
    tet von Françoise Derré. Frankfurt am Main 1970.
Frühe Gedichte.
    Hg. und eingeleitet von Kurt Bergel. Berlin 1969.
Roman-Fragment.
    Hg. von Reinhard Urbach. In: Literatur und Kritik, Heft 13, April 1967,
    S. 135–183.
Notizen zu Lektüre und Theaterbesuchen (1879–1927).
    Hg. von Reinhard Urbach. In: Modern Austrian Literature. Vol. 6, Nrs. 3/
    4, 1973, S. 7–39.

Medizinische Schriften.
  Zusammengestellt und mit einem Vorwort samt Anmerkungen versehen
  von Horst Thomé. Wien – Darmstadt 1988.
Über Psychoanalyse.
  Hg. von Reinhard Urbach. In: protokolle, 1976/2. S. 277–284.
Jugend in Wien. Eine Autobiographie.
  Mit einem Nachwort von Friedrich Torberg. Hg. von Therese Nickl und
  Heinrich Schnitzler. Wien – München – Zürich 1968.
Tagebuch 1879–1892.
  Unter Mitwirkung von Peter Michael Braunwarth, Susanne Pertlik und
  Reinhard Urbach hg. von der Kommission für literarische Gebrauchsfor-
  men der Österreichischen Akademie der Wissenschaften. Obmann: Wer-
  ner Welzig. Wien 1987.
Tagebuch 1893–1902.
  Unter Mitwirkung von Peter Michael Braunwarth, Konstanze Fliedl, Su-
  sanne Pertlik und Reinhard Urbach hg. von der Kommission für literari-
  sche Gebrauchsformen der Österreichischen Akademie der Wissenschaf-
  ten. Obmann: Werner Welzig. Wien 1989.
Tagebuch 1903–1908.
  Unter Mitwirkung von Peter Michael Braunwarth, Susanne Pertlik und
  Reinhard Urbach hg. von der Kommission für literarische Gebrauchsformen der Österreichischen Akademie der Wissenschaften. Obmann: Werner Welzig. Wien 1991.
Tagebuch 1909–1912.
  Unter Mitwirkung von Peter Michael Braunwarth, Richard Miklin, Maria Neyses, Susanne Pertlik, Walter Ruprechter und Reinhard Urbach
  hg. von der Kommission für literarische Gebrauchsformen der Öster-
  reichischen Akademie der Wissenschaften. Obmann: Werner Welzig.
  Wien 1981.
Tagebuch 1913–1916.
  Unter Mitwirkung von Peter Michael Braunwarth, Richard Miklin, Susanne Pertlik, Walter Ruprechter und Reinhard Urbach hg. von der Kommission für literarische Gebrauchsformen der Österreichischen Akademie der Wissenschaften. Obmann: Werner Welzig. Wien 1983.
Tagebuch 1917–1919.
  Unter Mitwirkung von Peter Michael Braunwarth, Richard Miklin, Susanne Pertlik und Reinhard Urbach hg. von der Kommission für literari-
  sche Gebrauchsformen der Österreichischen Akademie der Wissenschaften. Obmann: Werner Welzig. Wien 1985.
Tagebuch 1920–1922.
  Unter Mitwirkung von Peter Michael Braunwarth, Susanne Pertlik und

Reinhard Urbach hg. von der Kommission für literarische Gebrauchsformen der Österreichischen Akademie der Wissenschaften, Obmann: Werner Welzig. Wien 1993.

Briefe 1875–1912.
Hg. von Therese Nickl und Heinrich Schnitzler. Frankfurt am Main 1981.

Briefe 1913–1931.
Hg. von Peter Michael Braunwarth, Richard Miklin, Susanne Pertlik und Heinrich Schnitzler. Frankfurt am Main 1984.

Georg Brandes und Arthur Schnitzler: Ein Briefwechsel.
Hg. von Kurt Bergel. Bern 1956.

Arthur Schnitzler – Olga Waissnix: Liebe, die starb vor der Zeit. Ein Briefwechsel.
Mit einem Vorwort von Hans Weigel. Hg. von Therese Nickl und Heinrich Schnitzler. Wien – München – Zürich 1970.

Hugo von Hofmannsthal – Arthur Schnitzler: Briefwechsel.
Hg. von Therese Nickl und Heinrich Schnitzler. Ungekürzte Ausgabe. Frankfurt am Main 1983.

Der Briefwechsel Arthur Schnitzler – Otto Brahm.
Hg., eingeleitet und erläutert von Oskar Seidlin. Tübingen 1975.

Adele Sandrock und Arthur Schnitzler: Dilly.
Geschichte einer Liebe in Briefen, Bildern und Dokumenten. Zusammengestellt von Renate Wagner. Wien – München 1975.

Hedy Kempny – Arthur Schnitzler: »Das Mädchen mit den dreizehn Seelen«.
Eine Korrespondenz ergänzt durch Blätter aus Hedy Kempnys Tagebuch sowie durch eine Auswahl ihrer Erzählungen. Hg. und mit einem Nachwort versehen von Heinz P. Adamek. Reinbek bei Hamburg 1984.

Arthur Schnitzler – Richard Beer-Hofmann: Briefwechsel 1891–1931.
Hg. von Konstanze Fliedl. Wien – Zürich 1992.

Arthur Schnitzler – Thomas Mann: Briefe.
Hg. von Hertha Krotkoff. In: Modern Austrian Literature, Vol. 7, Nrs. 1/2, 1974, S. 1–33.

Vier unveröffentlichte Briefe Arthur Schnitzlers an den Psychoanalytiker Theodor Reik.
Hg. von Bernd Urban. In: Modern Austrian Literature, Vol. 8, Nrs. 3/4, 1975, S. 236–247.

Der Briefwechsel Fritz von Unruhs mit Arthur Schnitzler.
Hg. von Ulrich K. Goldsmith. Modern Austrian Literature. Special Arthur Schnitzler Issue, Vol. 10, Nrs. 3/4, 1977, S. 69–127.

Stefan Zweig: Briefwechsel mit Arthur Schnitzler.
    In: Stefan Zweig: Briefwechsel mit Hermann Bahr, Sigmund Freud, Rai-
    ner Maria Rilke und Arthur Schnitzler. Hg. von Jeffrey B. Berlin, Hans-
    Ulrich Lindken und Donald A. Prater. Frankfurt am Main 1987.

Literatur

In Büchern

Karl Abraham: Die Spinne als Traumsymbol.
In: Karl Abraham: Gesammelte Schriften in zwei Bänden. Hg. von Johannes Cremerius. Frankfurt am Main 1982, Bd 1, S. 240–246.

Jutta Ahlemann: »Ich bleibe die große Adele«.
Die Sandrock. Düsseldorf 1988.

Lou Andreas-Salomé: In der Schule bei Freud.
Tagebuch eines Jahres (1912/1913).
Aus dem Nachlaß hg. von Ernst Pfeiffer. Berlin 1983.

Gerhart Baumann: Arthur Schnitzler.
Die Welt von Gestern eines Dichters von Morgen.
Frankfurt am Main – Bonn 1965.

Auguste Beranek (Hg.): Geliebtes Herz…
Briefe von Jakob Wassermann. Wien 1948.

Rudolph Binion: Frau Lou. Nietzsche's Wayward Disciple.
With a Foreword by Walter Kaufmann. Princeton 1968.

Bernhard Blume: Das nihilistische Weltbild Arthur Schnitzlers.
Stuttgart 1936.

Karl Corino: Ödipus oder Orest?
Robert Musil und die Psychoanalyse.
In: Uwe Baur und Dietmar Goltschnigg (Hg.): Vom »Törless« zum »Mann ohne Eigenschaften«. Grazer Musil-Symposium 1972. München – Salzburg 1973.

Jens-Malte Fischer: Psychoanalytische Literaturinterpretation.
Aufsätze aus ›Imago. Zeitschrift für Anwendung der Psychoanalyse auf die Geisteswissenschaften‹ (1912–1937). Tübingen 1980.

Sigmund Freud – C. G. Jung: Briefwechsel.
Hg. von William McGuire und Wolfgang Sauerländer. Gekürzt von Alan McGlashan. Frankfurt am Main 1984.

Sigmund Freud: Briefe 1873–1939.
Zweite, erweiterte Auflage. Ausgewählt und hg. von Ernst und Lucie Freud. Frankfurt am Main 1968.

Sigmund Freud: Briefe an Wilhelm Fließ 1887–1904.
Ungekürzte Ausgabe. Hg. von Jeffrey Moussaieff Masson. Bearbeitung der deutschen Fassung von Michael Schröter. Transkription von Gerhard Fichtner. Frankfurt am Main 1985.

Sigmund Freud: Die Traumdeutung
(= Studienausgabe, Band II). Frankfurt am Main 1982.

Sigmund Freud: Gesammelte Werke.
Chronologisch geordnet. Fünfter Band.
Werke aus den Jahren 1904–1905. Frankfurt am Main 1960 ff.

Sigmund Freud: Gesammelte Werke.
Chronologisch geordnet. Sechster Band.
Der Witz und seine Beziehung zum Unbewußten. Frankfurt am Main 1960 ff.

Sigmund Freud: Gesammelte Werke.
Chronologisch geordnet. Zwölfter Band.
Werke aus den Jahren 1917–1920. Frankfurt am Main 1960 ff.

Sigmund Freud: Gesammelte Werke.
Chronologisch geordnet. Vierzehnter Band.
Werke aus den Jahren 1925–1931. Frankfurt am Main 1960 ff.

Sigmund Freud: Gesammelte Werke.
Chronologisch geordnet. Sechzehnter Band.
Werke aus den Jahren 1932–1939. Frankfurt am Main 1960 ff.

Patrizia Giampieri-Deutsch: Alfred von Winterstein und die Rolle der Philosophie in den Diskussionen der Mittwoch-Gesellschaft.
In: Ernst Federn und Gerhard Wittenberger (Hg.): Aus dem Kreis um Sigmund Freud. Zu den Protokollen der Wiener Psychoanalytischen Vereinigung. Frankfurt am Main 1992, S. 69–95.

Helmut Gröger: Rudolf Urbantschitsch (1879–1964).
In: Ernst Federn und Gerhard Wittenberger (Hg.): Aus dem Kreis um Sigmund Freud. Zu den Protokollen der Wiener Psychoanalytischen Vereinigung. Frankfurt am Main 1992, S. 137–140.

Barbara Gutt: Emanzipation bei Arthur Schnitzler.
Berlin 1978.

Valeria Hinck: Träume bei Arthur Schnitzler (1862–1931).
Köln 1986.

Rolf-Peter Janz und Klaus Laermann: Arthur Schnitzler.
Zur Diagnose des Wiener Bürgertums im Fin de siècle.
Stuttgart 1977.

Ernest Jones: Sigmund Freud. Leben und Werk.
Hg. und gekürzt von Lionel Trilling und Steven Marcus. Mit einer Einführung von Lionel Trilling. Frankfurt am Main 1969.

Ursula Keller: Böser Dinge hübsche Formel.
   Das Wien Arthur Schnitzlers. Berlin – Marburg 1984.
Josef Körner: Arthur Schnitzlers Probleme und Gestalten.
   Zürich – Leipzig – Wien 1921.
Hans-Ulrich Lindken: Arthur Schnitzler: Aspekte und Akzente.
   Materialien zu Leben und Werk. Frankfurt am Main 1987.
Alma Mahler-Werfel: Mein Leben.
   Frankfurt am Main 1960.
Heinrich Mann: Ein Zeitalter wird besichtigt.
   Reinbek bei Hamburg 1976.
Klaus Mann: Tagebücher 1936 bis 1937.
   Hg. von Joachim Heimannsberg, Peter Laemmle und Wilfried F. Schoeller. München 1990.
Thomas Mann: Freud und die Psychoanalyse.
   Reden, Briefe, Notizen, Betrachtungen.
   Hg. von Bernd Urban. Frankfurt am Main 1991.
Elke Mühlleitner unter Mitarbeit von Johannes Reichmayr:
   Biographisches Lexikon der Psychoanalyse.
   Die Mitglieder der Psychologischen Mittwoch-Gesellschaft und der Wiener Psychoanalytischen Vereinigung 1902–1938. Tübingen 1992.
Robert Musil: Tagebücher.
   Hg. von Adolf Frisé. Neu durchgesehene und ergänzte Auflage. Reinbek bei Hamburg 1983.
Bernd Nitzschke: Wilhelm Stekel, ein Pionier der Psychoanalyse – Anmerkungen zu ausgewählten Aspekten seines Werkes.
   In: Ernst Federn und Gerhard Wittenberger (Hg.): Aus dem Kreis um Sigmund Freud. Zu den Protokollen der Wiener Psychoanalytischen Vereinigung. Frankfurt am Main 1992, S. 176–191.
Hermann Nunberg † und Ernst Federn (Hg.):
   Protokolle der Wiener Psychoanalytischen Vereinigung.
   Band IV, 1912–1918. Frankfurt am Main 1981.
Ernst L. Offermanns: Arthur Schnitzler.
   Das Komödienwerk als Kritik des Impressionismus. München 1973.
Michaela L. Perlmann: Arthur Schnitzler.
   Stuttgart 1987.
Michaela L. Perlmann: Der Traum in der literarischen Moderne.
   Untersuchungen zum Werk Arthur Schnitzlers. München 1987.
Alfred Pfoser / Kristina Pfoser-Schewig / Gerhard Renner (Hg):
   Schnitzlers ›Reigen‹. Zehn Dialoge und ihre Skandalgeschichte.
   Analysen und Dokumente. 2 Bände. Frankfurt am Main 1993.
Alfred Polgar: Arthur Schnitzler: Das weite Land.

In: Alfred Polgar: Kleine Schriften. Band 5: Theater 1.
Hg. von Marcel Reich-Ranicki in Zusammenarbeit mit Ulrich Weinzierl.
Reinbek bei Hamburg 1985. S. 58−65.

Heinz Politzer: Diagnose und Dichtung. Zum Werk Arthur Schnitzlers.
In: Heinz Politzer: Das Schweigen der Sirenen. Studien zur deutschen
und österreichischen Literatur. Stuttgart 1968.

Marcel Reich-Ranicki: Ein Verhältnis mit Folgen.
In: Marcel Reich-Ranicki: Nachprüfung. Aufsätze über deutsche Schriftsteller von gestern. Erweiterte Neuausgabe. München 1990, S. 35−46.

Marcel Reich-Ranicki: Eine Liebe per Sie.
In: Marcel Reich-Ranicki: Nachprüfung. Aufsätze über deutsche Schriftsteller von gestern. Erweiterte Neuausgabe. München 1990, S. 29−35.

Johannes Reichmayr: Fritz Wittels (1880−1950).
In: Ernst Federn und Gerhard Wittenberger (Hg.): Aus dem Kreis um
Sigmund Freud. Zu den Protokollen der Wiener Psychoanalytischen Ver-
einigung. Frankfurt am Main 1992, S. 166−169.

Theodor Reik: Arthur Schnitzler als Psycholog.
Minden 1913. (Neuausgabe: Mit einer Einleitung und Anmerkungen hg.
von Bernd Urban. Frankfurt am Main 1993).

Theodor Reik: Fragment of a Great Confession.
A Psychoanalytic Autobiography. New York 1949.

Theodor Reik: Das Verlangen, geliebt zu werden.
The Need to be Loved. München 1974.

Luigi Reitani (Hg.): Arthur Schnitzler sulla psicoanalisi.
Con in appendice il carteggio Schnitzler − Reik e le lettere di Freud a
Schnitzler. Milano 1987.

William H. Rey: Arthur Schnitzler.
Die späte Prosa als Gipfel seines Schaffens. Berlin 1968.

Paul Roazen: Sigmund Freud und sein Kreis.
Eine biographische Geschichte der Psychoanalyse. Bergisch Gladbach
1976.

Adrian Clive Roberts: Arthur Schnitzler and Politics.
Riverside 1989.

Hans Roelofs: »Man weiß eigentlich wenig von einander«.
Arthur Schnitzler und die Niederlande 1895−1940. Amsterdam − Atlanta
1989.

Hartmut Scheible (Hg.): Arthur Schnitzler in neuer Sicht.
München 1981.

*Hartmut Scheible: Arthur Schnitzler in Selbstzeugnissen und Bilddokumen-
ten.* Reinbek bei Hamburg 1976.

Hartmut Scheible: Diskretion und Verdrängung.
   Zu Schnitzlers Autobiographie. In: Hartmut Scheible (Hg.): Arthur
   Schnitzler in neuer Sicht. München 1981, S. 207–215.
Olga Schnitzler: Spiegelbild der Freundschaft.
   Salzburg 1962.
Max Schur: Sigmund Freud. Leben und Sterben.
   Frankfurt am Main 1982.
Oskar Seidlin: Einleitung zu: Oskar Seidlin (Hg.):
Der Briefwechsel Arthur Schnitzler – Otto Brahm.
   Vollständige Ausgabe. Tübingen 1975, S. xi–xxxvi.
Wilhelm Stekel: Die Träume der Dichter.
   Eine vergleichende Untersuchung der unbewußten Triebkräfte bei Dich-
   tern, Neurotikern und Verbrechern. München 1912.
Wilhelm Stekel: Nervöse Angstzustände und ihre Behandlung
   (2. Auflage). Wien 1912.
Wilhelm Stekel: The Autobiography of Wilhelm Stekel.
   The Life Story of a Pioneer Psychoanalyst. Edited by Emil A. Gutheil.
   New York 1950.
Heide Tarnowski-Seidel: Arthur Schnitzler: Flucht in die Finsternis.
   Eine produktionsästhetische Untersuchung. München 1983.
Bruce Thompson: Schnitzler's Vienna.
   Image of a Society. London – New York 1990.
Edward Timms: The ›Child-Woman‹: Kraus, Freud, Wittels, and Irma
Karczewska.
   In: Edward Timms / Ritchie Robertson: Vienna 1900. From Altenberg to
   Wittgenstein. Edinburgh 1990, S. 87–107.
Siegfried Trebitsch: Chronik eines Lebens.
   Zürich – Stuttgart – Wien 1951.
Lev Trockij: Über Arthur Schnitzler.
   In: Lev Trockij: Literaturtheorie und Literaturkritik. Ausgewählte Auf-
   sätze zur Literatur. Hg. und eingeleitet von Ulrich Mölk. Übersetzt von
   Thomas Kunke und Ulrich Mölk. München 1973, S. 62–74.
Reinhard Urbach: »Nicht einmal seine Träume erläßt er uns ...«.
   In: Arthur Schnitzler (1862–1931). Materialien zur Ausstellung der Wie-
   ner Festwochen 1981. Wien 1981, S. 7–12.
Reinhard Urbach: Schnitzler-Kommentar zu den erzählenden Schriften und
dramatischen Werken.
   München 1974.
Bernd Urban: Einleitung zu: Theodor Reik:
   Arthur Schnitzler als Psycholog. Mit einer Einleitung und Anmerkungen
   hg. von Bernd Urban. Frankfurt am Main 1993, S. 7–25.

Bernd Urban: Kein »Literatengeschwätz« — »ins tiefere deutend«.
  *Anmerkungen zu Arthur Schnitzlers und Hanns Sachs' Traumdeutung
  und Interpretationsarbeit.* In: Wolfram Mauser, Ursula Renner, Walter
  Schönau (Hg.): Phantasie und Deutung. Psychologisches Verstehen von
  Literatur und Film. Frederick Wyatt zum 75. Geburtstag. Würzburg 1986,
  S. 128—137.

Rudolf von Urban: Myself not least.
  *A Confessional Autobiography of a Psychoanalyst and some Explanatory
  History Cases.* London 1958.

Renate Wagner: Arthur Schnitzler. Eine Biographie.
  Frankfurt am Main 1984.

Renate Wagner: Frauen um Arthur Schnitzler.
  Frankfurt am Main 1983.

Nike Wagner: Geist und Geschlecht.
  Karl Kraus und die Erotik der Wiener Moderne.
  Frankfurt am Main 1982.

Hans Weigel: Die große Vergeblichkeit.
  Zum hundertsten Geburtstag Arthur Schnitzlers. In: Hans Weigel: Das
  tausendjährige Kind. Kritische Versuche eines heimlichen Patrioten zur
  Beantwortung der Frage nach Österreich. Wien 1965, S. 152—171.

Ursula Welsch und Michaela Wiesner: Lou Andreas-Salomé.
  Vom »Lebensurgrund« zur Psychoanalyse. München — Wien 1988.

Marianne Wintersteiner: Lou von Salomé.
  München 1988.

Fritz Wittels: Sigmund Freud. Der Mann — Die Lehre — Die Schule.
  Leipzig — Wien — Zürich 1924.

Lutz-W. Wolff: »Bürger der Endzeit«. Schnitzler in sozialistischer Sicht.
  In: Hartmut Scheible (Hg.): Arthur Schnitzler in neuer Sicht. München
  1981, S. 330—359.

Michael Worbs: Nervenkunst.
  Literatur und Psychoanalyse im Wien der Jahrhundertwende. Frankfurt
  am Main 1983.

In periodischen Druckschriften

Maria P. Alter: Schnitzler's Physician. An Existential Character.
  In: Modern Austrian Literature. Journal of the International Arthur
  Schnitzler Research Association, Vol. 4, Nr. 3, 1971, S. 7—23.

Jean Améry: Inmitten des alten Österreich — Arthur Schnitzler.
  In: Literatur und Kritik. Österreichische Monatsschrift, Nr. 151, Februar
  1981, S. 37—45.

Anonym: Aus Gram über den Tod Artur Schnitzlers.
> In: Arbeiter-Zeitung (Wien), 2. II. 1931, S. 2.

Anonym: Der Selbstmord der Lilly Schnitzler.
> In: Wiener Sonn- und Montags-Zeitung, 30. 7. 1928, S. 1.

Anonym: Der Tod Arthur Schnitzlers.
Der Dichter einem Gehirnschlag erlegen.
> In: Neues Wiener Tagblatt, 22. 10. 1931, S. 5.

Anonym: Der tragische Tod der Tochter Arthur Schnitzlers.
Motiv des Selbstmordes: Heimweh.
> In: 8 Uhr Abendblatt (Berlin), 30. 7. 1928.

Anonym: Der tragische Tod der Tochter Schnitzlers.
> In: Neue Freie Presse (Wien), 30. 7. 1928, S. 4.

Anonym: Der tragische Tod Lilli Schnitzlers.
Selbstmord infolge Heimwehs.
> In: Deutsche Zeitung Bohemia (Prag), 31. 7. 1928.

Anonym: Deux lettres inédites de Freud concernant l'exercice de la psych-analyse par les non-médecins.
> In: Revue Internationale d'histoire de la Psychanalyse, 3/1990, S. 13–19.

Anonym: Ein Appell an den Strafrechtsausschuß. Wegen der Aufhebung des Homosexuellenparagraphen.
> In: Arbeiter-Zeitung (Wien), 16. 5. 1930, S. 2.

Anonym: Hitlers Niederlage. Die Selbstbesinnung des deutschen Volkes.
Von Thomas Mann (Aus einem Gespräch).
> In: Neue Freie Presse (Wien), 16. 3. 1932.

Anonym: »Julia« im Aerzteklub. Ein ehrenrätliches Verfahren gegen Dr. Rudolf Urbantschitsch.
> In: Wiener Sonn- und Montags-Zeitung, 4. II. 1925.

Anonym: »Oberarzt und Nymphe«. »Julia«, ein Roman aus der Wiener Gesell-schaft mit tragischen Folgen – Dämon Urbantschitsch.
> In: Die Stunde (Wien), 12. II. 1925, S. 5f.

Dominique Auclères: Arthur Schnitzler tel que je l'ai connu.
> In: Journal of the International Arthur Schnitzler Research Association, Vol. 2, Nr. 2, Summer 1963, S. 4–34.

Frederick J. Beharriell: Schnitzler: Freuds Doppelgänger.
> In: Literatur und Kritik, 1967, Bd. 2, S. 546–555.

Jeffrey B. Berlin und Hans-Ulrich Lindken: Theodor Reiks unveröffentlichte Briefe an Arthur Schnitzler.
> Unter Berücksichtigung einiger Briefe Reiks an Richard Beer-Hofmann.
> In: Literatur und Kritik, 173/174, April/Mai 1983, S. 182–197.

Klara Blum: Arthur Schnitzler, ein Pionier des Frauenrechtes.
> In: Arbeiter-Zeitung (Wien), 2. II. 1931.

Elsbeth Dangel: Das Elend der Übersetzung. Bemerkungen zu Dominique Auclères' Schnitzlerübersetzungen.

In: Modern Austrian Literature, Vol. 17, Nr. 1, 1984, S. 49–57.

Otto Erich Deutsch: Aus Schnitzlers Vorzeit.

In: Neues Wiener Tagblatt, 25.10.1931, S. 6f.

Sigmund Freud: Briefe an Arthur Schnitzler. Hg. von Henry Schnitzler.

In: Die Neue Rundschau, 1955 (66/1), S. 95–106.

Carl Furtmüller: Schnitzler's Tragikomödie »Das weite Land«. Ein Versuch psychologischer Literaturbetrachtung.

In: Zentralblatt für Psychoanalyse und Psychotherapie. Medizinische Monatsschrift für Seelenkunde, IV. Jg., 1914, S. 28–40.

Friedrich Hacker: Im falschen Leben gibt es kein richtiges.

In: Literatur und Kritik, 163/164, April/Mai 1982, S. 36–44.

Rudolf Hirsch: »Paracelsus u. Dr. Schnitzler«.

In: Modern Austrian Literature. Special Arthur Schnitzler Issue, Vol. 10, Nrs. 3/4, 1977, S. 163–167.

Siegfried Jacobsohn

in: Die Schaubühne, IX (51), 18.12.1913, S. 1264.

Josef Körner: Arthur Schnitzler und Siegmund Freud.

In: Das literarische Echo, 19 (1916/17), Heft 13, 1.4.1917, Sp. 802–805.

Anton Kuh: Heimweh.

In: Die Weltbühne, XXIV (32), 7.8.1928, S. 221f.

Herbert I. Kupper und Hilda S. Rollman-Branch: Freud and Schnitzler – (Doppelgänger).

In: Journal of the American Psychoanalytic Association, Vol. VII, Nr. 1, January 1959, S. 109–126.

Jacques Le Rider: La signification de Josef Popper-Lynkeus pour Sigmund Freud.

In: Austriaca. Cahiers universitaires d'information sur l'Autriche: Vienne et la psychanalyse, Novembre 1985, numéro 21, S. 27–33.

Leo A. Lensing: »Geistige Väter« & »Das Kindweib«. Sigmund Freud, Karl Kraus & Irma Karczewska in der Autobiographie von Fritz Wittels.

In: FORVM, Oktober/November 1989, S. 62–71.

Oskar Maschek: Dämmerseelen. Ein Nachruf für Lilli Schnitzler.

In: Deutsche Zeitung Bohemia (Prag), 4.8.1928.

Nata Minor: Capitales de non-lieu: Vienne, Freud, Schnitzler.

In: Critique. Revue générale des publications françaises et étrangères, Août-Septembre 1975, Tome XXXI, Nos. 339–340, S. 837–845.

Johannes Reichmayr: Epilogue aux remarques de Sigmund Freud sur Rudolf von Urbantschitsch dans sa lettre non datée à un destinataire inconnu.

In: Revue Internationale d'histoire de la psychanalyse, 4/1991, S. 652–656.

Johannes Reichmayr: Rudolf von Urbantschitsch [Rudolf von Urban] (1879–1964).

In: Revue Internationale d'histoire de la psychanalyse, 4/1991, S. 647–658.

Theodor Reik: Arthur Schnitzler vor dem »Anatol«.

In: Pan, II (32), 27.6.1912, S. 899–905.

Theodor Reik: Der Tod und die Liebe (In memoriam Arthur Schnitzler).

In: Almanach der Psychoanalyse 1934. Wien 1934, S. 78–84.

Luigi Reitani: Besser sublimiert als verdrängt.

In Cambridge entdeckt. Ein unbekannter Brief von Arthur Schnitzler an Sigmund Freud.

In: Die Presse (Wien), 3.10.1992, Spectrum, S. X.

Luigi Reitani: Freud, Schnitzler und die ÖNB.

In: Die Presse (Wien), 7./8.3.1987.

Luigi Reitani: In geziemender Schüchternheit. Freud und Schnitzler – ein Doppelgängerproblem.

In: Lesezirkel. Literaturmagazin der »Wiener Zeitung«, Nr. 62, April 1993, S. 7ff.

William H. Rey: »Arthur Schnitzler und ich«: Das Vermächtnis der Clara Katharina Pollaczek.

In: The Germanic Review, Vol. XLI, 1966, S. 120–135.

Hanns Sachs: Arthur Schnitzler als Psychologe. Von Dr. Theodor Reik.

In: Imago. Zeitschrift für Anwendung der Psychoanalyse auf die Geisteswissenschaften, III (3), 1914, S. 302f.

Felix Salten: Schnitzler.

In: Der Merker. Österreichische Zeitschrift für Musik und Theater, III (9), 1. Mai-Heft 1912, S. 324–330.

Sigurd Paul Scheichl: Der Berliner Prozeß Wittels – Kraus (1910/11). Prager Zeitungsberichte.

In: Kraus Hefte, Heft 65, Januar 1993, S. 1–8.

W. G. Sebald: Das Schrecknis der Liebe. Überlegungen zu Schnitzlers »Traumnovelle«.

In: Merkur. Deutsche Zeitschrift für europäisches Denken, XXXIX (2), Februar 1985, S. 120–131.

Murray H. Sherman: Reik, Schnitzler, Freud and »The Murderer«. The Limits of Insight in Psychoanalysis.

In: Modern Austrian Literature. Special Arthur Schnitzler Issue, Vol. 10, Nrs. 3/4, 1977, S. 195–216.

Peggy Stamon and Richard H. Lawson: Love-Death Structures in the Works of Arthur Schnitzler.

In: Modern Austrian Literature, Vol. 8, Nrs. 3/4, 1975, S. 266–281.

Reinhard Urbach: Karl Kraus und Arthur Schnitzler. Eine Dokumentation.

In: Literatur und Kritik, Heft 49, 1970, S. 513–530.

Bernd Urban: Arthur Schnitzler und Sigmund Freud: Aus den Anfängen des »Doppelgängers«.

In: Germanisch-Romanische Monatsschrift. Neue Folge, Bd. XXIV, 1974, S. 193–223.

George S. Viereck: The World of Arthur Schnitzler.

In: Modern Austrian Literature. Journal of the International Arthur Schnitzler Research Association. Vol. 5, Nrs. 3/4, 1972, S. 7–17.

Albin Waldvogel: Karl Kraus und die Psychoanalyse. Eine historisch-dokumentarische Untersuchung.

In: Psyche. Zeitschrift für Psychoanalyse und ihre Anwendungen, 44. Jg., Nr. 5, Mai 1990, S. 412–444.

Alfred Winterstein: Arthur Schnitzler und sein Werk.

In: Neue Freie Presse (Wien), 21.1.1923.

Alfred Winterstein: Was der Dichter nicht weiß. Zur Analyse von Schnitzlers Novelle »Spiel im Morgengrauen«.

In: Chronikbeilage der Neuen Freien Presse (Wien), 28.5.1927.

Nachbemerkung

Höchst eigenwillige Orthographie und Interpunktion in den Zitaten folgen den Quellen – nur in einigen wenigen Fällen, in denen der Druckfehlerverdacht allzu nahe läge, wurde durch »[!]« auf die Besonderheit aufmerksam gemacht. Zitate aus der Ausgabe von Schnitzlers »Gesammelten Werken« sind im Text mit Abkürzungen und Seitenangaben in Klammern nachgewiesen. Unterstreichungen und Sperrungen in Originalen wurden kursiv gesetzt, desgleichen Werk- und Zeitschriftentitel, wenn sie nicht in Zitaten stehen. Das Register erfaßt, mit Ausnahme des Quellen- und Literaturverzeichnisses, die im Band enthaltenen Personennamen.

Peter Schnitzler (Wien), dem Nachlaßverwalter Arthur Schnitzlers, sei herzlich für die Erlaubnis zur Benützung unpublizierter Materialien aus dem Nachlaß seines Großvaters gedankt; der Österreichischen Akademie der Wissenschaften für die Möglichkeit, die noch unveröffentlichten Tagebücher Schnitzlers aus den Jahren 1923 bis 1931 einzusehen – zitiert wird die diplomatische Abschrift der Kommission für literarische Gebrauchsformen, Obmann: Prof. Dr. Werner Welzig.

Gedankt sei ferner für völlig unbürokratische Hilfe: den Mitarbeitern des Manuscripts Room der University Library Cambridge; dem Deutschen Literaturarchiv/Schiller National-Museum Marbach am Neckar, insbesondere Winfried Feifel; der Handschriftensammlung der Wiener Stadt- und Landesbibliothek; Doris Fritsche und der Bibliothek des Sigmund Freud Hauses (Wien); der Dokumentationsstelle für neuere österreichische Literatur (Wien); der Dokumentation der Arbeiterkammer Wien (Dr. Eckart Früh). Unentbehrliche Hinweise und Unterstützung kamen von Dr. Konstanze Fliedl

(Wien), Heidi und Georg Fritsch (Wien), Gabriele Ullmann (Frankfurt am Main), Dr. Kurt R. Eissler (New York), Dr. Eva Laible (Wien), Prof. Dr. Leo A. Lensing (Middletown, Connecticut), Prof. Dr. h.c. mult. Marcel Reich-Ranicki (Frankfurt am Main), Bernhard Steiner (Wien), Dr. Reinhard Urbach (Wien) und Dr. Uwe Wittstock (Frankfurt am Main), meinem stets verständnisvollen und einsatzfreudigen Lektor.

John R. Wittels (Tucson) und der Theodor Reik Literary Trust (New York) gestatteten liebenswürdigerweise den Abdruck unveröffentlichter Briefe von Fritz Wittels und Theodor Reik.

Der größte Dank gebührt Peter Michael Braunwarth (Wien). Ohne sein freundschaftliches Engagement und außerordentliches Detailwissen, das sich in vielen Gesprächen, Anregungen und Korrekturen bewährte, wäre dieses Buch nicht entstanden.

Ulrich Weinzierl

NAMENREGISTER

BILDNACHWEIS

Der Autor und der S. Fischer Verlag danken allen Verlagen und Rechteinhabern für die Abdruckgenehmigung der Bilder. Da in einigen Fällen die Inhaber der Rechte nicht festzustellen oder erreichbar waren, verpflichtet sich der Verlag, rechtmäßige Ansprüche nach den üblichen Honorarsätzen zu vergüten.

1) Quelle: Schiller-Nationalmuseum/Deutsches Literaturarchiv, Marbach am Neckar

2) Quelle: Schiller-Nationalmuseum/Deutsches Literaturarchiv, Marbach am Neckar

3) Fotografie: Max Schneider, Wien
   Quelle: Bildarchiv der Österreichischen Nationalbibliothek, Wien

4) Quelle: S. Fischer Verlag, Frankfurt am Main

5) Quelle: S. Fischer Verlag, Frankfurt am Main

6) Quelle: Hoffmann und Campe Verlag, Hamburg

7) Quelle: US Information Service, Wien

8) Quelle: Veranstaltungsprospekt der New School for Social Research, New York City, 1929

9) Quelle: Urban, Rudolf von, *Myself not least*. A Confessional Autobiography of a Psychoanalyst and some Explanatory History Cases. London (Jarrolds Publishers LTD) 1958.

10) Fotografie: Max Schneider, Wien
    Quelle: Bildarchiv der Österreichischen Nationalbibliothek, Wien

11) Quelle: Schiller-Nationalmuseum/Deutsches Literaturarchiv, Marbach am Neckar

12) Quelle: Schiller-Nationalmuseum/Deutsches Literaturarchiv, Marbach am Neckar

13) Quelle: Schiller-Nationalmuseum/Deutsches Literaturarchiv, Marbach am Neckar

14) Quelle: Schiller-Nationalmuseum/Deutsches Literaturarchiv, Marbach am Neckar

15) Quelle: Schiller-Nationalmuseum/Deutsches Literaturarchiv, Marbach am Neckar

16) Quelle: Schiller-Nationalmuseum/Deutsches Literaturarchiv, Marbach am Neckar

17) Quelle: Schiller-Nationalmuseum/Deutsches Literaturarchiv, Marbach am Neckar

18) Quelle: R. Jampolsky-Clauser

19) Quelle: Schiller-Nationalmuseum/Deutsches Literaturarchiv, Marbach am Neckar

20) Quelle: Schiller-Nationalmuseum/Deutsches Literaturarchiv, Marbach am Neckar

21) Foto: Walter Firner
Quelle: Schiller-Nationalmuseum/Deutsches Literaturarchiv, Marbach am Neckar